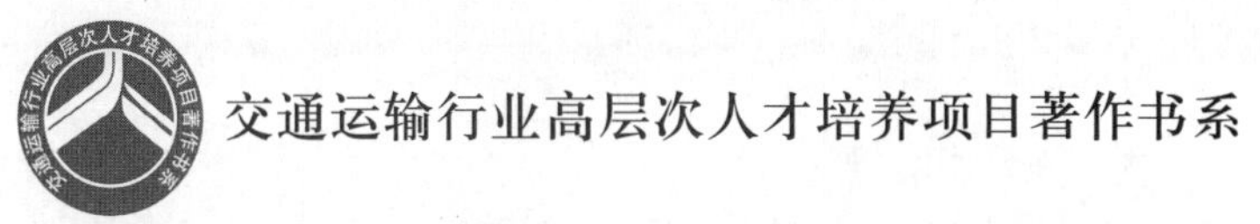

詹建辉　张　铭　著

预应力混凝土部分斜拉桥

Prestressed Concrete Partial Cable-stayed Bridge

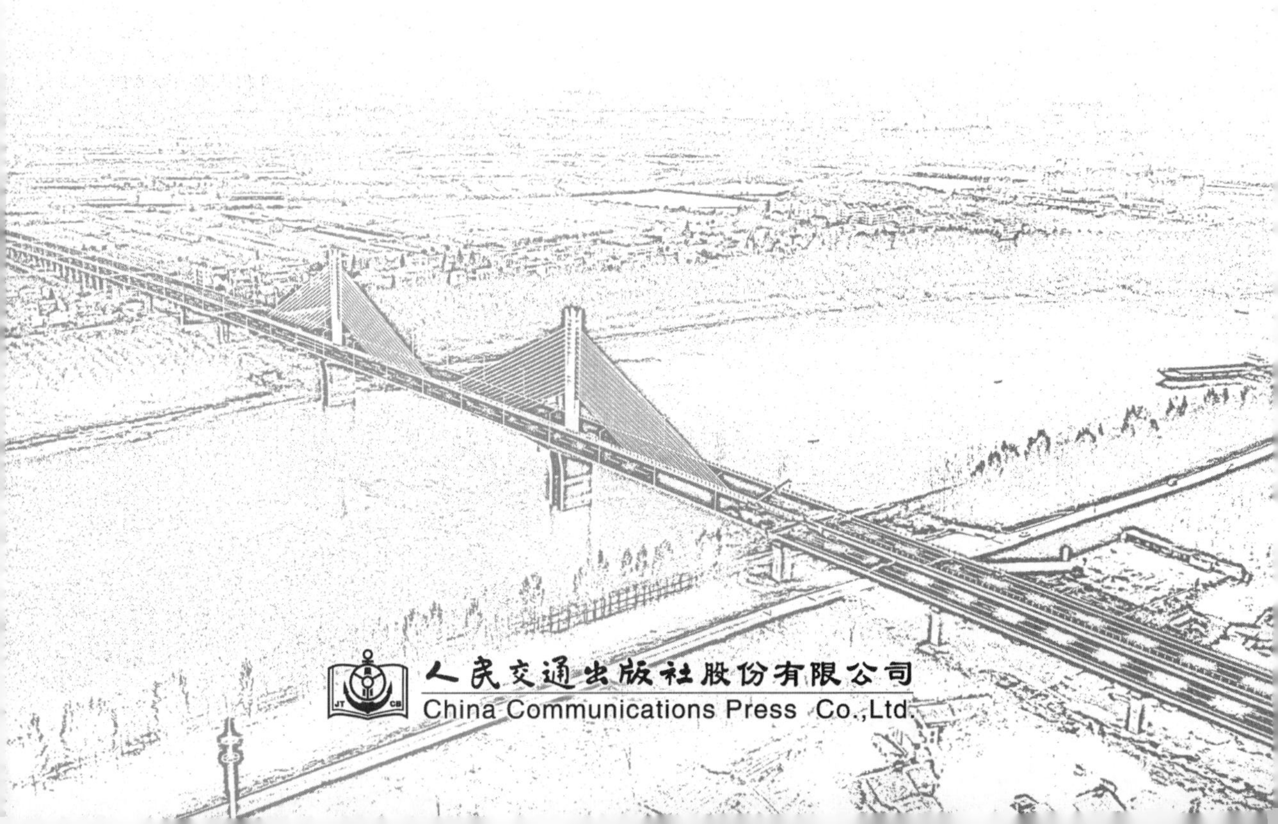

人民交通出版社股份有限公司
China Communications Press Co.,Ltd.

内容提要

部分斜拉桥已有三十多年的发展历史,因其刚柔相济的结构特性而得以广泛应用。本书较为系统地总结了国内外部分斜拉桥的理论和实践经验,对部分斜拉桥的定义、界限及力学特征进行了探讨,并以应用最为广泛的预应力混凝土部分斜拉桥为主要对象,研究并阐述了其总体设计、主要构造设计、结构分析计算、成桥状态和施工状态的确定、施工及施工控制等方面有别于其他桥型的关键技术。书中还以武汉三官汉江大桥(现名中法友谊大桥)为例,全面介绍了预应力混凝土部分斜拉桥的设计和施工。

本书可供从事桥梁工程教学、科研、设计和施工的相关人员参考。

图书在版编目(CIP)数据

预应力混凝土部分斜拉桥 / 詹建辉, 张铭著. — 北京 : 人民交通出版社股份有限公司, 2016.10

(交通运输行业高层次人才培养项目著作书系)

ISBN 978-7-114-13094-6

Ⅰ.①预… Ⅱ.①詹… ②张… Ⅲ.①预应力混凝土桥-斜拉桥 Ⅳ.①U448.27

中国版本图书馆 CIP 数据核字(2016)第 130618 号

交通运输行业高层次人才培养项目著作书系

书　　名:预应力混凝土部分斜拉桥
著 作 者:詹建辉　张　铭
责任编辑:周　宇　牛家鸣
出版发行:人民交通出版社股份有限公司
地　　址:(100011)北京市朝阳区安定门外外馆斜街 3 号
网　　址:http://www.ccpress.com.cn
销售电话:(010)59757973
总 经 销:人民交通出版社股份有限公司发行部
经　　销:各地新华书店
印　　刷:北京鑫正大印刷有限公司
开　　本:787×1092　1/16
印　　张:10
字　　数:220 千
版　　次:2016 年 10 月　第 1 版
印　　次:2016 年 10 月　第 1 次印刷
书　　号:ISBN 978-7-114-13094-6
定　　价:38.00 元

书系前言

Preface of Series

进入21世纪以来,党中央、国务院高度重视人才工作,提出人才资源是第一资源的战略思想,先后两次召开全国人才工作会议,围绕人才强国战略实施做出一系列重大决策部署。党的十八大着眼于全面建成小康社会的奋斗目标,提出要进一步深入实践人才强国战略,加快推动我国由人才大国迈向人才强国,将人才工作作为"全面提高党的建设科学化水平"八项任务之一。十八届三中全会强调指出,全面深化改革,需要有力的组织保证和人才支撑。要建立集聚人才体制机制,择天下英才而用之。这些都充分体现了党中央、国务院对人才工作的高度重视,为人才成长发展进一步营造出良好的政策和舆论环境,极大地激发了人才干事创业的积极性。

国以才立,业以才兴。面对风云变幻的国际形势,综合国力竞争日趋激烈,我国在全面建成社会主义小康社会的历史进程中机遇和挑战并存,人才作为第一资源的特征和作用日益凸显。只有深入实施人才强国战略,确立国家人才竞争优势,充分发挥人才对国民经济和社会发展的重要支撑作用,才能在国际形势、国内条件深刻变化中赢得主动、赢得优势、赢得未来。

近年来,交通运输行业深入贯彻落实人才强交战略,围绕建设综合交通、智慧交通、绿色交通、平安交通的战略部署和中心任务,加大人才发展体制机制改革与政策创新力度,行业人才工作不断取得新进展,逐步形成了一支专业结构日趋合理、整体素质基本适应的人才队伍,为交通运输事业全面、协调、可持续发展提供了有力的人才保障与智力支持。

"交通青年科技英才"是交通运输行业优秀青年科技人才的代表群体,培养选拔"交通青年科技英才"是交通运输行业实施人才强交战略的"品牌工程"之一,1999年至今已培养选拔283人。他们活跃在科研、生产、教学一线,奋发有为、锐意进取,取得了突出业绩,创造了显著效益,形成了一系列较高水平的科研成果。为加大行业高层次人才培养力度,"十二五"期间,交通运输部设立人才培养专项经费,重点资助包含"交通青年科技英才"在内的高层次人才。

人民交通出版社以服务交通运输行业改革创新、促进交通科技成果推广应用、支持交通行业高端人才发展为目的,配合人才强交战略设立"交通运输行业高层次人才培养项目著作书系”(以下简称“著作书系”)。该书系面向包括“交通青年科技英才”在内的交通运输行业高层次人才,旨在为行业人才培养搭建一个学术交流、成果展示和技术积累的平台,是推动加强交通运输人才队伍建设的重要载体,在推动科技创新、技术交流、加强高层次人才培养力度等方面均将起到积极作用。凡在“交通青年科技英才培养项目”和“交通运输部新世纪十百千人才培养项目”申请中获得资助的出版项目,均可列入“著作书系”。对于虽然未列入培养项目,但同样能代表行业水平的著作,经申请、评审后,也可酌情纳入“著作书系”。

高层次人才是创新驱动的核心要素,创新驱动是推动科学发展的不懈动力。希望“著作书系”能够充分发挥服务行业、服务社会、服务国家的积极作用,助力科技创新步伐,促进行业高层次人才特别是中青年人才健康快速成长,为建设综合交通、智慧交通、绿色交通、平安交通做出不懈努力和突出贡献。

交通运输行业高层次人才培养项目
著作书系编审委员会
2014 年 3 月

作者简介

Author Introduction

詹建辉，1964年10月出生，1986年7月毕业于长沙理工大学(原长沙交通学院)，现任湖北省交通规划设计院院长、教授级高级工程师、国家注册土木工程师(道路)、注册咨询工程师，是享受国务院政府特殊津贴的专家和湖北省高级专家协会会员。担任中国公路学会桥梁与结构工程学会常务理事、茅以升教育基金桥梁专业委员会委员、湖北省勘察设计协会副理事长等社会兼职。先后被授予全国五一劳动奖章、交通青年科技英才、交通部新世纪十百千人才工程第一层次人选和湖北省新世纪高层次人才等称号。

参加工作以来，长期在桥梁设计科研一线工作，先后主持了荆州长江大桥、巴东长江大桥、鄂东长江大桥、黄石长江大桥加固工程、香溪长江大桥、嘉鱼长江大桥和缅甸 INSEIN 大桥等十多项特大型桥梁工程，以及沪渝高速公路恩施至利川段、银武高速公路十堰至漫川关段等国家高速公路的勘察设计和科研工作，获得国家科技进步二等奖、国家优秀工程设计银奖和二十多项省部级奖励。参与编写了《公路斜拉桥设计细则》和《公路悬索桥设计细则》，并担任《全国交通土建高职高专教材—基础工程(第二版)》主审和交通运输部多项桥梁规范的评审专家。多年来，翻译、撰写了近30篇论文，在国内有影响的《桥梁建设》、《中外公路》等核心期刊上发表。

前 言
Foreword

一般认为,部分斜拉桥具有斜拉桥和连续梁桥的双重结构特性,是介于具有刚性加劲梁的连续梁式桥和柔性加劲梁的斜拉桥之间的一种过渡桥型。因其索塔一般较矮,又称作矮塔斜拉桥。

1980 年,瑞士建成了世界上第一座部分斜拉桥。三十多年来,部分斜拉桥以其在经济、技术、景观等方面的优势,在日本、瑞士、韩国等国得以迅速发展。部分斜拉桥在我国起步较晚,20 世纪初才开始逐渐应用,但近十年来,部分斜拉桥在国内发展较快,据粗略统计,各地设计建造的部分斜拉桥已达 40 余座,如芜湖长江大桥、漳州战备大桥等。

然而,国内外桥梁界对部分斜拉桥还没有统一的定义,对其结构特性和设计施工技术也缺乏系统的研究和总结。日本是部分斜拉桥应用较早且较多的国家,2009 年日本出版了《部分斜拉桥设计与施工标准》,给出了其在设计和施工、养护方面的相关标准。目前为止,国内尚缺乏全面介绍部分斜拉桥的专业书籍。本书意在较为系统地研究总结国内外部分斜拉桥的理论和实践经验,并以应用最为广泛的预应力混凝土部分斜拉桥为主要对象,研究和阐述其总体设计、主要构造设计、结构分析计算、成桥状态和施工状态的确定、施工及施工控制等方面有别于其他桥型的关键技术。

全书共 7 章,各章主要内容如下:第 1 章为概论,简要介绍了部分斜拉桥的发展历程和现状,对其发展趋势进行了展望;第 2 章为部分斜拉桥力学特征,介绍了部分斜拉桥的受力特征、部分斜拉桥的界定和结构特点;第 3 章为总体设计,介绍了部分斜拉桥结构体系选择、总体布置、主要设计参数拟定和设计步骤;第 4 章为主要构造设计,介绍了部分斜拉桥主梁、索塔、拉索及特殊局部构造等主要构造的结构形式和设计要点;第 5 章为施工及施工控制,介绍了部分斜拉桥典型的施工流程、工艺、主要构造的施工和施工控制主要内容及要点;第 6 章为部分斜拉桥结构计算,介绍了部分斜拉桥合理成桥状态和合理施工状态的确定、结构总体分析计算、施工计算和局部计算;第 7 章为部分斜拉桥设计实例,以武汉三官汉江大桥(现名中法友谊大桥)为例,全面介绍了预应力混凝土部分斜拉桥的设计和施工。

第1章 概　　论

1.1 部分斜拉桥的定义

部分斜拉桥是介于具有刚性加劲梁的连续梁式桥和柔性加劲梁的斜拉桥之间的一种过渡桥型，具有斜拉桥和连续梁桥的双重结构特性。

一般认为，部分斜拉桥的设计先驱是瑞士的桥梁设计师 Chtistian Menn，他于 1980 年设计的甘特大桥跨越瑞士甘特峡谷(图 1.1-1)，桥梁主跨 174m，最高墩高 148m，被描述为混凝土箱形梁由预应力混凝土斜拉板“悬挂”在非常矮的塔上，我们也称之为板拉桥。1988 年，继甘特大桥后，在法国西南的阿勒特-达雷高架桥方案设计中，法国工程师 Jacques Mathivat 提出一种新结构体系的方案构思，将主跨 100m 的等截面混凝土箱梁通过拉索与较矮的索塔固结，拉索通过设在索塔内鞍座实现转向，两端直接锚固在两侧主梁上，这个方案外形上很接近斜拉桥，但结构受力上与普通斜拉桥存在较大区别。尽管该方案最终并没有实施，但明确提出了部分斜拉桥这个结构体系方案，并正式命名为超配量体外索桥。

图 1.1-1　瑞士甘特桥

1994 年，第一座真正意义上的部分斜拉桥——小田原港桥(图 1.1-2)在日本建成，其后有近 20 座部分斜拉桥先后建成，这个结构体系的桥梁在日本得到了较广泛的应用，这也是部分学者认为部分斜拉桥起源于日本的缘由。起初，日本桥梁界对这种新桥型的称谓也存在多种说法，最终是通过索塔高度的不同将该桥型与普通斜拉桥进行区分。普通斜拉桥的索塔高度一般为跨径的 1/5 ~ 1/4，而部分斜拉桥索塔高度一般为跨径的 1/12 ~ 1/8，后者为前者的 1/3 ~ 1/2，由于该桥型索塔塔高较低，故谓之矮塔斜拉桥。

图 1.1-2　小田原港桥

1995 年,基于这种桥型的结构受力特性介于斜拉桥和连续梁桥之间,我国著名桥梁专家严国敏先生首次提出了"部分斜拉桥"的定义。与斜拉桥比较,这类型桥的刚度主要由梁提供,竖向荷载由主梁的受弯、受压、受剪和斜拉索的受拉共同承受,斜拉索主要起体外预应力的作用,承担部分荷载。具体到对部分斜拉桥的界定,日本学者提出了两个描述部分斜拉桥特征的指标,即 γ 和 β,γ 为拉索竖向刚度与主梁刚度的比值,β 为竖直荷载分担比例。据统计结论,β 等于 30% 时为部分斜拉桥和斜拉桥的分界点,小于 30% 时为部分斜拉桥。拉索的应力幅是部分斜拉桥的另一受力特点,部分斜拉桥拉索最大应力幅一般为普通斜拉桥的 1/3 ~ 1/2,在活载作用下,普通斜拉桥拉索最大应力一般在 150 MPa 左右,部分斜拉桥应力幅大多在 50MPa 左右,这个数值也非定值,随塔高的变化和主梁刚柔的不同而变化。

对于该类型桥梁的称谓国内外一直存在争议,本书认为虽然该类型桥梁的结构受力不同于普通斜拉桥,但其主要结构构件组成和总体力学行为与普通斜拉桥有相近之处,故倾向于将该类型桥梁定义为部分斜拉桥,英文对应定义为 Extradosed Cable-stayed Bridge。

1.2 部分斜拉桥的发展概况

自 1988 年在部分斜拉桥方案提出后的近 30 年来,这种桥型在世界各地均有应用。在亚洲以日本、中国尤为突出,普遍认为,这两个国家对部分斜拉桥的应用分别始于 1994 年建成的小田原港桥、2001 年建成的福州漳州战备桥。

在日本,至 2008 年日本国内已建成该类型桥梁 49 座。中国在 2001 年后,随着厦门同安银湖大桥、兰州小西湖黄河大桥几座部分斜拉桥的修建,这种桥型开始得到桥梁工程师的重视,此后,部分斜拉桥进入了一个高速的发展期,至目前,已建成该类型桥梁不少于 50 座。

(1)部分斜拉桥在日本的发展

部分斜拉桥在日本得到较为深入的研究、推广和实践,认为其在技术上、经济和景观方面均有一定的优势。在日本已建的部分斜拉桥中,采用较多的是独塔两跨扇形索面、双塔三跨扇形索面桥,这两者都得到较为广泛的应用。前者跨径多在 50 ~ 150m,如三谷川二桥[(57.9 +92.9)m]、都田川桥[(133.0 +133.0)m];后者跨径多在 100 ~ 200m,如蟹泽大桥[(99.3 +180.0 +99.3)m]、三户望乡大桥[(100 +200 +100)m]。部分斜拉桥的索面多为双索面,布置在箱梁两侧,主梁一般采用变高度箱梁,塔墩梁固结。

图 1.2-1 日本木曾川大桥

随着部分斜拉桥在建造中形成的设计经验、科研成果、施工与管理经验的不断积累,部分斜拉桥也向大跨径、多塔、混合梁推进。如 2001 年建成的日本木曾川桥(图 1.2-1)采用四塔五跨扇形单索面,桥跨布置为(160.0 + 3 ×275.0 +160.0)m,部分斜拉桥的跨径范围向主跨 300m 的范围进一步推进,标志着部分斜拉桥发展又达到一个新的高度。

与此同时,对主梁新材料的应用也在摸索中,如 2000 年建成的主跨(3 ×140)m 士狩大桥,2003 年建成的主跨 180m 日见桥,2005 年建成的主跨 170m 栗东桥,其主梁都采用了体外预应力和波形钢腹板结合体系,进一步减轻结构了重量,且施工及维修便利。2009 年,日本出版了《部分斜拉桥设计与施工标准》，从设计和施工、养护方面制定了相关标准，标志着部分斜拉桥设计与施工进一步规范化。日本部分斜拉桥建设情况如表 1. 2-1 所示。

日本部分斜拉桥建设情况一览表 表 1. 2-1

序号	桥　名	跨径布置（m）	索塔高度（m）	索塔/拉索布置	通车时间（年）
1	日本小田原港桥	73. 3 + 122. 3 + 73. 3	10. 7	双塔/扇形双索面	1994
2	日本屋代南桥	64. 2 + 105. 0 + 105. 0 + 64. 2	12. 0	三塔/扇形双索面	1995
3	日本屋代北桥	54. 3 + 90. 0 + 54. 3	10. 0	双塔/扇形双索面	1995
4	日本冲原桥	65. 4 + 180 + 76. 4	16. 0	双塔/扇形双索面	1997
5	日本蟹泽大桥	99. 3 + 180. 0 + 99. 3	22. 1	双塔/扇形双索面	1998
6	日本西唐柜新桥	74. 1 + 140. 0 + 69. 1	12. 0	双塔/扇形双索面	1998
7	日本东唐柜新桥	94 + 3 × 140 + 94	12. 0	四塔/扇形双索面	1998
8	日本三谷川二桥	57. 9 + 92. 9	12. 8	独塔/扇形单索面	1999
9	日本新川高架桥	51. 4 + 58. 4	9. 9	独塔/扇形单索面	1999
10	日本士狩大桥	94. 0 + 3 × 140. 0 + 94. 0	10. 0	四塔/平行单索面	2000
11	日本 Matakima 大桥	109. 3 + 89. 3	26. 4	独塔/扇形双索面	2000
12	日本雪沢 3 号桥	70. 3 + 71. 0 + 34. 4	9. 0	双塔/扇形双索面	2000
13	日本佐敷大桥	60. 8 + 105. 0 + 60. 8	12. 3	双塔/扇形双索面	2000
14	日本摺上大坝附属 1 号桥	84. 2	16. 5	独塔/扇形双索面	2000
15	日本中池桥	60. 6 + 60. 6	11. 8	独塔/扇形双索面	2000
16	日本长者桥	主跨 292. 2	—	双塔/扇形双索面	2001
17	日本都田川桥	133. 0 + 133. 0	20. 0	独塔/扇形三索面	2001
18	日本保津桥	76. 0 + 100. 0 + 76. 0	10. 0	双塔/扇形双索面	2001
19	日本木曾川桥	160. 0 + 3 × 275. 0 + 160. 0	30. 0	四塔/扇形单索面	2001
20	日本揖斐川桥	154. 0 + 4 × 271. 5 + 157. 0	30. 0	五塔/扇形单索面	2001
21	日本日见大桥	92. 5 + 180 + 92. 5	16. 0	双塔/扇形双索面	2003
22	日本深浦大桥	62. 1 + 90. 0 + 66. 0 + 45. 0 + 29. 1	8. 5	双塔/扇形双索面	2002
23	新名西桥	88. 5 + 122. 4 + 81. 2	16. 5	双塔/扇形单索面	2004
24	栗东桥上行线	67. 6 + 115 + 170 + 137. 6	30. 5	独塔/扇形双索面	2005
25	栗东桥下行线	72. 6 + 90 + 75 + 160 + 152. 6	30. 5	独塔/扇形双索面	2005
26	三户望乡大桥	100 + 200 + 100	25. 0	双塔/扇形双索面	2005

（2）部分斜拉桥在中国的发展

相对于日本，我国部分斜拉桥建造起步稍晚。2001 年建成的福州漳州战备桥（图 1. 2-2）为三跨连续预应力混凝土箱梁部分斜拉桥，它是我国第一座公路与城市道路上的部分斜拉桥。紧接着，厦门同安银湖大桥、兰州小西湖黄河大桥、江苏常澄高速常州运河桥等相继建成。随着国内这几座部分斜拉桥的修建,该桥型在国内得到了越来越多的研究与应用。此后,部分斜拉桥在我国进入了一个快速的发展期,先后建成了惠青黄河公路大桥、江珠高速公路荷麻溪大桥、北京峪道河大桥、辽宁沙河大桥、北京潮白河大桥、山西神仙河大桥、柳州三门江大桥、舟山三礁港大桥、重庆嘉悦大桥、茜草长江大桥、郧十汉江大桥、武汉三官汉江公路大桥(图 1.2-3)等。其中,荷麻溪大桥、重庆嘉悦大桥、茜草长江大桥、郧十汉江大桥主桥跨径都达到了 230m 左右。

图 1.2-2　漳州战备桥

图 1.2-3　武汉三官汉江公路大桥

图 1.2-4　嘉悦长江大桥

近几年,我国修建的部分斜拉桥形式更加丰富,结构更加新颖,多塔多跨、不同体系桥的协作体系都出现在不少桥梁中。如三塔四跨部分斜拉桥的京承高速潮白河大桥、山西禹门口黄河大桥副桥、舟山三礁港大桥,六塔七跨单索面的广西柳州静兰桥,采用双塔双索面部分斜拉桥 + 连续刚构 + 连续梁的组合体系的重庆嘉悦长江大桥(图 1.2-4),其中舟山三礁港大桥桥跨布置为(120 + 2 × 210 + 115 + 30)m、静兰桥桥跨布置为(56 + 5 × 94.3 + 56)m、主梁标准断面宽 31m,截面为单箱三室箱形梁,结构体系为塔、梁固结,墩、梁分离;嘉悦大桥桥跨布置为(66 + 2 × 75 + 145 + 250 + 145)m,主梁结构分上下两层,下层人行道单侧宽 3.5m,标准梁宽 28m,上层机动车道为双向六车道。这些桥梁的建设,进一步推动了我国部分斜拉桥的建设水平。值得一提的是,台湾也是这种新桥型较普遍的地区,目前世界上桥跨最多的部分斜拉桥是十塔十一跨的斗山二号高架桥,桥梁总长 1580m,桥跨布置为(85 + 4 × 140 + 85)m,主跨 140m,主梁在设计中考虑了体内索和体外索相结合的方式。如图 1.2-5 所示。

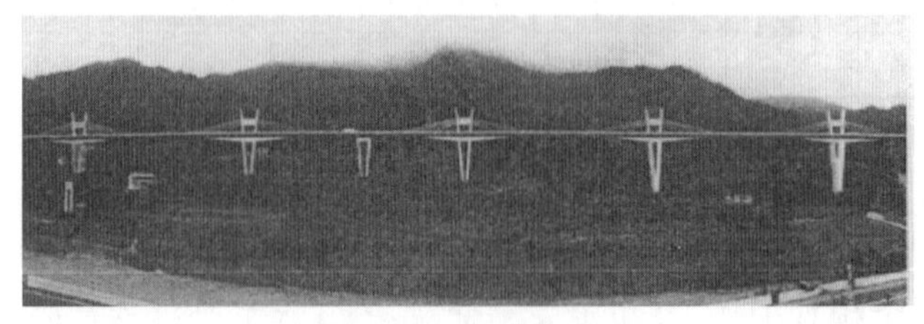

图 1.2-5　台湾斗山二号高架桥

如表 1. 2-2 所示为我国部分斜拉桥建设情况一览。

我国部分斜拉桥建设情况一览 表 1. 2-2

序号	桥 名	桥跨布置(m)	建成年份(年)
1	漳州战备大桥	81. 2 + 136 + 81. 2	1999
2	芜湖长江大桥	180 + 312 + 180(钢桁架公铁两用)	2001
3	厦门同安银湖大桥	80 + 80	2002
4	兰州小西湖黄河大桥	82 + 136 + 82	2003
5	常澄高速常州运河桥	70. 2 + 120 + 70. 2	2003
6	太原汾河大桥	90 + 150 + 90	2004
7	京承高速潮白河大桥	72 + 2 × 120 + 72	2005
8	昆山吴淞江大桥	100. 1 + 100. 1	2005
9	离石高架桥	85 + 135 + 85	2005
10	京杭运河宿州南二环大桥	66 + 110 + 66	2005
11	中山市歧江大桥	80. 5 + 132 + 80. 5	2005
12	山西禹门口黄河大桥副桥	75 + 2 × 125 + 75	2006
13	开封黄河二桥主桥	85 + 6 × 140 + 85	2006
14	江珠高速荷麻溪大桥	125 + 230 + 125	2006
15	株洲市泸淞大桥	72 + 3 × 120 + 70	2006
16	惠青黄河公路大桥	133 + 220 + 133	2007
17	株洲湘江四桥	70 + 2 × 140 + 70	2007
18	三门江大桥	100 + 160 + 100	2007
19	安康汉江三桥	71. 5 + 125 + 71. 5	2008
20	柳州静兰大桥(改建)	56 + 5 × 94. 3 + 56	2008
21	山西神仙河大桥	123 + 123	2009
22	重庆嘉悦大桥	66 + 75 + 75 + 145 + 250 + 145	2010
23	舟山三礁港大桥	120 + 210 + 210 + 115 + 30	2011
24	沙湾大桥	137. 5 + 248 + 137. 5	2011
25	茜草长江大桥	128 + 248 + 128	2012
26	西江大桥	128 + 3 × 210 + 128	2013
27	南澳大桥	126 + 238 + 126	2014
28	郧十汉江大桥	128 + 238 + 128	2014
29	武汉三官汉江大桥	110 + 190 + 110	2015
30	陈村大桥	120 + 218 + 120	2015
31	台湾斗山二号高架桥	85 + 4 × 140 + 85	
32	台湾 C608 桥	80 + 140 + 80	2007

长江大桥及广州沙湾大桥主跨均为248m，重庆市嘉悦大桥主跨为250 m。理论分析表明，相对于连续刚构桥，预应力混凝土结构部分斜拉桥在350 m左右仍然具有竞争力。

近年来，国内部分斜拉桥也向着多跨结构的方向发展，从而使其跨越能力大大增强。京承高速公路潮白河大桥是我国第一座三塔四跨中央索面预应力混凝土部分斜拉桥，全长918m；京开高速公路河南段境开封黄河二桥，其主桥结构为七塔八跨双塔面预应力混凝土部分斜拉桥，桥跨布置为(85 +6 ×140 +85)m，主桥长1010m；江门至肇庆高速公路西江特大桥，主桥为四塔五跨中央索面预应力混凝土部分斜拉桥，桥跨布置为(128 +3 ×210 +128)m，主桥长886m。

(2)主梁结构多样化

预应力混凝土结构是较为常用的部分斜拉桥主梁形式。为降低结构自重，方便施工，主梁结构逐渐多样化，有混凝土和钢的混合梁结构、波形钢腹板的结合梁、钢桁架等。

日本的木曾川桥和揖斐川桥主跨分别为275m和271.5m，主梁边跨至索塔部分使用混凝土结构，在跨中使用钢结构。日本栗东桥和日见桥则采用了波形钢腹板，主梁的顶、底板采用混凝土板，腹板采用波形钢板。钢腹板的采用，显著降低了主梁自重，两桥跨径分别达到了170m和180m。钢桁架主梁在我国公铁两用芜湖长江大桥中采用，其桥跨布置为(180 +312 +180)m。

(3)主梁的轻薄化和塔的高大化

主梁的高度是根据受力来确定的，部分斜拉桥由拉索和主梁共同承担上部荷载的重量，两者之间的分担率是可调节的，因而主梁高度的调整灵活性较大，而不像连续刚构桥仅由跨径决定。如果主梁过于笨重，在一定程度上将会影响经济性和景观，这一点对于城市桥梁来说更为重要。主梁结构的轻薄化更符合大众的审美观点，如主跨为140m的瑞士森尼伯格桥，主梁采用肋板式梁，跨中板高0.32m，塔根部板高0.4m，两个边肋高为0.8m，高跨比只有1/175。

部分斜拉桥桥面以上塔高一般高跨比为1/12 ~1/8，目前在部分斜拉桥设计中，厦门银湖大桥塔高30.25m，高跨比为1/4.8；武汉三官汉江公路大桥塔高47m，高跨比达到1/4.05。这些斜拉桥由于采用了竖琴式平行索面或设计中有意采用较高的索塔，满足美观或力学上的要求。

第2章　部分斜拉桥力学特征

2.1　部分斜拉桥受力特征

部分斜拉桥是介于连续梁(刚构)桥与斜拉桥之间的一种新型桥型,它的受力特点与这两种桥型既有联系,又有区别。从受力特征来看,连续梁是以主梁的直接受弯、受剪来承受竖向荷载;而普通斜拉桥是拉索对梁的弹性支承来承受竖向荷载,斜拉索受拉,主梁以受压为主;部分斜拉桥则是以主梁的受弯、受压、受剪和斜拉索的受拉共同承受竖向荷载,可见梁的受力特征的变化是三种桥型的最大区别,所以,研究梁的受力特征对研究部分斜拉桥来说具有重要的意义。

对于连续梁结构,随着跨径的不断增大,支点负弯矩及跨中正弯矩均呈增加的趋势。假设桥梁的总跨径不变,由三跨连续梁变为多跨连续梁,则各支点及跨中弯矩水平均大为降低。如用相邻几根较小的拉索来代替这些增设的梁体支承,就形成了部分斜拉桥;相比三跨连续梁结构,部分斜拉桥在梁体弯矩水平降低的同时,拉索还提供了额外的轴力。为了进一步减小梁体弯矩,可继续增加支承,减小梁的跨径;当支承增加至一定数量时,则梁的弯矩相当小。此时把各支承用斜拉索来代替则形成普通斜拉桥,如图2.1-1所示。

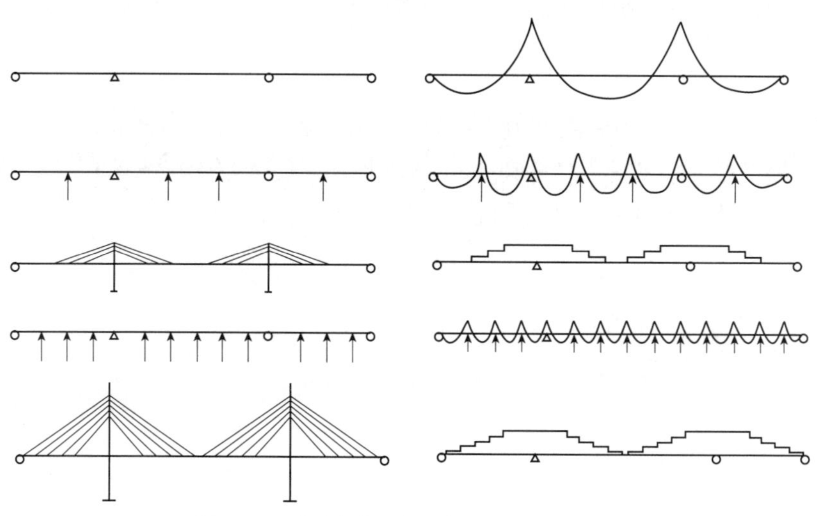

图2.1-1　支承变化对各连续结构梁内力的影响

图2.1-1列出了从连续梁、部分斜拉桥到普通斜拉桥各个桥型的结构和内力。可以看出,主梁承受的弯矩逐渐减小,而轴力却逐渐增加。根据部分斜拉桥的受力特点,主梁承担大部分竖向荷载,拉索通过索塔对梁起支承加劲作用,拉索承担部分竖向荷载。因此可自由设定主梁和拉索二者的荷载分配比例,在结构需要较大的整体刚度时,主梁刚度相应可以设

置得较大,同时减少斜拉索的用量。反之,当结构的整体刚度要求不高时,梁体则可以设计得较柔,并适当增强索塔等其他构件的刚度,增加斜拉索的荷载分担比例。部分斜拉桥的设计可以根据实际需求,合理选择各结构部件尺寸,具有较广的应用范围。

部分斜拉桥的拉索更像体外预应力,拉索的水平分力给主梁施加轴力,拉索的竖直分力承担一部分荷载,拉索对主梁起协助受力的作用,结构的整体刚度主要由梁体提供。其结构及受力特征如下:

(1)在相同梁高的情况下,比连续梁或连续刚构桥的跨越能力有较大的增长。通过斜拉索的大偏心布置,给主梁施加预应力,提高了主梁的承载能力,使得部分斜拉桥的跨径能达到相同梁高连续梁或连续刚构桥的2倍左右。

(2)部分斜拉桥的桥塔较矮,桥塔及主梁的刚度较大;主梁梁高的减小,使得上部结构轻量化,抗震性能得到增强。

(3)主梁抗弯刚度较大,并承担大部分上部结构荷载;拉索承担一小部分荷载,如同超量设置的体外索。

(4)与普通斜拉桥相比,部分斜拉桥斜拉索长度较短,在主梁的根部、中跨跨中、边跨端部等区段设置一定长度的无索区,以使主梁的承载能力能充分发挥。

(5)斜拉索通常采用一次张拉,而混凝土斜拉桥一般需采用多次张拉。

(6)斜拉索垂度、振动引起的次内力变幅小;由于不承担主要的竖向荷载,斜拉索应力幅较小。

部分斜拉桥是从连续(梁)刚构及斜拉桥优化而来,其受力性能兼有这两种桥型的特点。为了更清晰直观地表现部分斜拉桥的受力性能,以下分别采用部分斜拉桥、连续刚构桥、斜拉桥的设计实例,阐述部分斜拉桥的静、动力力学行为,对比分析三种桥型方案的结构受力异同点。

1)部分斜拉桥方案

以武汉三官汉江公路大桥主桥为研究对象,采用主跨190m的双塔预应力混凝土部分斜拉桥方案,跨径组合为(120+190+120)m。双向六车道桥梁全宽33.5m,主梁采用单箱三室大悬臂预应力混凝土截面。全桥计算模型如图2.1-2所示。

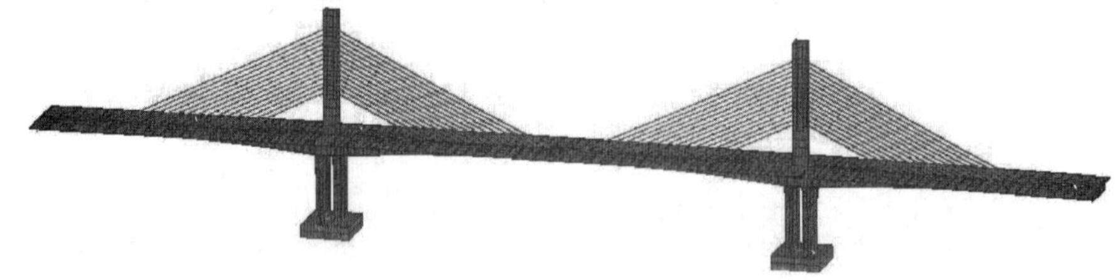

图2.1-2 部分斜拉桥方案全桥模型

2)连续刚构方案

连续刚构方案采用主跨190m刚构—连续梁组合体系,桥跨布置为(65+115+190+115+65)m。双向六车道桥梁全宽32.0m,主梁采用分幅布置,每一幅箱梁为单箱单室预应力混凝土截面。全桥计算模型如图2.1-3所示(内力为半幅桥梁计算结果)。

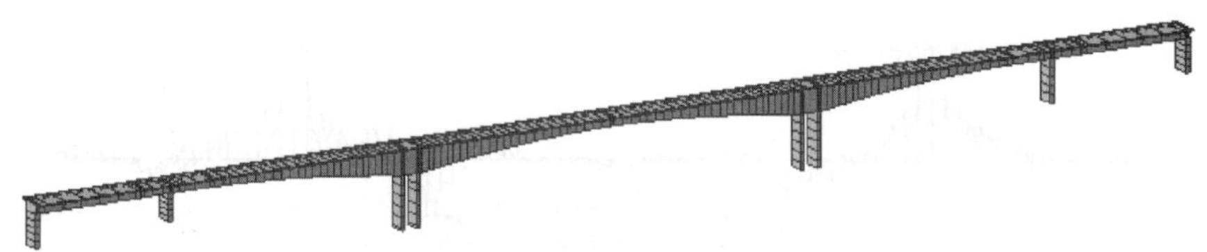

图 2.1-3　刚构方案全桥模型

3)斜拉桥方案

斜拉桥方案采用襄阳卧龙大桥主跨 310m 的双塔预应力混凝土斜拉桥,桥跨布置为(128.5+310+128.5)m,双向六车道桥梁全宽 35m,主梁采用预应力混凝土分离式双箱截面。虽然该桥主跨跨径大于部分斜拉桥及连续刚构方案,但属于较小跨径的斜拉桥,与部分斜拉桥及连续刚构方案仍有较好的可比性。全桥计算模型如图 2.1-4 所示。

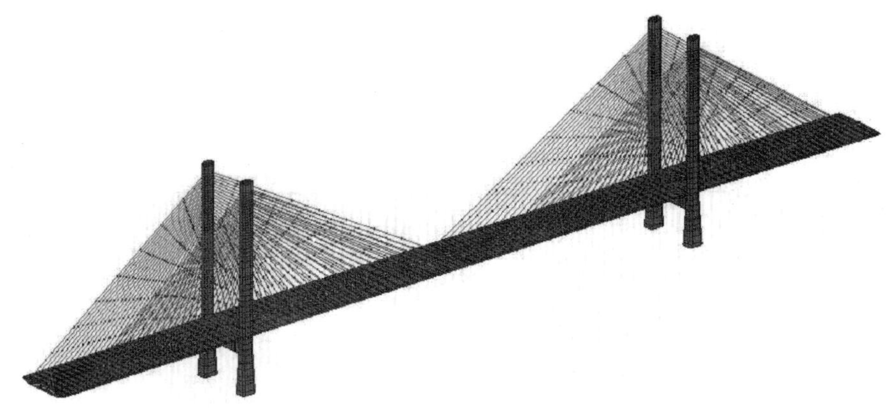

图 2.1-4　斜拉桥方案全桥模型

4)部分斜拉桥与连续刚构、斜拉桥静力性能对比

为了更好地分析部分斜拉桥的静力性能,首先应了解桥梁结构在恒载和活载作用下的受力性能,其中活载效应尤其重要。不同的桥型、不同的结构参数,桥梁的恒活载效应都有明显的差异。以下选择恒载工况下主梁弯矩、轴力、剪力分布图及活载工况下主梁弯矩分布图来对连续刚构桥、部分斜拉桥及普通斜拉桥进行力学性能分析,探讨这三种桥型的受力特点,更深层次地揭示部分斜拉桥的静力性能。

(1)恒载工况下主梁内力对比(图 2.1-5 ~ 图 2.1-13)

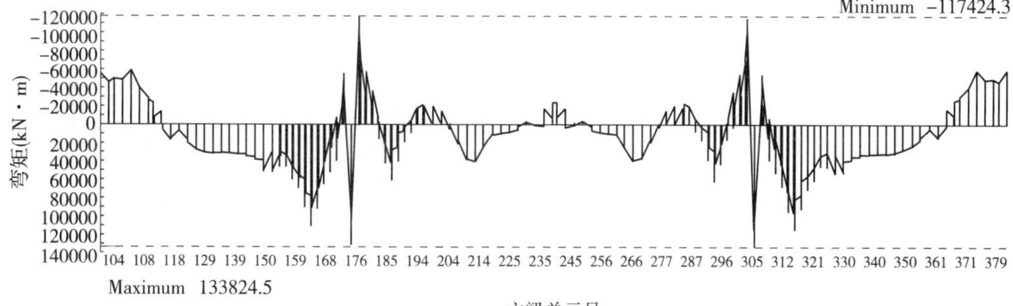

图 2.1-5　部分斜拉桥方案恒载弯矩

多，主梁根部的轴力反而较小；部分斜拉桥由于只设置了一部分斜拉索，主梁存在无索区等体系自身的原因，仍需配置一定数量的主梁预应力钢束，但主梁根部的轴力较连续刚构方案有较大幅度的下降。

（2）活载工况下主梁弯矩对比（图 2.1-14～图 2.1-19）

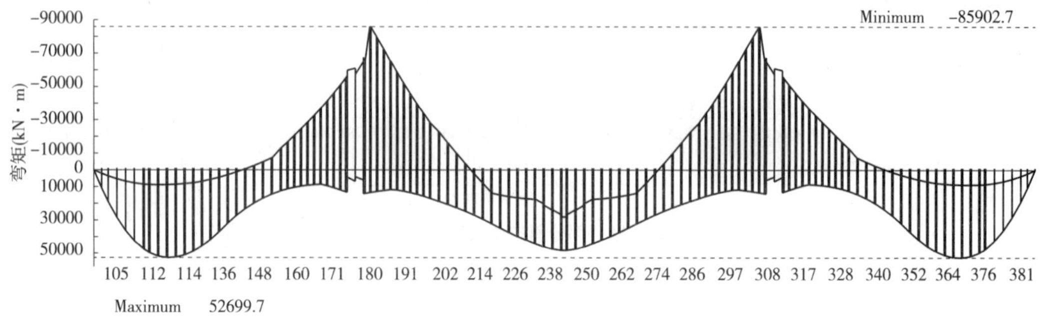

图 2.1-14 部分斜拉桥方案活载弯矩

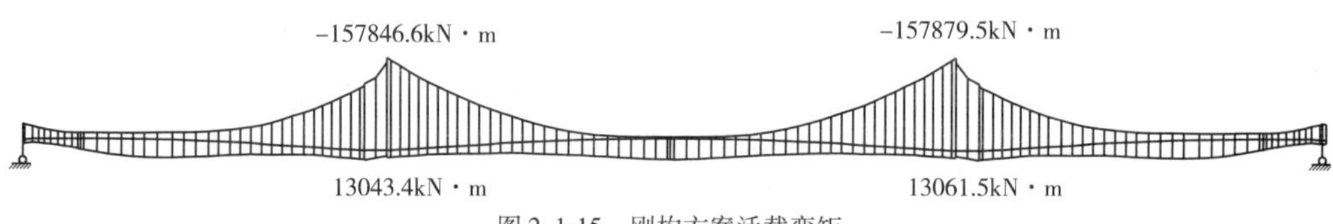

图 2.1-15 刚构方案活载弯矩

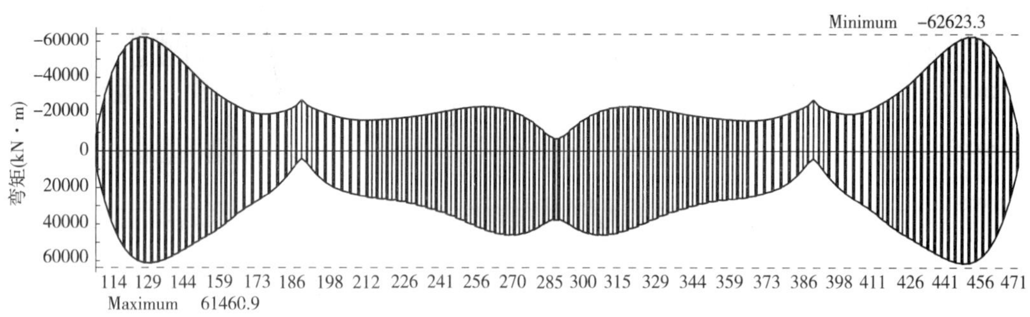

图 2.1-16 斜拉桥方案活载弯矩

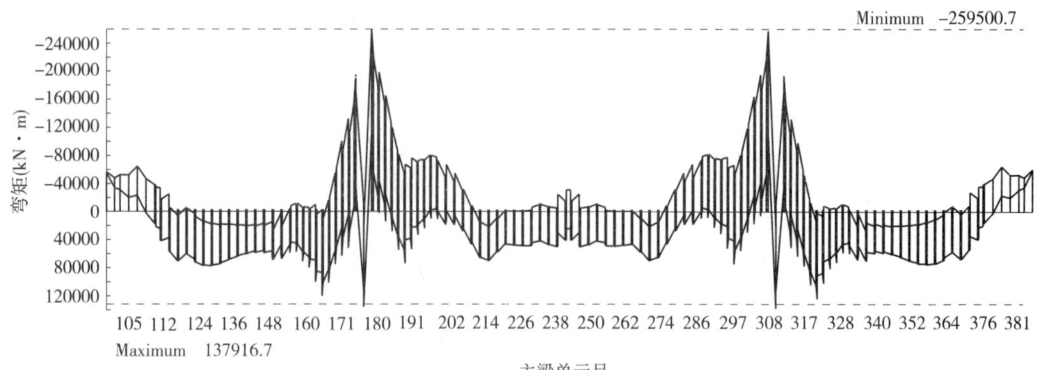

图 2.1-17 部分斜拉桥方案恒载+活载弯矩包络

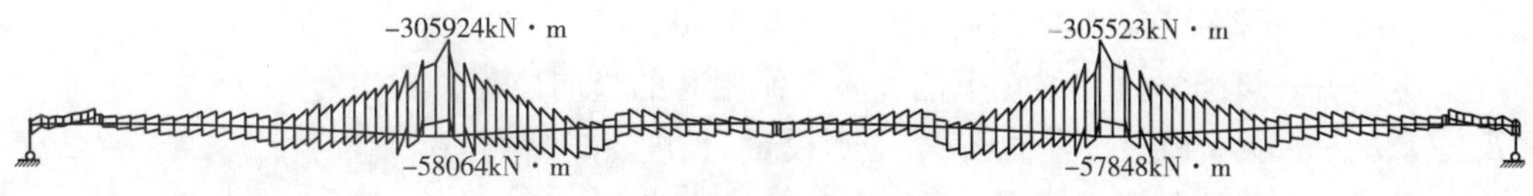

图 2.1-18　刚构方案恒载 + 活载弯矩包络

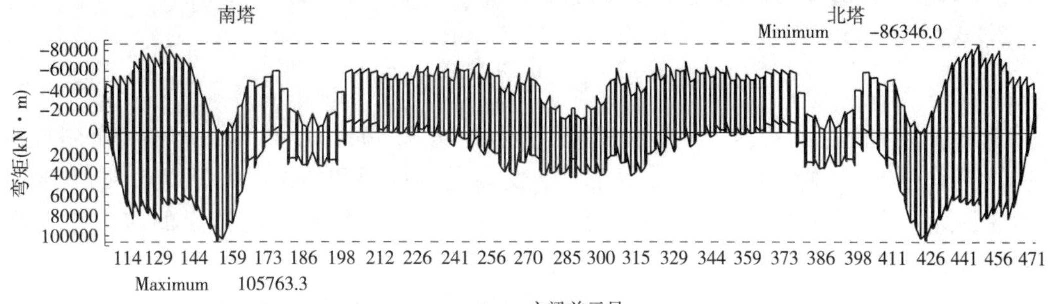

图 2.1-19　斜拉桥方案恒载 + 活载弯矩包络

从主梁弯矩包络图形状看,部分斜拉桥与连续刚构很相似,而斜拉桥整体上则分布比较均匀,而且数值不在一个数量级上。从这点可以看出,部分斜拉桥的拉索没有能明显改变连续刚构桥的内力分布,而斜拉桥的拉索则使得主梁内力分布更均匀,起到了多点弹性支撑的作用。换句话说,部分斜拉桥的拉索主要起的是辅助作用,大部分活载还是由主梁来承担,其受力形式更接近于连续刚构桥。

2.2　部分斜拉桥的界定

部分斜拉桥的雏形是反拱形梁,这种桥型的主要受力构件外形与结构弯矩图类似,因而是一种受力合理的桥型。小田原港桥作为世界上第一座真正意义上的部分斜拉桥,日本桥梁界没有把它称为斜拉桥,而是沿用了法国工程师 Mathivat 在 1988 年提出的名称 Extra-dosed Prestressing Concrete Bridge,即超配量体外索预应力混凝土桥,简称 EPC 桥。在美国,这种桥有的被称为"Extra-dosed Prestressing Concrete Bridge",也有的被称为"Extra-dosed Cable-stayed Bridge"的。我国对于部分斜拉桥的定义和界定方法也存在着很大的争议。1995 年我国著名桥梁专家严国敏先生将"部分斜拉桥"定义为:在结构受力性能上,斜拉索仅承担部分桥梁恒荷载和使用荷载,还有相当部分的荷载由主梁的受弯、受剪来承受。而有的学者认为这种桥型塔高的变化直接影响索、梁的受力,因此,"矮塔斜拉桥"也是另一种比较贴切的称呼。

关于部分斜拉桥的界定,日本学者对此作了较多研究。山崎淳、山縣敬二等在研究部分斜拉桥时,提出了两个指标来描述部分斜拉桥的特征,即 γ 和 β。

γ 为拉索竖向刚度与主梁刚度的比值,即:

$$\gamma = \frac{\sum_i (1/\delta_{si})}{1/\delta_{Gmax}} = \frac{\sum_i E_{ci}A_{ci}\sin^2\alpha_i/L_{ci}}{(E_g I_g/L_g^3)} \tag{2.2-1}$$

式中：　δ_{si}——缆索单位张力的伸长量的竖直分量；

δ_{Gmax}——该缆索处主梁在单位竖向力作用时的竖向位移；

A_{ci}、E_{ci}、L_{ci}、α_i——第 i 根斜拉索的面积、变形模量、长度、水平倾角；

E_g、I_g、L_g——主梁的弹性模量、截面惯性矩、主跨跨径。

γ 对部分拉桥的影响，日本学者未作讨论。

β 为竖直荷载分担比例：

$$\beta = \frac{\text{拉索分担的竖向荷载}}{\text{全部竖向荷载}} \times 100\% \tag{2.2-2}$$

山崎淳、山縣敬二等以应力变幅和竖直荷载分担比 β 为研究对象，对日本的部分斜拉桥和斜拉桥作了统计分析，得出结论：β 等于 30% 为部分斜拉桥和斜拉桥的分界点，小于 30% 时为部分斜拉桥，反之则为普通斜拉桥；与 β 相对应，部分斜拉桥的拉索的应力变幅在 50MPa 以下，而普通斜拉桥的拉索的应力变幅在 50MPa 以上。

如图 2.2-1 所示为部分斜拉桥、普通斜拉桥的应力变幅随 β 变化的情况。

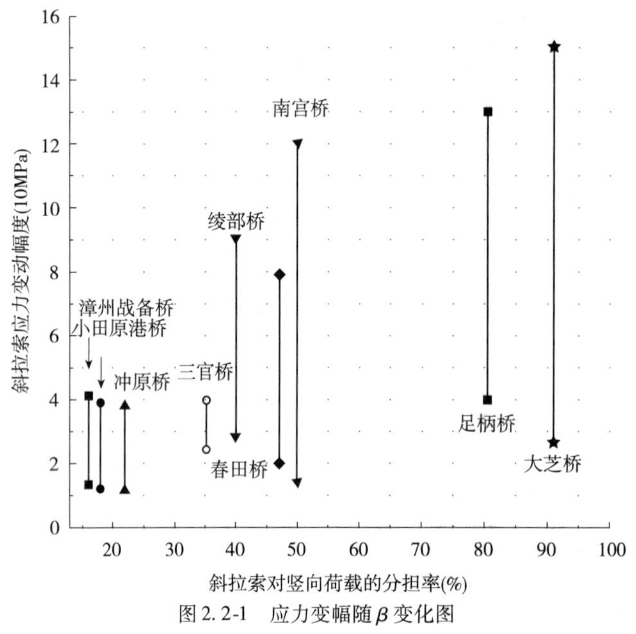

图 2.2-1　应力变幅随 β 变化图

拉索竖直荷载分担比例 β 的公式简单，对部分斜拉桥的界定比较直观。但 β 的力学概念不够明确，因为对于斜拉体系桥梁来说，二期恒载、活载的索力由结构刚度分配，而恒载索力是人为确定的，不同优化方法得出来的索力是不一样的。对同样参数的部分斜拉桥结构，可得出不同的拉索竖直荷载分担比例，采用拉索竖直荷载分担率来界定部分斜拉桥并不十分准确。

我国部分专家对部分斜拉桥的界定问题也进行了相关研究。

蔺鹏臻、孙红红、刘凤奎以兰州小西湖部分斜拉桥为研究对象，分析了塔高、拉索截面积、主梁的抗弯刚度对部分斜拉桥斜拉索的作用效果（不包括拉索初张力的效果）的综合影响趋势，引入反映部分斜拉桥综合特征的参数：

$$\alpha = \frac{\sum_i E_{ci} A_{ci} \sin^2 \alpha_i / L_{ci}}{(E_g I_g / L_0^3)} \tag{2.2-3}$$

式中，$L_0=\lambda L$，其中 L 为主跨的计算跨径，λ 为边、主跨之比。该研究者认为，可用 α 定量界定部分斜拉桥，当斜拉桥的 $\alpha \leqslant (40\sim50)$，可以认为是部分斜拉桥。该参数是对兰州小西湖部分斜拉桥的一种归纳，并没有包含结构体系的支承条件。

部分斜拉桥的荷载主要分为恒载和活载，恒载状态的设计索力由设计状态确定，而活载状态的索力由结构参数确定。陈从春等提出索梁荷载比的概念，研究部分斜拉桥的力学行为：

$$\eta=\frac{\text{拉索分担的竖向荷载}}{\text{主梁分担的竖向荷载}}\times100\% \tag{2.2-4}$$

对应于恒载状态，可以将 η 称为索梁恒载比；对应于活载状态，可以称为索梁活载比。对于同一个桥式结构，恒载索力并不唯一，研究索梁活载比更有助于界定部分斜拉桥。

根据各种体系的部分斜拉桥的边界条件不同，该研究者将其等效为梁式结构，推导出索梁荷载比的公式。等效的思路是：作用在部分斜拉桥的均布荷载可以看作两部分，一部分由缆索承担（q_c），另一部分由主梁承担（q_g），由缆索承担的 q_c 与斜拉索竖向分力相抵消，此时部分斜拉桥就可以近似地看作受均布荷载 q_g 作用的梁式桥。根据索梁变形协调关系，得出索梁活载比：

$$\eta=\frac{q_c}{q_g}=\frac{\sum\limits_i E_{ci}A_{ci}\beta_i\sin^2\alpha_i\cos\alpha_i}{E_gI_g} \tag{2.2-5}$$

式中：β_i——与拉索在主梁上的布置、跨径和支承条件有关的参数。

对于三跨支承体系：

$$\beta_i=\frac{(2lx_i^2-x_i^3-l^3)}{24l}+\frac{(3k^3+3)l^2(l-x_i)}{24l(3+2k)}$$

对于多塔等跨支承体系：

$$\beta_i=\frac{2lx_i^2-0.996l^2x_i-x_i^3-0.004l^3}{24l}$$

对于塔墩梁固结体系（双塔或多塔，两端固结）：

$$\beta_i=\frac{(l-x_i)^2x_i}{24l}$$

对于两跨支承体系（独塔）或塔墩梁固结体系（独塔）：

$$\beta_i=\frac{(3l^2-5lx_i+2x_i^2)x_i}{48l}$$

式中：A_{ci}、E_{ci}、α_i——第 i 根斜拉索的面积、变形模量、水平倾角；

E_g、I_g、l——主梁的弹性模量、截面惯性矩、主跨跨径；

k——边跨与主跨之比；

x_i——第 i 根斜拉索的水平投影长度。

该研究者认为：当索梁活载比为 0.5 时，可以作为部分斜拉桥和普通斜拉桥的分界点，即小于 0.5 时为部分斜拉桥，大于 0.5 时为普通斜拉桥。

如表 2.2-1 所示为选择几座典型部分斜拉桥和普通斜拉桥的索梁活载比统计。

(2)部分斜拉桥桥塔高度相对较矮且承受的轴向力相对较小,基本不存在失稳问题,桥塔不必设置防止屈曲失稳的横向联系梁。桥塔取消横梁提高了施工的便利性,同时有助于大桥运营期的维护管理。

(3)桥塔轻型化提高了结构的抗震性能。

2.3.3 索鞍

索鞍结构是部分斜拉桥特有的索塔锚固构造。由于部分斜拉桥桥塔截面尺寸较小,除个别部分斜拉桥拉索在塔上直接锚固外,普遍采用贯通式索鞍锚固形式。索鞍相当于体外索的转向块。索塔锚固体系在设计上要设置抗滑装置,不允许斜拉索在使用中产生任何滑移,同时又要保证在换索时能够方便地进行更换。

常用索鞍结构有双套管结构和分丝管结构两种。双套管结构是初期的部分斜拉桥广泛采用的鞍座形式,其构造为:外套管埋设于混凝土塔身内,内管置于外套内,内管外壁与外管内壁紧贴,斜拉索从内管中穿出。为防止斜拉索滑动,可在斜拉索进出索塔位置处设置抗滑锚固装置并填充环氧砂浆,或者增加一个索夹结构进一步防止斜拉索滑动。此种结构的缺点在于:钢绞线穿过内套管时,不易保证每根钢绞线均相互平行,有相互交错挤压的现象,钢绞线之间受力状况不好;内外管索鞍对索塔的竖向劈裂应力较大;斜拉索单根抗滑力不均匀,难于理论计算;内管灌注环氧砂浆对拉索进行防腐,密实度难以检查;后期换索需将斜拉索截断,再将内套管从外套管中抽出,这只存在理论上的可能,实际上基本没有可操作性。如图2.3-1所示。

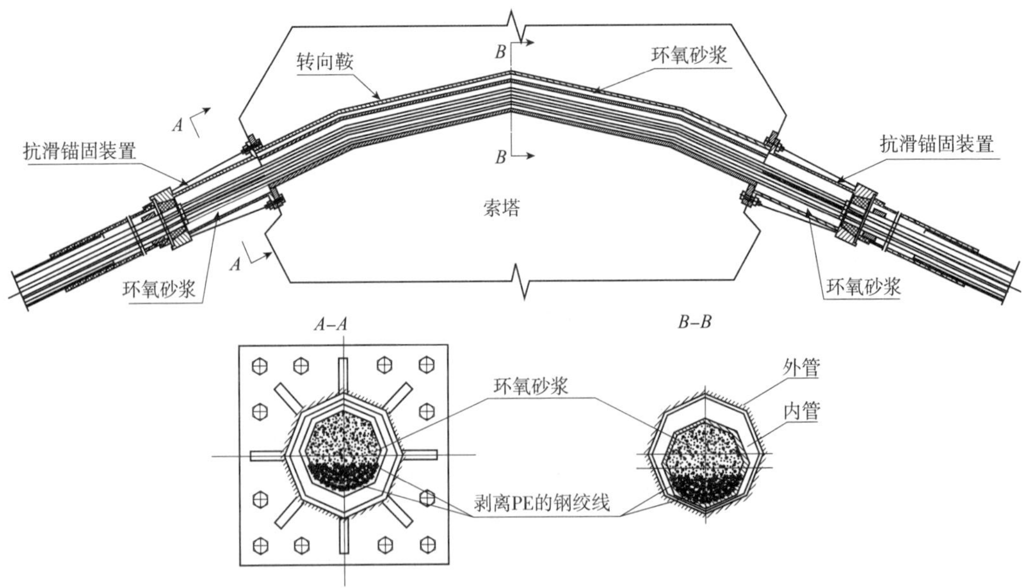

图2.3-1　内外管索鞍配合环氧锚固加索夹抗滑体系示意图

从2007年开始,工程上开始普遍采用分丝管式索鞍(图2.3-2)。分丝管构造由多根平行的圆钢管并排组成,拉索中的每一根钢绞线通过索鞍中唯一对应的圆钢管,钢绞线之间不存在相互挤压问题,施工便利。整个索鞍起到分散、均匀传递荷载的作用,索鞍下部混凝土的应力分布相对均匀。如果抗滑锚固装置中配置单根抗滑键,还可以实现运营期的单根钢绞线换索,大大提升了部分斜拉桥的使用耐久性。

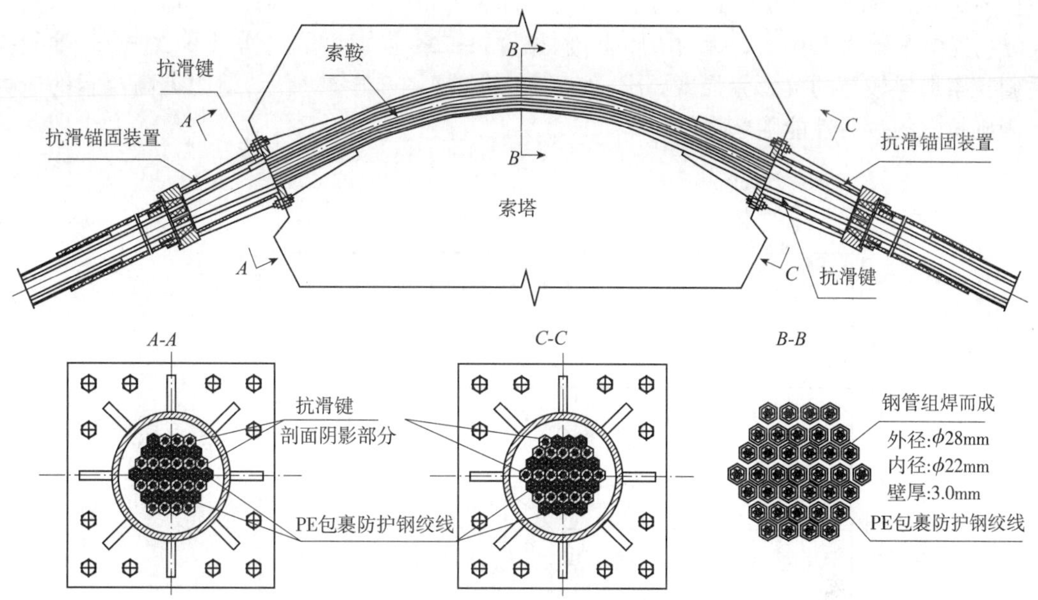

图 2.3-2　分丝管索鞍和交叉抗滑键体系示意图

2.3.4　斜拉索

斜拉索是部分斜拉桥的重要组成部分，必须具备良好的抗疲劳性能、更换方便、锚固可靠和耐久性，它不仅影响桥梁的结构性能，而且影响到施工方法和经济性。

(1)斜拉索构造

目前，部分斜拉桥普遍在塔上采用鞍座式结构，要使斜拉索在索塔上连续通过鞍座区，只能采用单根穿束的钢绞线拉索体系，而不能采用高强钢丝冷铸锚拉索体系。部分斜拉桥斜拉索绝大多数采用平行钢绞线索，由数根 $\phi^{s}15.2$ 环氧或镀锌钢绞线平行、紧密排列集束而成，钢绞线的标准强度可达 1860MPa。索体采用涂(镀)层 + 油脂 + HDPE 套 + HDPE 外护管的防护结构，形成多层防腐体系，与钢绞线斜拉索相匹配的锚具是夹片式群锚，这是一种由后张法预应力体系演变而来的拉索锚具形式。

钢绞线拉索体系沿纵桥向可分为三段：索体自由段、塔上锚固段及梁上锚固段。钢绞线索体系是现场安装制索，斜拉索张拉采用“等值张拉法”逐股穿索，逐股张拉，当每根斜拉索各股钢绞线全部安装后，一次性整体张拉到位。

总体而言，部分斜拉桥钢绞线拉索体系在材料、索体及锚固构造、施工方法等方面与普通斜拉桥的绞线拉索体系基本相同，其差别主要体现在斜拉索的应力变化和安全度上。

(2)斜拉索强度

一般来说，部分斜拉桥与普通斜拉桥相比，活荷载引起的斜拉索的应力变化较小。斜拉索的应力变化受主梁的刚度、边界条件以及主塔高度的影响。部分斜拉桥因为主塔高度较低，拉索的竖向伸长量较小，主梁的刚度又较大，斜拉索负担的外部荷载相对较少，其应力变幅要比普通斜拉桥斜拉索的应力变幅小。

普通斜拉桥斜拉索的静力容许应力值 $[\sigma]\leqslant 0.4f_{pk}$，安全系数为 2.5。一般而言，部分斜拉桥斜拉索的容许应力可与体外预应力索的容许应力相同，其静力容许应力值$[\sigma]\leqslant 0.5f_{pk}\sim 0.6f_{pk}$，安全系数为1.67～2.0。由于部分斜拉桥斜拉索应力变幅小，所以不必具有普通斜拉桥斜拉索那样较高的抗疲劳强度要求，如Smith曲线（图2.3-3）所示，适当提高拉索的应力上限则拉索的疲劳性能随之降低。

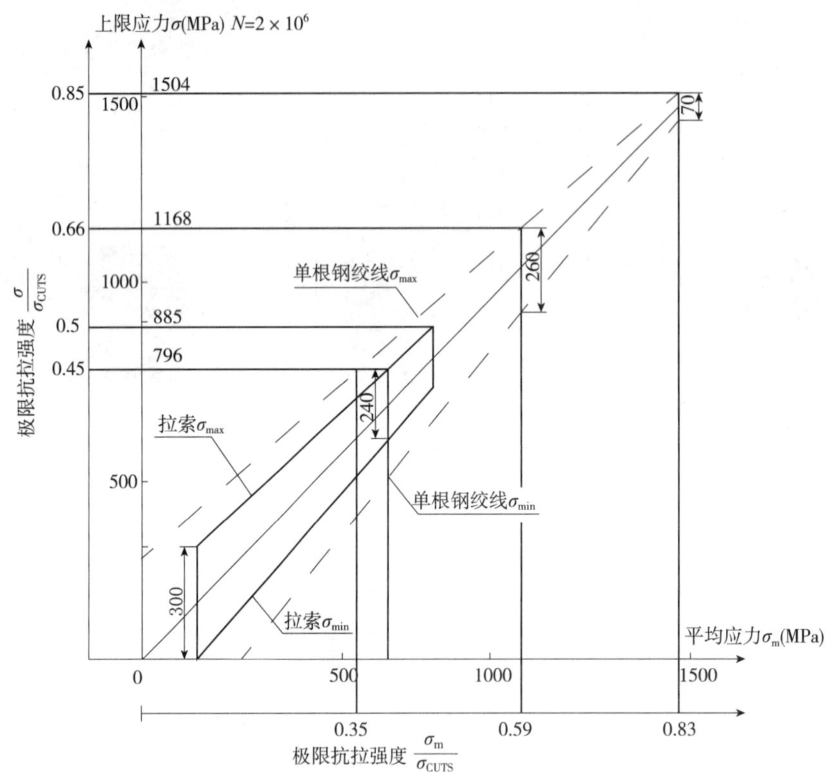

图2.3-3 直径15mm钢绞线和一根拉索Smith图

注：上限应力为σ(MPa)，应力循环次数为2×10^6。

对于部分斜拉桥斜拉索容许应力的实际运用，可以根据斜拉索的应力变幅大小来确定，这是由于斜拉索的疲劳寿命与应力变幅是直接关联的，这也是部分斜拉桥与普通斜拉桥在斜拉索设计时有所不同的地方。斜拉索的疲劳强度与拉索应力上限σ_{max}、应力幅$\Delta\sigma$、应力循环次数N三者有直接关系。根据对已建部分斜拉桥的调查，部分斜拉桥的斜拉索应力变化幅度约为50MPa。该变化幅度小于国际预应力混凝土协会CEB-FIP建议的80MPa，可以使用一般预应力钢筋的容许应力标准$0.6f_{pk}$。与疲劳应力变化幅度较大的普通斜拉桥拉索的容许应力$0.4f_{pk}$相比，部分斜拉桥斜拉索的应用效率较高。

对于部分斜拉桥斜拉索设计容许应力幅，我国斜拉桥设计规范无具体规定。拉索的抗疲劳强度通常由疲劳试验获得，虽然我国已建成的部分斜拉桥有少数进行了拉索疲劳试验，但至目前，我国尚无系统、完善、权威的拉索疲劳试验数据，也没有总结出拉索的抗疲劳强度计算公式，这使设计人员在具体运用有较大的盲目性。对于拉索设计容许应力幅，美国工程师协会斜拉桥委员会于1990年颁布的《斜拉桥设计指南》中给出的拉索及拉索组成材料的疲劳试验数据系统较全面，反映了材料本身的抗疲劳性能，可作为我们设计部分斜拉桥斜拉索的依据。

该指南对疲劳应力幅的定义如下：

$$\Delta\sigma = \frac{\sigma_F}{\gamma} \tag{2.3-1}$$

式中：σ_F——试验确定的疲劳强度；

γ——安全系数，可取1.25～1.5。

其中，$\Delta\sigma = \sigma_{max} - \sigma_{min}$。

其引用的Smith曲线如图2.3-4、图2.3-5所示。

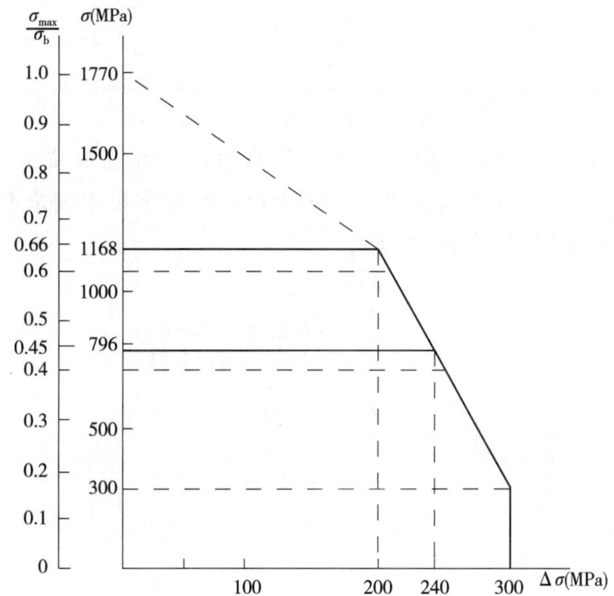

图2.3-4　以$\Delta\sigma = \sigma_{max} - \sigma_{min}$表示的拉索疲劳强度曲线（应力循环次数为$2 \times 10^6$）

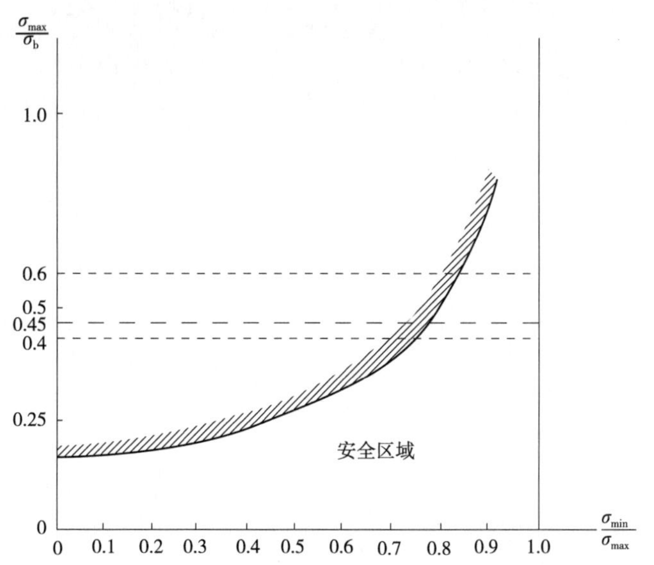

图2.3-5　以$\rho = \sigma_{min}/\sigma_{max}$表示的拉索疲劳强度曲线（应力循环次数为$2 \times 10^6$）

根据美国工程师协会提供的 Smith 曲线，可以求得钢绞线斜拉索在应力上限值为 $0.4f_{pk}$ 和 $0.6f_{pk}$ 对应的设计容许幅值。钢绞线斜拉索应力上限值 $0.4f_{pk}$ 和 $0.6f_{pk}$ 对应的 σ_F 分别为 253.0MPa 和 212.2MPa，在考虑锚固应力修正及安全系数之后的设计容许疲劳应力幅为 134.2MPa 和 107.0MPa。平行钢丝斜拉索的设计容许疲劳应力幅为 168.7MPa 和 141.5MPa。

将上述结果制成表格，如表 2.3-1 所示。

拉索设计容许疲劳应力幅 （应力循环次数 2×10^6） 表 2.3-1

拉 索 类 型	应力上限 $0.4f_{pk}$	应力上限 $0.6f_{pk}$
钢绞线拉索	134.2MPa	107.0MPa
平行钢丝拉索	168.7MPa	141.5MPa

将该表绘制成图，可以得到拉索设计容许疲劳应力幅与拉索容许应力的对应关系（图 2.3-6），该图示满足普通斜拉桥拉索的安全度，同样也适合部分斜拉桥。具体设计时，部分斜拉桥钢绞线斜拉索应力幅可控制在 70～100MPa 以内，根据拉索安全度图示合理确定钢绞线斜拉索的容许应力，确保斜拉索安全工作。

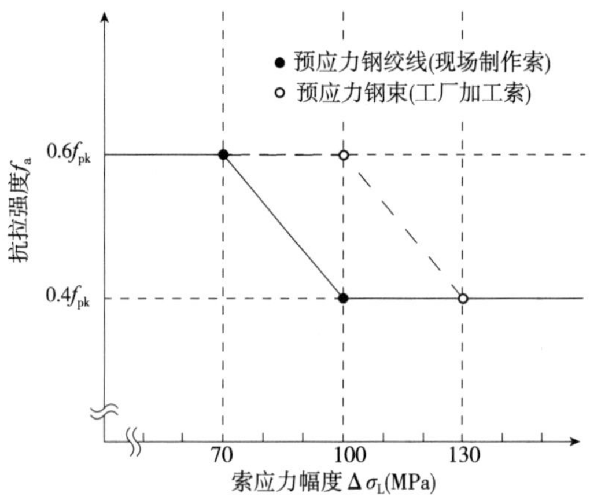

图 2.3-6 拉索容许疲劳应力幅与容许应力对应关系图

第3章　总体设计

部分斜拉桥结构的总体设计主要包括:路线平、纵、横设计和优化,桥墩的位置及桥跨的布设,进而确定桥塔的总体高度、拉索布置,从而完成桥梁的总体布置。上述总体布置的各项内容中,对于遵照桥梁总体设计一般性原则和方法来开展的工作,如路线平、纵、横设计,根据建设条件(如地形、通航、水文、地质、景观等)确定的主、边跨布置等,本书不再赘述。重点讨论具有部分斜拉桥特点的总体布置等设计内容。

部分斜拉桥总体布置的关键内容是:在根据建设条件确定主跨的前提下,如何选择结构体系,合理确定边中跨比、桥塔高度和拉索布置,最大限度地发挥主梁和拉索的作用,使之既能满足受力要求又能达到经济合理且有利于施工的目的。

3.1　结构体系选择

普通斜拉桥的结构体系主要分为漂浮体系和支承体系,见图3.1-1。大跨径的斜拉桥一般常用漂浮体系。在漂浮体系中,拉索为主梁提供了足够的竖向弹性支承,主梁由受弯为主转变成受轴向力为主。主梁在塔墩处也可不设置支承,因而主梁在塔墩附近不会产生较大的负弯矩,这使梁高得以降低,一般只要求最小刚度即可。

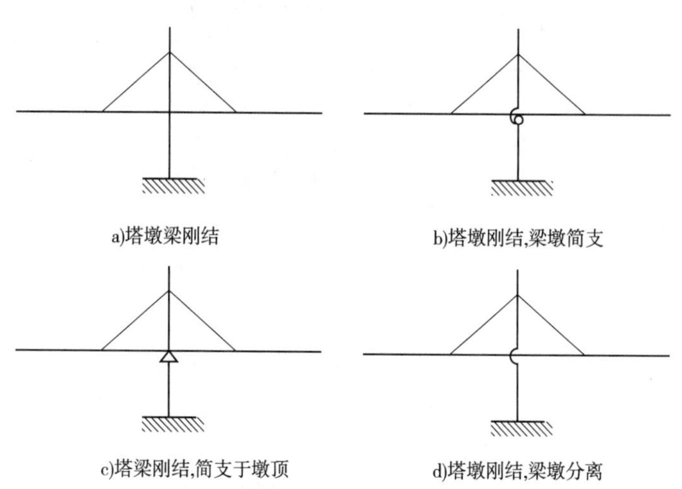

图3.1-1　普通斜拉桥的四种结构体系

与普通斜拉桥不同,部分斜拉桥由于桥塔低矮,拉索的水平倾角一般较小,拉索提供的竖向分力不能对主梁提供有效的支承。主梁在整个结构体系中承担大部分荷载,拉索仅对主梁起辅助受力的作用。因此,部分斜拉桥一般不会采用普通斜拉桥常见的漂浮体系,而是类似连续梁桥和连续刚构桥直接支承在桥墩上。

通常将混凝土部分斜拉桥的结构体系分为塔梁固结体系、支承体系和刚构体系,见

图3.1-2。其结构体系如下：

(1)塔梁固结体系

该结构体系采用塔梁固结、塔墩分离形式，梁底设置支座支承在桥墩上，斜拉索为弹性支承，是一种主梁具有弹性支承的连续梁结构。该结构体系必须有一个固定支座，而其他支座可以设置为纵向活动。该结构体系的主要优点是取消了承受较大弯矩、剪力的下塔柱部分，代之以普通桥墩，主梁结构受力比较均匀，整体温度变化对这种体系的影响较小，几乎可以略去。但该体系结构整体刚度较小，当中跨满载时，主梁在墩顶处的转角位移会导致塔柱倾斜，使塔顶产生较大的水平位移，因而显著增大了主梁的跨中挠度。另外，该体系上部结构重力和活载的反力需经支座传递到桥墩，需设置大吨位支座，不利于桥梁运营阶段的维护。

我国的漳州战备桥、小西湖黄河大桥、安康汉江三桥、离石高架桥，日本的蟹泽桥、士狩大桥、新唐柜大桥均采用这种体系。已建混凝土部分斜拉桥采用这种结构体系的较多，其主跨跨径相对较小，与连续梁结构体系基本相同。

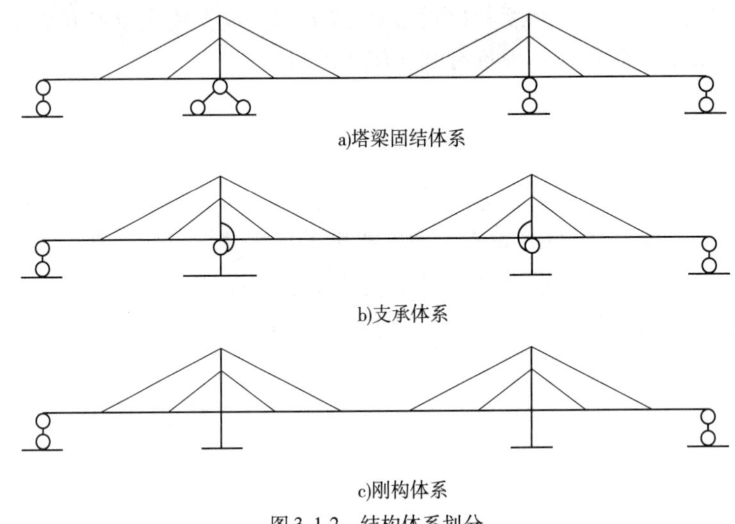

a)塔梁固结体系

b)支承体系

c)刚构体系

图3.1-2　结构体系划分

(2)支承体系

该结构体系采用塔墩固结、塔梁分离，主梁在塔墩上设置竖向支承，支座均为活动支座。该结构体系整体受力性能与主梁具有弹性支承的连续梁结构比较接近，塔墩底部承受较大的弯矩。我国芜湖长江大桥采用的是支承体系，在部分斜拉桥结构中较少采用。

(3)刚构体系

该结构体系的梁、塔、墩三向互为固结，是一种主梁具有弹性支承的连续刚构结构。该结构体系的优点是结构整体刚度大，主梁和塔柱的挠度及变形均较小，主梁不需要设置支座，施工时也不需要设置临时固结措施，最适合采用悬臂法施工。该结构体系的缺点是固结处主梁负弯矩大，塔、墩、梁固结处应力分布较为复杂；温度变化对结构体系影响较为显著；桥墩承受的弯矩较大且墩高不宜过低。

刚构体系是混凝土部分斜拉桥采用较多的结构形式。我国的同安银湖大桥、吴淞江大桥及日本的都田川桥、又喜纳木桥都是单塔双跨部分斜拉桥，均采用刚构体系。我国的嘉悦大桥、茜草长江大桥、广州沙湾大桥、荷麻溪特大桥、陨十汉江大桥、武汉三官汉江大桥及日本的冲原桥、小田原港桥等都是双塔三跨部分斜拉桥，均采用刚构体系。我国的潮白河大桥、开封黄河大桥二桥、西江特大桥都是多塔多跨部分斜拉桥，中墩采用梁、塔、墩固结，边墩设置活动支座。

3.2 孔跨布置

混凝土部分斜拉桥桥跨布置与普通斜拉桥不同，基于其结构受力特征，跨径布置的原则更接近连续梁桥（刚构），可以根据需要采用单塔双跨、双塔三跨或多塔多跨进行布置。

当采用单塔双跨布置时，为保证结构的整体稳定，一般采用塔、梁、墩固结的刚构体系。由于部分斜拉桥的主梁刚度较大而索塔刚度较小，左右跨对称布置不仅有利于主梁和主塔的受力，也便于设计和施工。

当采用双塔三跨布置时，一般采用塔梁固结或刚构体系。当边跨梁部距离地面较近而采用支架施工较方便时，边中跨比可适当加大；当边跨梁部距离地面较高或受到其他限制而采用支架施工费用较高时，边中跨比可适当减小。

当采用多塔多跨布置时，对于普通多塔斜拉桥来说，由于其边跨及中跨的跨中挠度、边塔及中塔塔顶纵向水平位移等均比同主跨双塔斜拉桥的相应位移大，需要重点解决结构整体刚度的问题，往往需要增加多种措施，增加了桥梁结构的复杂性。预应力混凝土部分斜拉桥由于主梁刚度较大、索塔高度较矮，结构整体刚度大，采用多塔多跨布置的预应力混凝土部分斜拉桥具有较大的结构优势。

3.3 主要设计参数拟定

部分斜拉桥设计时，考虑的主要设计参数有：边跨中跨比例、梁体高跨比、跨中和塔根无索区长度、桥塔高度和刚度、斜拉索在梁上间距等。国内主要已建部分斜拉桥主要设计参数统计如表3.3-1、表3.3-2所示。

国内已建大跨径部分斜拉桥主梁设计参数表（一） 表3.3-1

桥梁名称	桥跨组合（m）	桥宽（m）	主梁形式	H中/H根（m）	梁高/主跨	边跨/中跨	建成时间（年）
荷麻溪大桥	125+230+125	28.3	单箱三室	3.0/6.5	1/76.7~1/35.4	0.543	2006
嘉悦大桥	145+250+145	28.0	单箱单室	5.0/7.0	1/50.0~1/35.7	0.58	2010
嘉陵江南屏大桥	112+190+92	27.5	单箱单室	4.5/7.0	1/42.2~1/27.1	0.589	2011
沙湾大桥	137.5+248+137.5	34.0	单箱三室	3.85/8.35	1/64.4~1/29.7	0.554	2011
茜草大桥	128+248+128	34.0	单箱四室	3.8/9.0	1/65.3~1/27.6	0.516	2012
西江大桥	128+3×210+128	38.3	单箱三室	3.5/6.5	1/60.0~1/32.3	0.61	2013
南澳大桥	126+238+126	14.4	单箱单室	4.0/8.0	1/59.5~1/29.8	0.529	2014
郧十汉江大桥	128+238+128	26.5	单箱三室	3.4/7.2	1/70.0~1/33.0	0.538	2014
陈村大桥	120+218+120	36.0	单箱三室	3.5/6.5	1/62.3~1/33.5	0.55	2015
三官汉江大桥	120+190+120	33.5	单箱三室	3.15/6.65	1/60.3~1/28.6	0.631	2015

国内已建大跨径部分斜拉桥主梁设计参数表(二) 表 3.3-2

桥梁名称	无索区 L_g, L_z, L_b	L_g, L_z, L_b/主跨 L	有索区 L_s	L_s/L	$\Delta_{梁}$
荷麻溪大桥	44,22,21	0.191,0.096,0.091	60	0.261	4
嘉悦大桥	79,41,40.5	0.316,0.164,0.162	65	0.26	5
嘉陵江南屏大桥	37,26,30	0.195,0.137,0.158	45	0.237	5
沙湾大桥	42,20,23.5	0.169,0.0806,0.095	72	0.290	4
茜草大桥	34,36,22	0.137,0.145,0.089	72	0.290	8
西江大桥	32,18,32	0.152,0.0857,0.152	64	0.305	4
南澳大桥	43,32,23	0.181,0.134,0.097	60	0.252	5
郧十汉江大桥	39,24,21	0.164,0.101,0.088	68	0.285	4
陈村大桥	32,18,19.8	0.147,0.0826,0.091	68	0.312	4
三官汉江大桥	38,10,30	0.20,0.0526,0.158	52	0.273	4

注:L_g-索塔根部单侧无索区长度;L_z-中跨跨中无索区长度;L_b-边跨无索区长度;L_s-斜拉索在主梁上分布范围;L-主跨跨径;$\Delta_{梁}$-斜拉索在梁上间距。

(1)边孔与主孔的跨径比值

《公路斜拉桥设计细则》(JTG/T D65-01—2007)规定:部分斜拉桥的边跨与中跨跨径比宜取 0.50 ~0.76。表 3.3-1 提供了国内 10 座大跨径混凝土部分斜拉桥边跨与中跨的比值,通过对比可以发现,其边跨、中跨比值常采用 0.52 ~0.65。在特殊情况下,边、中跨比值亦可小于 0.5,此时对边跨需采取措施,通过配重或者设置拉压支座解决边跨端支点负反力问题。

(2)梁体高跨比

部分斜拉桥主梁以梁的受弯、受压、受剪和斜拉索受拉来共同承担竖向荷载,由于其主梁以压弯为主,且要承受相当大的弯矩,主梁截面形式与斜拉桥有很大不同,而更接近于连续梁。从保证主梁结构受力合理性的角度考虑,部分斜拉桥更适宜采用变高度截面,其塔墩处梁高一般为相同跨径连续梁高的一半左右。部分斜拉桥支点处高跨比宜采用 1/35 ~1/30,跨中高跨比宜采用 1/60 ~1/50。在特殊情况下,主梁亦可采用等高度,此时梁高与跨径之比可采用 1/45 ~1/35。

(3)无索区长度

部分斜拉桥无索区长度是指索塔根部无索区长度、主跨跨中无索区长度和边跨无索区长度(无索区长度示意参见图 3.3-1)。《公路斜拉桥设计细则》(JTG/T D65-01—2007)规定:部分斜拉桥索塔根部单侧无索区长度宜取 0.15 ~0.2 倍主跨跨径,中跨跨中无索区长度宜取 0.2 ~0.35 倍主跨跨径,边跨无索区长度宜取 0.2 ~0.35 倍主跨跨径。

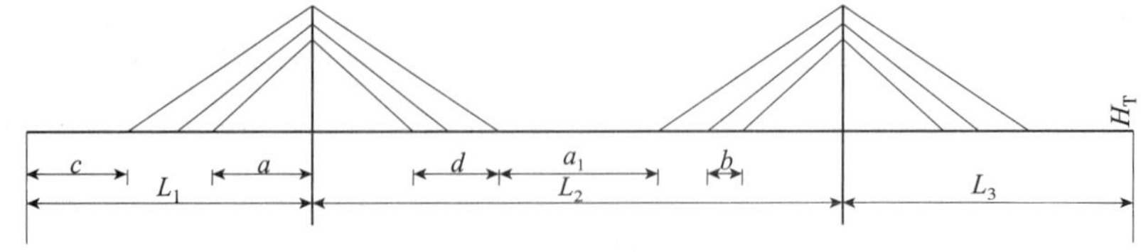

图 3.3-1 双塔三跨部分斜拉桥总体布置示意图

表3.3-2统计了国内10座大跨径混凝土部分斜拉桥无索区长度。索塔根部无索区长度与主跨跨径比值与细则相近，索塔根部无索区长度一般控制在(0.1～0.2)主跨跨径范围内；主跨跨中无索区长度和边跨无索区长度与主跨的比值比细则偏小，根据统计和计算对比分析结果显示，中跨合龙段无索区长度宜控制在(0.1～0.15)主跨跨径范围内；边跨端部无索区长度宜控制在(0.1～0.15)主跨跨径范围内。

研究发现，当主梁刚度不变时跨中无索区对主跨结构的影响比较明显，无索区越长，跨中弯矩和位移越大。塔旁无索区长度的增大造成中跨主梁跨中竖向位移和弯矩都同步增加，并且增长的幅度较大；而边跨最大弯矩变化不大，最大竖向位移变化较大，无索区长度增加也造成斜拉索最大应力变幅增加，但对主塔自身影响较小。

混凝土部分斜拉桥主梁设置无索区段是因为其刚度较大的原因，主梁无索区段长度的设置与主梁刚度有关。主梁刚度越大，可设置相对较长的无索区段；主梁刚度越小，则无索区段长度应相应缩短。

(4)桥塔高度和刚度

从桥面算起的塔高，部分斜拉桥要比斜拉桥低得多。双塔部分斜拉桥和多塔部分斜拉桥桥面以上塔高与中跨跨径之比为1/12～1/4；国内部分斜拉桥比值一般在1/10～1/4，国外一般在1/12～1/8，是普通斜拉桥的1/3～1/2(双塔及多塔部分斜拉桥桥面以上塔高与主跨的关系参见图3.3-2)。国内部分斜拉桥塔柱高度相对较大，更多的是考虑景观的需要。如图3.3-3所示。

独塔部分斜拉桥桥面以上塔高与主跨跨径之比为1/11～1/1。我国独塔部分斜拉桥有些为无背索结构，塔高与主跨之比接近1，其余独塔部分斜拉桥桥面以上塔高与主跨跨径之比在1/4～1/2。而国外独塔部分斜拉桥桥面以上塔高与中跨跨径之比为1/11～1/4，与多塔部分斜拉桥相比，无明显差异(独塔部分斜拉桥桥面以上塔高与主跨的关系参见图3.3-3)。

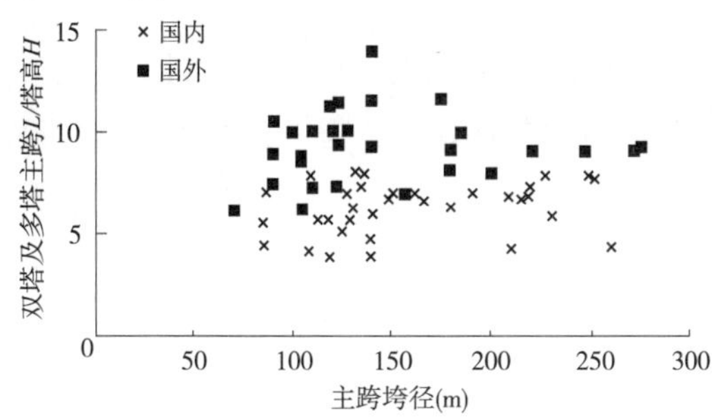

图3.3-2 双塔及多塔部分斜拉桥桥面以上塔高与主跨比值

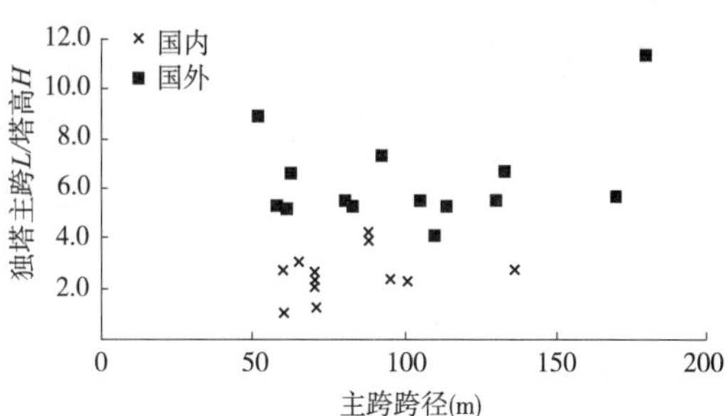

图3.3-3 独塔部分斜拉桥桥面以上塔高与主跨比值

研究表明，随着主塔高度的增加，主梁的竖向位移和弯矩都会减小，塔根弯矩也减小，主塔显得更安全，但拉索应力变幅有一定程度的增长。因此在拉索疲劳不受影响的情况下可以适当地增大主塔的高度，以改善结构受力。当主梁刚度较大时，塔的刚度对部分斜拉桥特性的影响不大；但当主梁刚度小时，塔的刚度却非常重要。

部分斜拉桥的拉索多呈扇形布置，拉索集中在塔顶通过。塔顶索鞍的作用如同体外预应力索的转向点，斜拉索在转向点被固定而无滑动。为了发挥部分斜拉桥的优势，高塔型部分斜拉桥将是部分斜拉桥的一个发展趋势，有的索塔高度与中跨跨径之比达1/4。它不仅保留了部分斜拉桥斜拉索的高利用率，同时，由于斜拉索水平倾角的增加，提高了斜拉索的竖向荷载分担率，而且还可以适当降低主梁的高度，减轻主梁自重，减少地震荷载的效应。

（5）斜拉索间距

部分斜拉桥主梁的刚度较大，结构受力时，以主梁为主，拉索为辅。因此，正常范围以内，主梁上拉索间距 b 的变化对部分斜拉桥特性的影响不大，但过小（小于4m）则不利。根据国内外已建的大跨径混凝土部分斜拉桥，主梁上索距一般采用4～8m。由于部分斜拉桥的施工方法一般采用的是连续梁桥常用的悬臂浇筑法，所以索距还要考虑施工节段的长度，这样不需要采用复杂的拉索挂篮就能完成悬臂施工。主梁上索距的统计资料见图3.3-4。

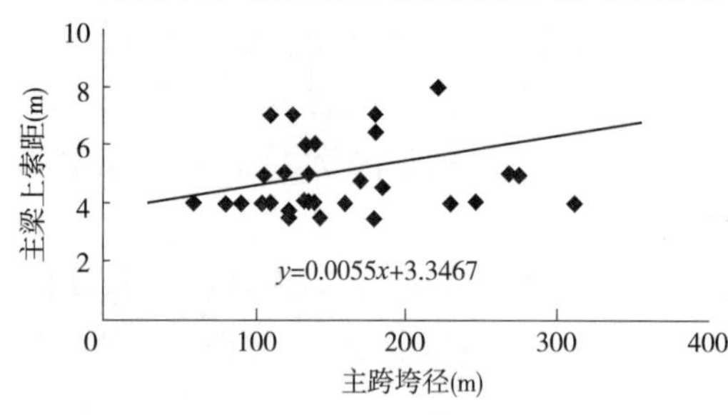

图3.3-4　部分斜拉桥梁上索距随主跨跨径变化图

部分斜拉桥塔上索距与索塔高度、索面布置形式、斜拉索锚固方式等有关，塔上索距以能满足构造要求为原则，适当兼顾景观要求。混凝土部分斜拉桥的塔上索距一般采用1.0～2.0m。

（6）桥墩的刚度

对采用刚构体系的大跨径部分斜拉桥而言，桥墩与主梁的刚度比对结构影响非常明显，在保证桥墩强度的条件下采用较柔的桥墩是较好的选择。

3.4　索面布置

索面布置是部分斜拉桥总体设计的重要内容。它不仅影响桥梁的结构性能，而且影响到施工方法和经济性。

3.4.1　横向布置

根据桥面布置及景观要求，部分斜拉桥斜拉索的横桥向布置可分为中央索面、双索面和多索面三种形式。

（1）中央索面体系

中央索面又分为单排索和双排索，双排索是指主梁中央横向布置双排拉索，我国已建成的采用单索面的部分斜拉桥大多采用双排索。

采用中央索面的部分斜拉桥其结构抗扭刚度完全由主梁提供，主梁需采用抗扭刚度较大的截面。中央索面体系使结构显得轻巧，又避免了拉索交叉的视觉，有较强的美学效果。对于大跨径的部分斜拉桥来说，当桥面很宽时，采用中央索面会导致较大的扭矩，需从结构体系、主梁截面形式的合理选用等方面整体把握。

（2）双索面体系

双索面体系应用较为广泛。拉索平面可以设置为垂直、内倾或外倾，即存在平行索面和空间索面两种形式。空间索面能进一步提高结构的抗扭刚度，并限制主梁的横向位移，有助于提高主梁的抗风性能。

(3)多索面体系

当桥面很宽,双索面拉索体系通常产生较纵向弯矩更大的横向弯矩,可以设置三索面体系(多索面体系)。采取多索面体系可以减小超宽桥面的横向弯矩。出于美学的原因,多索面体系很少采用。

3.4.2 纵向布置

部分斜拉桥拉索的纵向布置一般采用扇形或竖琴形(图3.4-1)。在索塔高度基本相同的情况下,扇形索面拉索的合力点较高,预应力效果好,主梁上产生的轴力较小,对于竖向荷载拉索分担率较高;竖琴形索面拉索合力点相对较低,预应力效果相对于扇形稍差,主梁上产生的轴力相对较大。

当采用竖琴形索面时,索塔高度往往会有所增加。

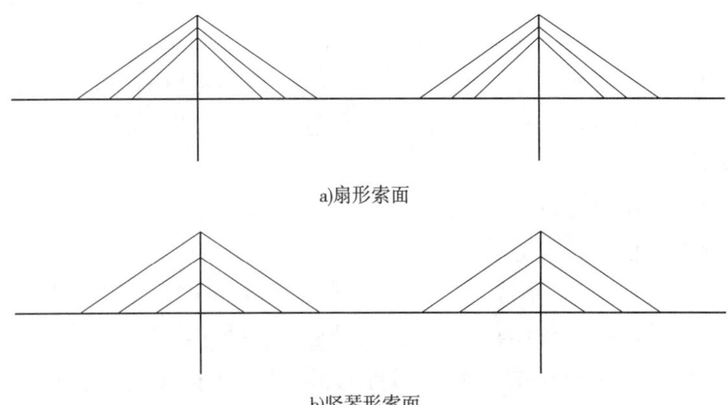

a)扇形索面

b)竖琴形索面

图3.4-1 部分斜拉桥索面纵向布置形式

一般来说,扇形索面部分斜拉桥的力学性能优于竖琴形索面部分斜拉桥,但相差不大。一般情况下,标准荷载作用下主梁的最大跨中弯矩仅相差10%左右。这两种索面布置类型对部分斜拉桥景观和结构的影响各有千秋。

3.5 设计步骤

部分斜拉桥传统的设计流程大致可以分为如下步骤:

第一步,收集资料,形成的粗略的方案。

拟建桥址的具体工程环境如地形、地貌、地质、气象、水文等条件,以及通航和跨线要求是方案构思的基础。地形条件决定桥梁的长度,桥跨的布置,桥梁的高度,是否满足施工对场地的要求等;地貌(水面、湖面、山区等)决定桥梁景观与周围环境的协调;地质条件影响墩台的位置,从而影响到桥梁的形式、桥梁的跨径,并且也决定了基础的类型、深浅、施工的难易;气候与水文条件影响桥梁受力、跨径选取、施工条件、结构的耐久性;抗震要求影响桥梁基础的布置与选择、支座的选择以及构造细节的处理方式;通航或跨线要求影响桥梁的高度、桥梁的跨径、桥梁的形式,由此可决定桥梁平面线形选取及桥梁立面的布置。

当桥墩高度较大,主跨跨径在200~300m,或者桥梁景观从属于自然景观,或者桥塔的建筑高度受到限制的地区,部分斜拉桥是优选方案之一。

第二步，拟定主要结构的断面和尺寸。

根据已有的同类型桥梁资料或类似的设计，拟定塔、梁的截面尺寸，拉索的面积初估主要参考相似的桥梁，或者按照与普通斜拉桥类似的方法估算，大多数情况下采用相同的面积。

第三步，恒载分析，初定成桥状态的索力并修正拉索面积，采用与斜拉桥相同的原理确定成桥状态的索力，一般采用弯曲能量最小法，在此基础上进行微调。

第四步，进行活载计算，确定拉索的应力变幅，从而确定拉索安全系数和容许应力。

第五步，活载及附加荷载分析，并与初定的成桥状态内力组合，配置预应力钢筋；拉索面积修正以后，对活载和附加荷载进行分析，并分别与恒载状态的内力进行组合，并由此确定梁内预应力钢筋数量。

第六步，根据修正拉索面积和配置预应力钢筋再次进行索力优化，确定合理成桥状态，并验算结构的强度、刚度是否满足规范要求，若不满足要求则回到第二步。

第七步，进行施工阶段验算，并确定初张力成桥状态确定以后，可以采用最小二乘法逼近，达到误差最小。根据既定的施工方法，分节段进行结构强度和刚度验算，并由此确定拉索初张力和预拱度。

第八步，成桥和施工阶段抗风抗震验算。

第九步，局部或全桥三维应力分析。

现代桥梁结构分析以有限元法为主。综合来看，部分斜拉桥结构计算通常可以划分成三个不同层次：第一层次指全桥结构总体分析，即建立由索、梁、塔、墩等各主要关键构件组成的模型进行计算，它代表全桥的主要结构行为；第二层次指在主要构件范围内的结构分析，例如梁段、塔柱、墩台基础等的计算分析；第三层次指复杂细节或局部构造的结构计算，如部分斜拉桥的塔墩梁固结构造计算、索梁锚固区构造计算、索塔锚固（鞍座）构造计算等。在各层次的计算中，最首要的问题是合理地建立数学模型，真实地反映桥梁结构的力学行为。计算局部和全桥构件的应力分布特征时，一般可选用空间板壳单元或空间实体单元模型。

第十步，出图。

整个设计的流程图如图 3. 5-1 所示。

部分斜拉桥在构造及受力特征上与斜拉桥和连续梁桥尚有一定的差异，在进行其结构分析时要注意以下几点：

（1）结构分析要选用合理的计算图式，考虑施工过程中结构的逐步形成和体系转换、临时支承的设置和卸除，以及结构各部分的强度增长，合理估计主梁架设各阶段的施工荷载。直线桥的施工控制计算一般采用平面分析，必要时采用三维空间分析。

（2）大跨径混凝土部分斜拉桥也需计入斜拉索垂度的几何非线性影响，要考虑混凝土收缩徐变、温度以及风荷载等偶然因素对结构变形和内力的影响。

（3）施工时因恒载引起的内力及变形与施工方法有很大关系，主梁施工时的施工计算荷载除恒载人群、施工机具等施工荷载外，还需考虑预应力、斜拉索的张拉力等。

（4）针对各施工阶段的实际情况建立正确的计算模型，单元类型采用拉索单元、梁单元、3D 实体单元、板壳单元和边界单元等。

(5)当斜拉索的竖向荷载承担率超过30%,或斜拉索在活载作用下的应力变幅超过50MPa,即进入斜拉桥的范畴,其标志为斜索的容许应力取值的不同。看作斜拉桥的拉索,其容许应力取0.4f_{pk},安全系数为2.5;而没有超过界限的容许应力取值则与预应力混凝土梁桥相同,为0.6f_{pk},安全系数为1.67。

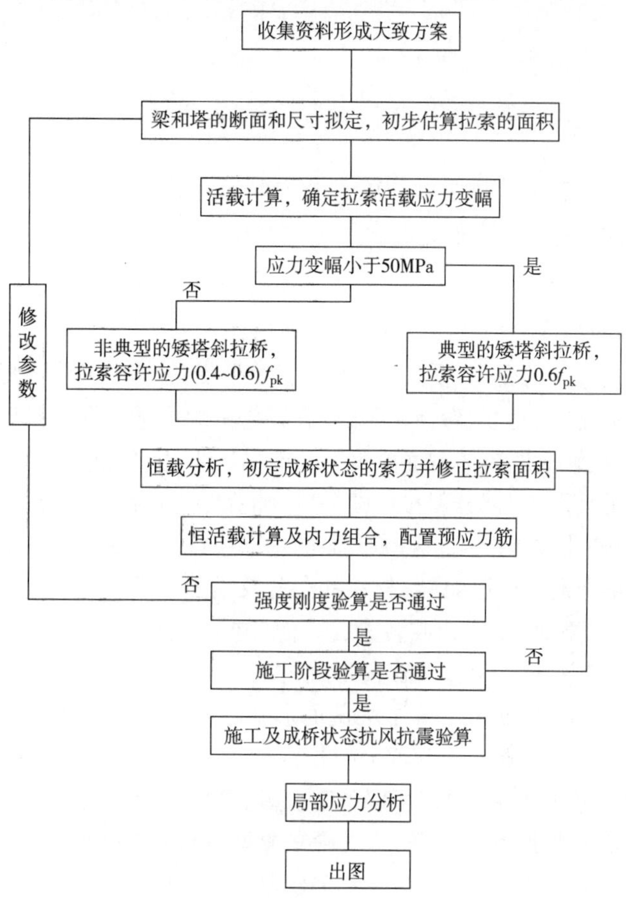

图3.5-1 部分斜拉桥设计的流程示意图

第4章　主要构造设计

4.1　主梁

部分斜拉桥主梁具有斜拉桥主梁和梁式桥主梁的双重特性，相对普通斜拉桥和连续梁桥来说，部分斜拉桥的主梁在立面布置、截面形式及截面尺寸、具体结构构造、预应力布置等方面有着较为明显的差别。

4.1.1　主梁截面形式

部分斜拉桥主梁以梁的受弯、受压、受剪和斜拉索受拉来共同承担竖向荷载，由于其主梁以压弯为主且要承受相当大的弯矩，因此部分斜拉桥的主梁截面选择时要综合考虑抗弯、抗剪能力，需要提供足够大的整体截面刚度。一般情况下，大部分连续梁采用的截面形式都能适用于部分斜拉桥。因此，部分斜拉桥的预应力混凝土主梁一般采用箱形截面，箱梁腹板可设置为直立、倾斜和曲线等形式。箱形截面的主梁还可以提供较大的抗扭刚度。

选择主梁截面形式时，还需考虑斜拉索的布置及锚固要求。斜拉索设计，根据桥面布置及景观要求，可采用单索面、双索面或多索面。而根据部分斜拉桥索面布置的不同，主梁常采用单箱单室、单箱三室、单箱多室等截面形式[图4.1-1a)~图4.1-1d)]，以单箱三室应用得最多。其中，单箱三室、单箱多室等主梁截面形式一般多用于中央索面部分斜拉桥，单箱单室主梁截面形式一般多用于双索面部分斜拉桥。

近年来，大跨径部分斜拉桥主梁多采用单箱多室主梁配以大悬臂板，以减轻上部构造重量；该类箱梁的箱宽8~20m，桥面宽26~40m，为加强长悬臂板的抗弯刚度，顶板内需要布置横向预应力筋。当桥宽在20~25m范围之内，也有一些桥梁采用单箱单室截面，除在顶板内布置横向预应力筋外，往往还需对悬臂板采取横向加劲肋、斜撑加强等构造措施[图4.1-1e)、图4.1-1f)]。

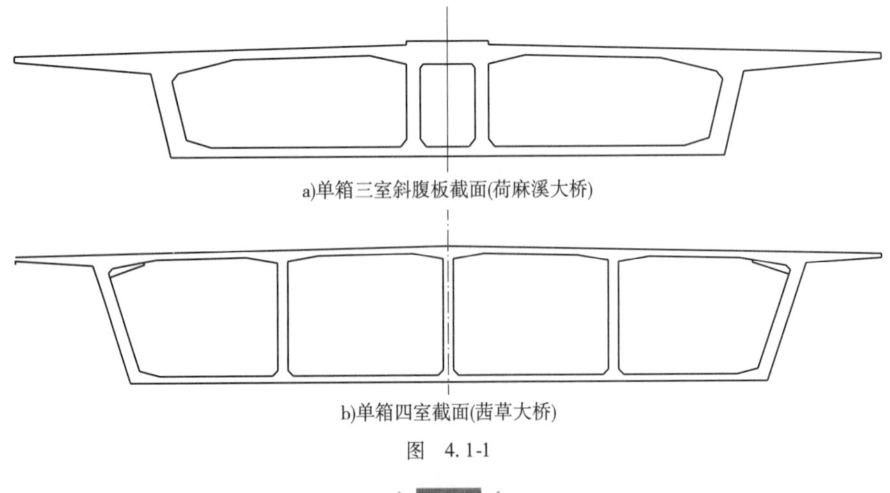

a)单箱三室斜腹板截面(荷麻溪大桥)

b)单箱四室截面(茜草大桥)

图　4.1-1

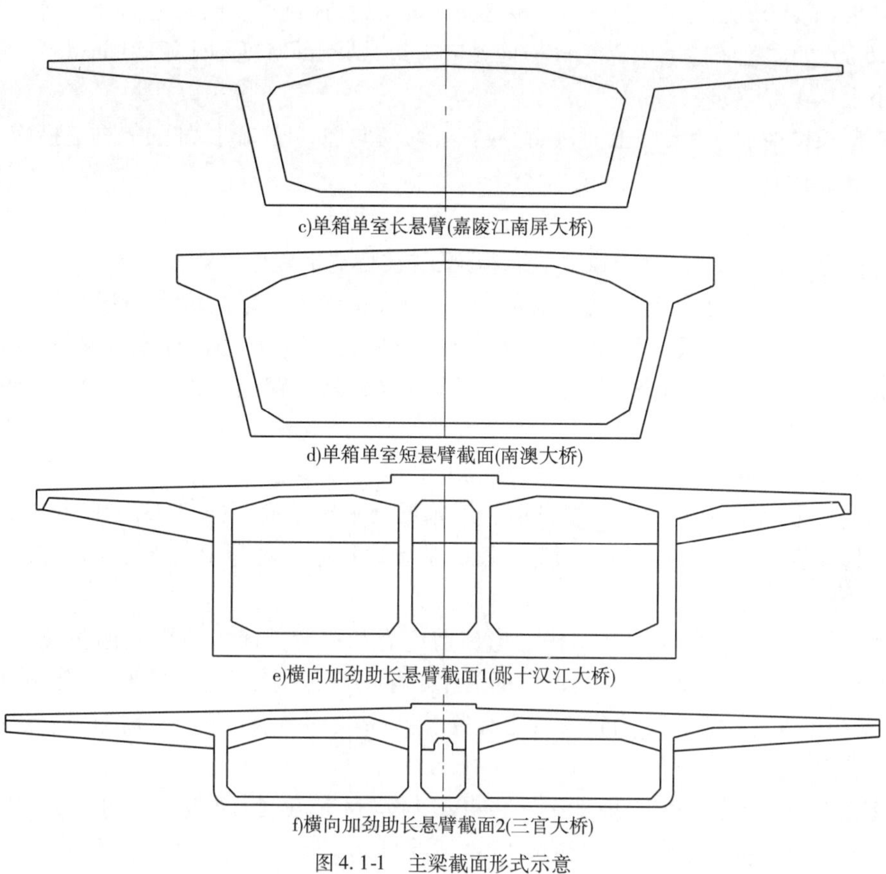

c)单箱单室长悬臂(嘉陵江南屏大桥)

d)单箱单室短悬臂截面(南澳大桥)

e)横向加劲肋长悬臂截面1(郧十汉江大桥)

f)横向加劲肋长悬臂截面2(三官大桥)

图 4.1-1 主梁截面形式示意

箱梁根据其翼缘板的长度,可以划分为短悬臂、一般悬臂、长悬臂等截面形式。

4.1.2 主梁结构设计

在满足结构安全度的前提下,箱梁应尽可能轻型化;按照满足斜截面抗剪强度与正截面抗弯强度要求,对箱梁断面构造尺寸进行控制;同时满足正常使用极限状态的应力要求。

(1)顶板

确定箱梁截面顶板厚度一般需考虑两个因素:即满足桥面板横向弯矩的要求(恒载、活载、日照温差等作用及组合);满足布置纵、横向预应力钢筋束的要求。箱梁顶板的中部厚度不应小于腹板间距的 1/30 且不应小于 20cm;不设横向预应力筋时,箱梁顶板中部最小厚度与腹板间距的关系可以参考表 4.1-1 选取。

箱梁腹板间距与顶板厚度 表 4.1-1

腹板间距(m)	3.5	5.0	7.0
顶板厚度(cm)	20	22	28

当设有横向预应力筋时,顶板厚度需考虑足够布置预应力筋的空间,并预留混凝土浇筑间隙。以往通常采用 25cm,近年来已趋向于不再在箱梁顶(桥面)设置混凝土找平层,而顶板适当加厚至 28 ~ 35cm,以方便施工,提高安全储备。

悬臂板厚度应视悬臂长度、主梁横向受力需要及防撞护栏碰撞力验算结果而定。顶板两侧悬臂板长度一般采用2~5m,当长度超过3m以后,宜布置横向预应力筋;悬臂端部厚度不小于15cm,如设置防撞墙或需锚固横向预应力束,则端部厚度不小于20cm;悬臂根部厚度一般不小于0.4~0.6m。

当悬臂长度增加到5m以上时,悬臂板宜采取横向加劲肋、斜撑加强等构造措施,并进行有限元计算分析。

(2)底板

当采用悬臂法施工时,大跨径变截面箱梁底板,特别是靠近悬臂根部截面的底板将承受很大的压力,底板应提供足够大的承压面积,并随着箱梁负弯矩的增大而逐渐加厚。因此,墩顶区域(负弯矩区)底板不宜过薄,否则会导致压应力过高,产生的徐变将使跨中区域梁体下挠较大。由于跨中正弯矩区要求底板内配置一定数量的钢束和钢筋,箱梁跨中底板厚度要满足该构造要求。

箱形断面的底板厚度与主跨之比一般为1/170~1/140且不宜小于20cm;等高度连续箱梁底板厚度宜采用0.20~0.26m;变截面连续箱梁跨中区域底板厚宜采用0.25~0.30m,墩顶区域底板厚度一般采用梁高的1/12~1/10,通常底板厚度由跨中向支点逐渐加厚。

(3)腹板

箱梁腹板的主要功能是承受结构的弯曲剪应力和扭转剪应力所引起的主拉应力,大跨径箱梁墩顶区域剪力大,因而腹板较厚,而跨中区域的腹板则较薄。腹板尺寸除满足受力需要外,其最小厚度应考虑预应力钢束管道布置、钢束锚固或连接、普通钢筋布置、混凝土浇筑间隙等构造要求。

大跨径箱梁的腹板厚度一般不小于0.40m,为满足支点较大剪应力要求,墩顶或靠近桥墩的箱梁根部腹板需加厚到40~80cm,特殊情况可达100cm以上;大跨径箱梁的腹板应采用变厚度形式,从跨中向支点分段线性逐步加厚,变厚段一般为一个节段长。为方便施工,简化内模构造,腹板变化次数不宜过多。

当箱梁腹板厚度变化时,其过渡段长度不宜小于12倍腹板厚度差;中、大跨径箱梁腹板厚度变化起点一般设置在$L/4$附近,变化长度一般为3~6m,且不小于12倍腹板厚度差。箱梁上、下承托之间的腹板高度不应大于腹板厚度的15倍(不设竖向预应力筋)、20倍(设竖向预应力筋)。

近年来在箱梁腹板上出现较多斜裂缝,设计应特别注意腹板主拉应力的控制,适当加大腹板厚度。对于大跨径变截面连续箱梁,根据以往工程的经验,宜适当增加在$L/8$~$L/4$处的箱梁的腹板厚度或截面高度。

(4)承托(梗腋)

顶板与腹板、腹板与底板在横桥向和顺桥向连接处,需设置承托(梗腋)过渡,以提高截面的抗扭刚度和抗弯刚度,减小扭转剪应力和畸变应力。承托(梗腋)高度h与宽度b一般不小于0.30m,b/h通常在1:4~1:1之间变化。如图4.1-2所示。

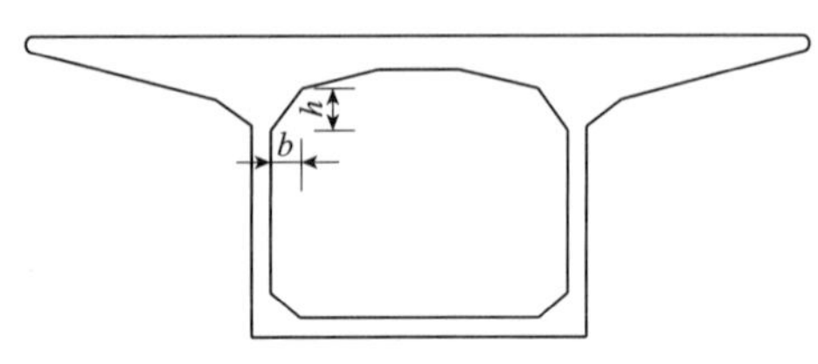

图4.1-2 箱形承托(梗腋)示意图

(5)齿板

齿板平面尺寸和高度要满足局部抗压要求,

同时齿板中心距箱梁板边缘的距离要满足张拉设备的尺寸要求。

(6)横梁(横隔板)

为增加桥梁的整体性和横向刚度,部分斜拉桥在斜拉索布索区设置节段横隔板、端横隔板、中支点横隔板、跨中横隔板,其中端横隔板还承担着传递支座反力的作用,是重要的受力构造。

中支点横隔板和端横隔板厚度应由计算确定,但横隔板内的抗剪、抗弯及抗裂钢筋交错密布,容易导致混凝土浇筑困难且不易振捣密实,横隔板应具有足够的厚度。通常情况下,中支点横隔板厚度一般不小于 1.2m,端横隔板厚度不小于 0.5m;如果配置预应力钢束,其厚度不宜小于 80cm,同时端横隔板厚度还应考虑伸缩缝预留槽等构造要求。箱梁横隔板布置示例如图 4.1-3 所示。

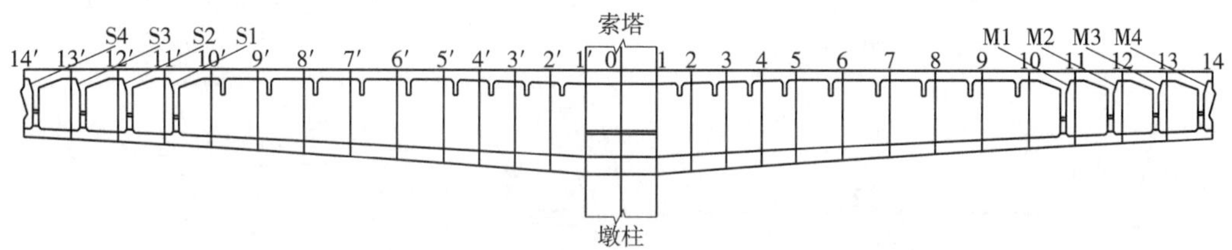

图 4.1-3 箱梁横隔板布置示例(尺寸单位:cm)

为满足施工、维修和通风要求,横隔板上一般设置过人洞。支点横隔板人洞及钢筋布置见图 4.1-4。

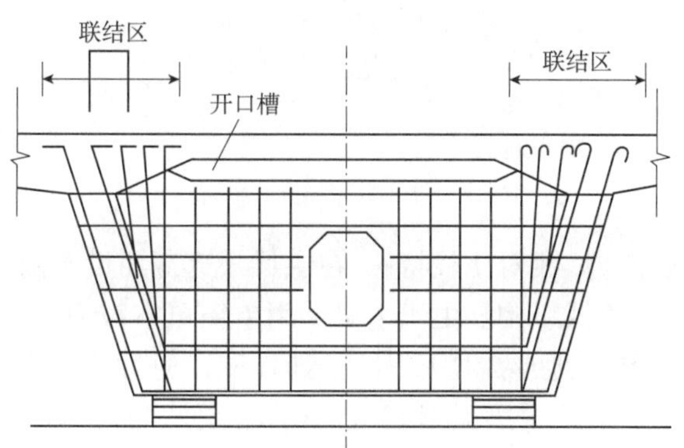

图 4.1-4 支座横隔板横向布置示意

(7)塔梁固结构造

混凝土部分斜拉桥塔梁固结构造及结构受力均十分复杂,同时也是结构设计的关键部位之一。塔梁固结处的联结形式与结构体系和斜拉索索面横向布置形式有关,其设计应首先考虑结构受力简捷明确,力线流畅和施工方便;应借助有限元分析的手段计算固结构造中拉应力分布区域和数值大小,找到应力集中的构造位置,并通过优化结构构造、有针对性地增强结构薄弱部位配筋等措施,保证固结区域结构受力安全可靠,提高结构正常使用的耐久性。

以下以几座部分斜拉桥的塔梁固结构造实例,来做进一步阐述。

当斜拉索索面的横向布置采用双索面时,索塔一般采用双柱式结构,对应的结构体系基本为塔梁固结体系。这种塔梁固结构造并不改变索塔轴力的传力路径,实现方式一般是加厚箱室两侧的腹板，通过整体横隔板与塔柱形成固结。茜草长江大桥的塔梁固结构造(图4.1-5)采用了这种形式，其主梁为单箱四室截面形式，全宽34.0m，在塔梁固结区段设置了厚度较大的横隔板，以增强固结区域的构造刚度，横隔板与塔柱形成固结。

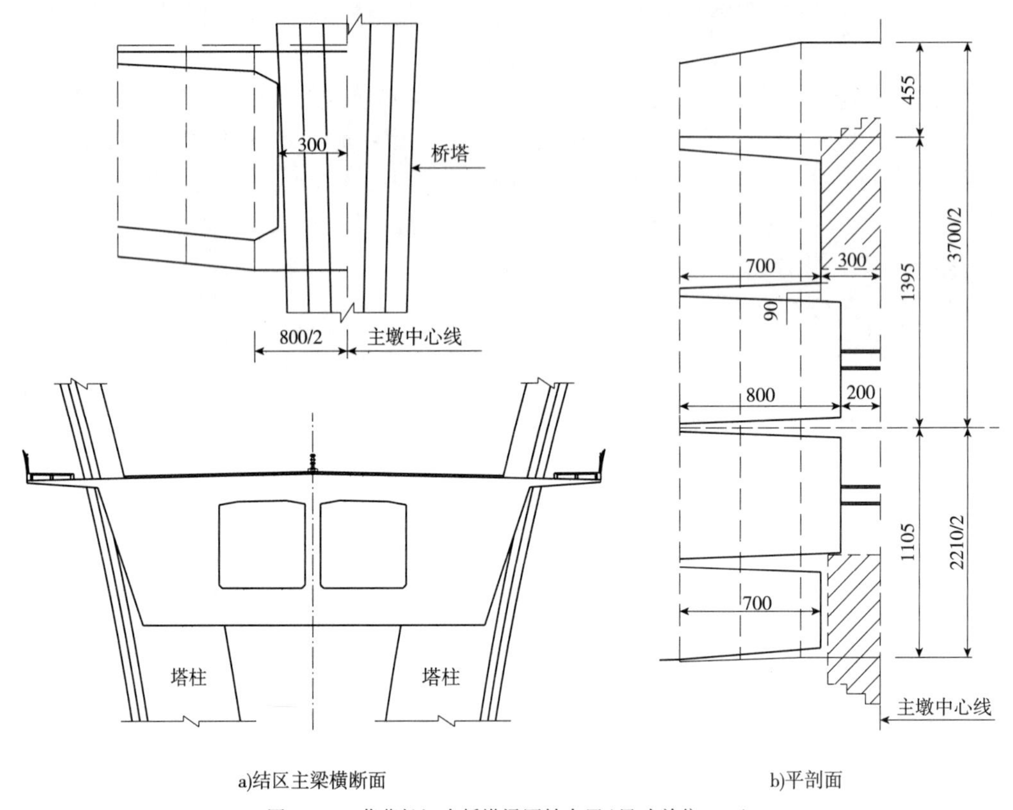

图4.1-5 茜草长江大桥塔梁固结布置(尺寸单位:mm)

嘉悦大桥的塔梁固结方式相对比较特殊：在主梁根部截面设置两道横隔板，两道横隔板与主梁顶、底、腹板形成空腔式结构。由于主梁采用单箱单室截面，箱室宽度只有12.0m，箱室从两塔柱之间穿过；为更好地形成塔梁固结结构，设计通过延长腹板、横隔板的方式将0号节段主梁局部加高，0号节段主梁弧形底板向两侧延伸，与两侧塔柱形成固结；同时主梁的翼缘板及主梁中心高度处增设的一道水平板与两侧塔柱形成固结，具体构造如图4.1-6所示。

当斜拉索索面的横向布置采用中央索面时，索塔一般采用单柱式结构，对应的结构体系为塔梁固结体系或刚构体系。

漳州战备大桥采用塔梁固结体系，塔墩为单柱墩，0号节段在梁底设置支座。其塔梁固结构造(图4.1-7)主要为：适当增加主梁顶、底、腹板截面尺寸，通过设置主梁横隔板与塔柱形成固结，并将上部结构反力通过支座传递至塔墩。

武汉三官汉江大桥采用刚构体系(图4.1-8)，其主梁为单箱三室截面形式，全宽33.5m，中部箱室宽度为17.5m，塔墩为双薄壁墩，壁厚1.6m，索塔轴力需要通过主梁0号节段传递到双薄壁墩上，传力路径相对复杂。其固结构造(图4.1-8)的实现方式为：0号节段主梁箱体内设置横隔板与双薄壁墩直接对接，适当增加主梁顶、底、腹板截面尺寸；结合有限元分析成果，将双薄壁墩之间区域的主梁中箱室设置为实体结构，两个边箱室在索塔中心线处设置一道1.0m厚的横隔板；并在应力较集中的部位设置了梗腋，在双薄壁墩之间区域的主梁底板拉应力区设置了足够的普通钢筋。

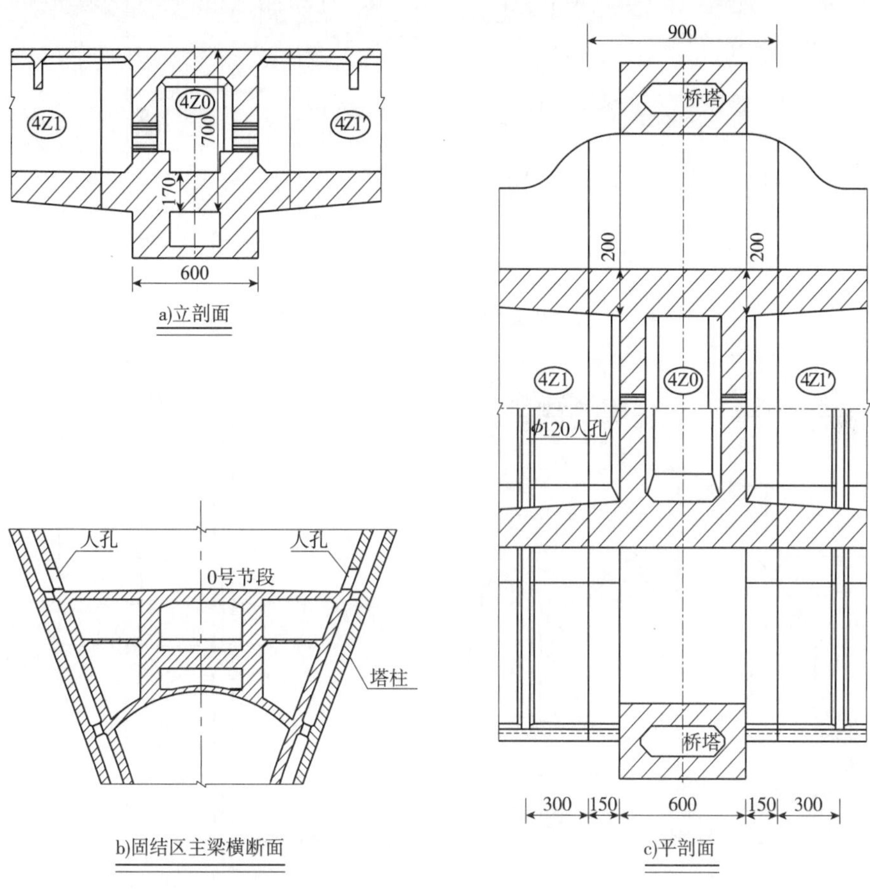

图4.1-6　嘉悦大桥塔梁固结布置（尺寸单位：mm）

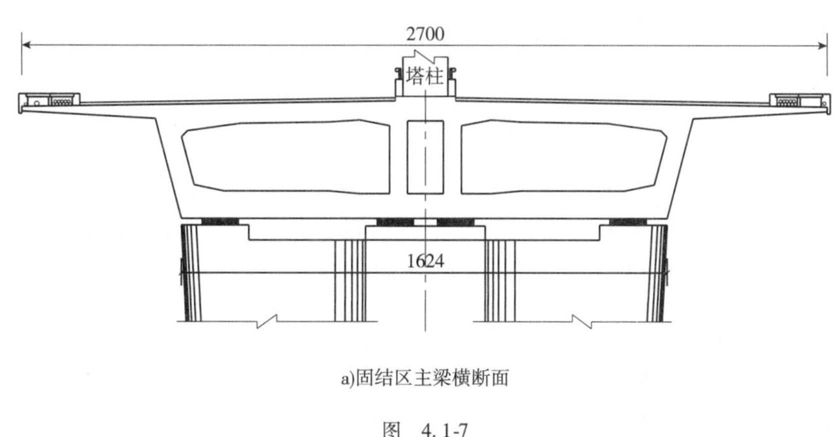

图　4.1-7

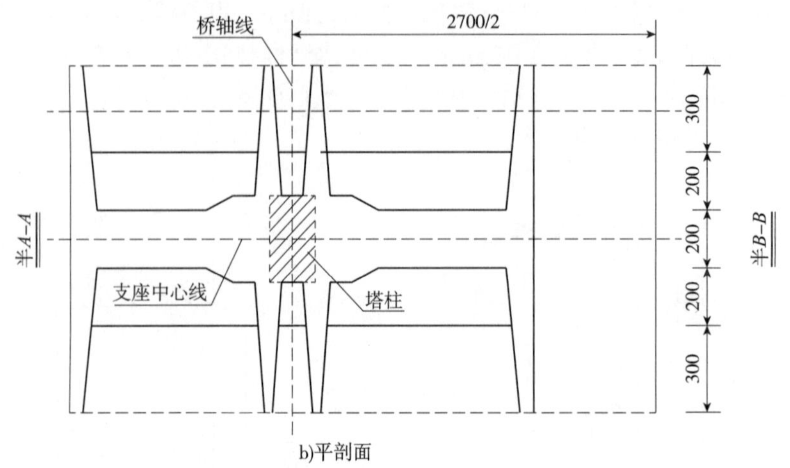

b)平剖面

图 4.1-7 漳州战备大桥塔梁固结布置(尺寸单位:mm)

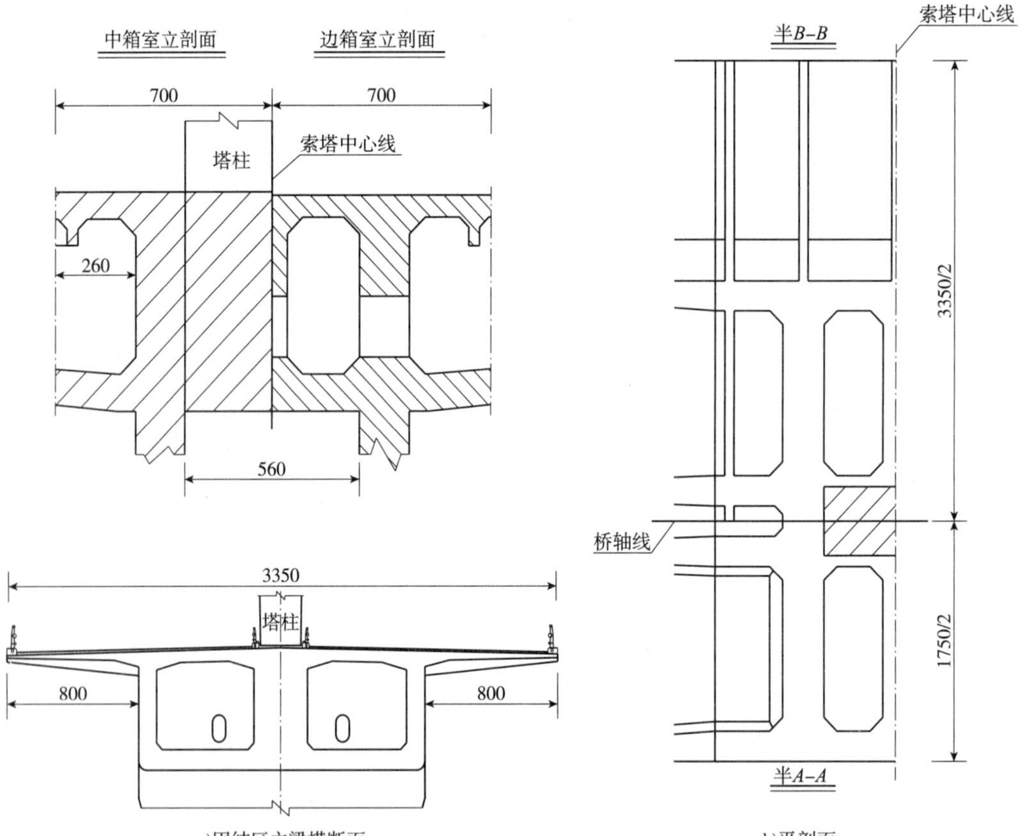

a)固结区主梁横断面

b)平剖面

图 4.1-8 武汉三官汉江大桥塔墩梁固结构造(尺寸单位:mm)

4.1.3 预应力布置

主梁的内力主要有以下几类:纵向受弯及受压、纵向受剪以及横向受弯。通常所说的三向预应力就是为了抵抗上述内力。预应力数量和布筋位置都需要根据结构在使用阶段的受力状态予以确定。同时,也要满足施工各阶段的受力需要,施工方法不同,施工阶段的受力状态差别很大,因此,结构配筋必须结合施工方法考虑。

(1)纵向预应力筋

沿桥跨方向的纵向预应力筋,是用以保证桥梁在恒、活载作用下纵向跨越能力的主要受力钢筋,可布置在顶、底板和腹板中,且宜采用大吨位钢绞线。预应力混凝土连续梁桥中纵向预应力筋的布置有分段配筋、逐段接长力筋、体外布筋等几种方式,主要与所采用的施工方法以及预应力筋的种类等有密切的关系。

如图 4.1-9 ~ 图 4.1-12 所示为采用悬臂施工方法的预应力筋布置方式,亦采用分段配筋。如图 4.1-9 所示为腹板预应力筋在腹板内弯曲并下弯锚固在腹板上,以抵抗外荷载所产生的剪力。此时腹板应具有足够的厚度以承受集中的锚固力。如图 4.1-10 所示为直线布束方式,即顶板预应力筋沿水平布置并锚固在梗肋处,此种布束方式可减少预应力筋的摩阻损失,并且穿束方便,也改善了腹板的混凝土浇筑条件;水平预应力筋的设计和构造仅由弯曲应力决定,而抗剪强度则由竖向预应力筋来提供。为克服边跨和跨中主梁自重和活载产生的正弯矩,需要在一定范围内设置预应力筋。如图 4.1-11 所示为边跨合龙段预应力筋布束方式,如图 4.1-12 所示为中跨合龙段预应力筋布束方式。

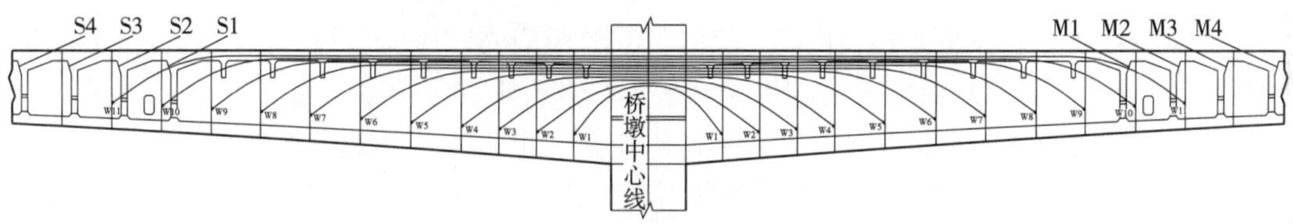

图 4.1-9　腹板预应力布置图

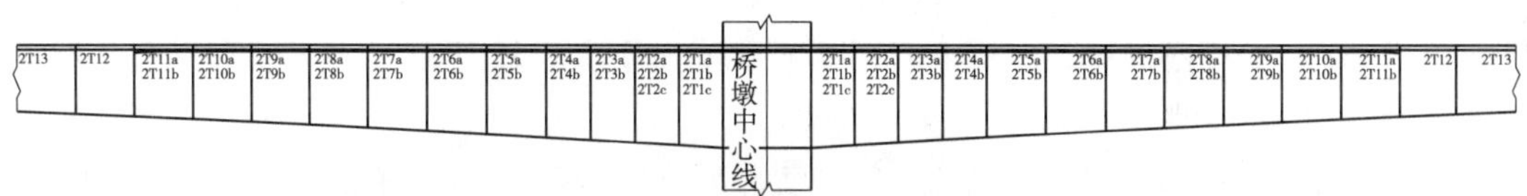

图 4.1-10　顶板预应力布置图

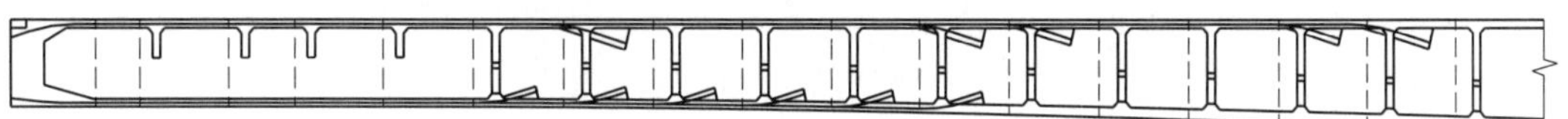

图 4.1-11　边跨合龙段预应力布置图

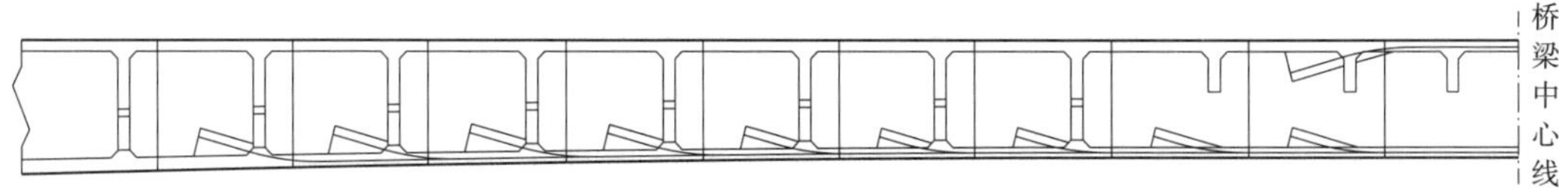

图 4.1-12　中跨合龙段预应力布置图

在剪力较大区域,顶板纵向预应力筋宜下弯至腹板内锚固,或将底板纵向预应力钢束通过腹板上弯锚固,以提高腹板的抗剪强度。

(2)体外布筋(体外束)

体外布筋是将力筋设置在主梁截面以外的箱内,利用横隔梁、转向块等结构物对梁施加预应力。体外布筋不削弱主梁截面,不需预留孔道,预制节段的拼装可采用干缝结合,施工方便迅速和便于更换。但体外布筋对力筋、结构及管道防护设施要求都较高,结构的极限承载能力降低,耐疲劳及耐腐蚀性较差。体外布筋在桥梁加固和预制拼装梁桥方面已有较多成功实例。如图 4.1-13 所示。

图 4.1-13　体外布筋

对大跨径部分斜拉桥来说,在长期运营状态下,预应力效应受各种因素影响可能会产生超过设计预期的损失,从而造成对结构受力和变形的不利影响,因此主梁宜布置一些可以在后期张拉的体外预应力备用钢束,在这种情况出现时进行弥补。大跨径部分斜拉桥混凝土主梁由于纵向预应力筋布置较密,孔道对截面削弱较大,可采用体内、体外混合布筋的方式。

(3)横向预应力筋

横向预应力筋是用以保证桥梁的横向整体性,桥面板及横隔板横向抗弯能力的主要受力钢筋,一般布置在横隔板和顶板中。如图 4.1-14 所示为对箱梁截面的顶板施加横向预应力的构造。大跨径梁式桥主梁大都采用箱形截面,顶板厚度一般在 25 ~ 35cm,在保证大量纵向预应力筋穿过的前提下,所剩的空间位置相对有限,因此在以往的设计中,横向预应力筋多采用钢绞线扁锚体系,以减少布筋所需空间。近年来的应用发现,扁管的质量标准低,径向刚度小,孔道空间小导致压浆困难,无法做到孔道压浆饱满,对结构的耐久性产生十分不利的影响。目前,钢绞线扁锚体系逐渐被小吨位的圆锚体系所替代,这就需要设计人员在混凝土主梁设计时结合主梁结构构造、预应力钢束和普通钢筋的布设综合考虑。

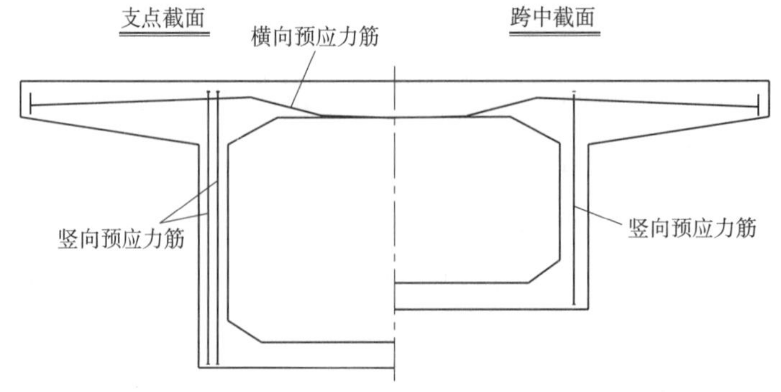

图 4.1-14　箱梁横向及竖向配筋布置方式

(4)竖向预应力筋

竖向预应力筋布置在腹板中,主要作用是提高截面的抗剪能力。竖向预应力筋一般比较短,故常采用高强粗钢筋以减少张拉锚固时的回缩损失,在梁体腹板内沿纵向的布置间距可根据竖向剪力的分布面进行调整,靠近支点截面位置较密,靠近跨中位置较疏,一般按约100cm 间距设置。

由于粗钢筋强度较低(小于1000MPa)、长度较短,因而张拉延伸长量小,在使用中容易造成预应力损失过大或失效。为克服这一问题,对施工提出二次张拉的要求是十分必要的,这样做可以消除大部分混凝土弹塑性压缩引起的预应力损失。

另外,现在已开始将一种拉索式锚具用于钢绞线竖向预应力体系中,见图4.1-15。施工时也是进行二次张拉:第一次张拉使锚杯内的夹片夹紧预应力筋,第二次张拉锚杯,直至设计张拉力后,拧紧锚杯外螺母固定;这种预应力筋张拉的回缩损失相当小,可利用二次张拉和钢绞线的大延伸量使其在使用中不易失效。

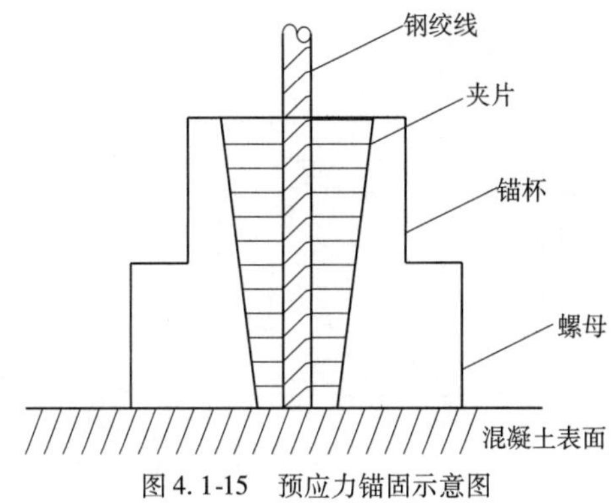

图4.1-15 预应力锚固示意图

为确保箱梁腹板抗剪强度满足要求,一些设计把竖向高强粗钢筋预应力仅作为安全储备,不计其预应力作用或计入少部分预应力。

4.1.4 索梁锚固结构

大跨径预应力混凝土部分斜拉桥的斜拉索,在梁上的锚固方式以顶板锚固和腹板锚固居多。

(1)顶板锚固(在中间或在两侧)

顶板锚固可以在箱梁或箱外进行锚固。根据结构受力需要,在横隔板前后一定范围内对主梁顶板加厚,形成混凝土锚固齿板,见斜拉索顶板锚固方式1~3及斜拉索顶板锚固纵向布置1~2(图4.1-16~图4.1-20)。

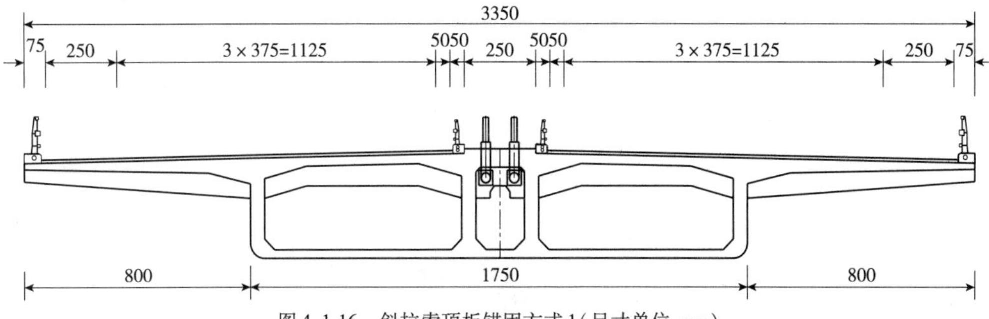

图4.1-16 斜拉索顶板锚固方式1(尺寸单位:mm)

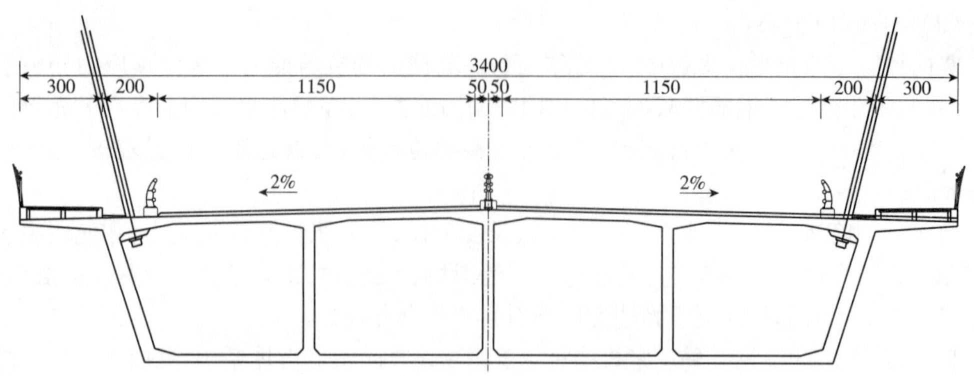

图 4.1-17　斜拉索顶板锚固方式 2(尺寸单位:mm)

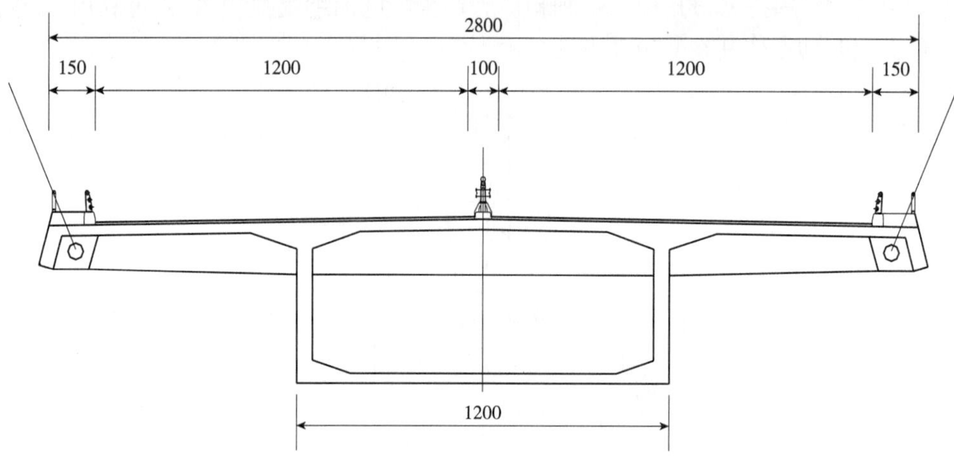

图 4.1-18　斜拉索顶板锚固方式 3(尺寸单位:mm)

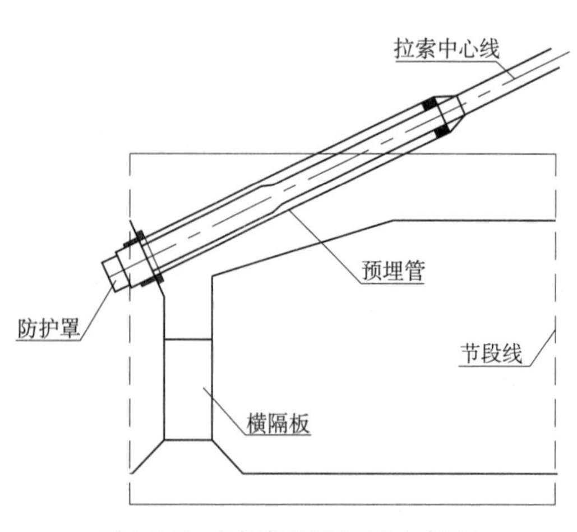

图 4.1-19　斜拉索顶板锚固纵向布置 1

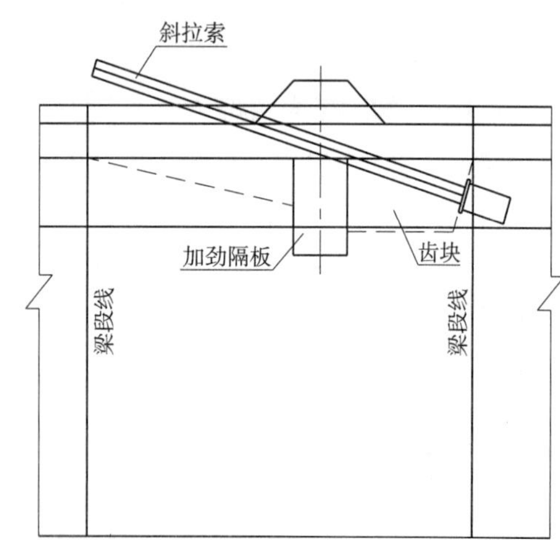

图 4.1-20　斜拉索顶板锚固纵向布置 2

(2)腹板锚固

腹板锚固是将锚固块直接置于腹板内,与普通斜拉桥的腹板锚固形式类似。见斜拉索腹板锚固布置图(图 4.1-21、图 4.1-22)。

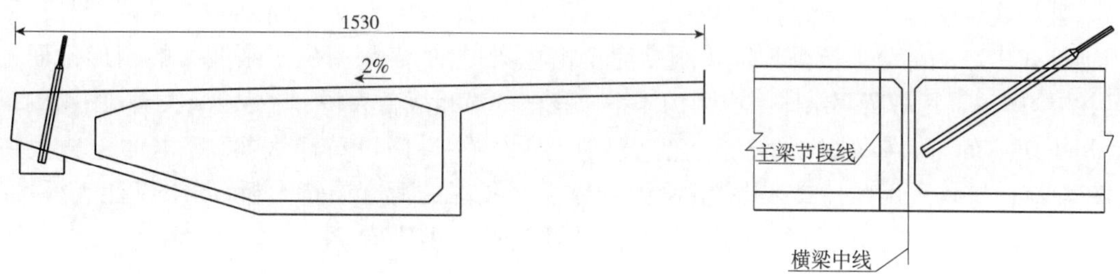

图 4. 1-21　斜拉索腹板锚固方式 1(尺寸单位:mm)

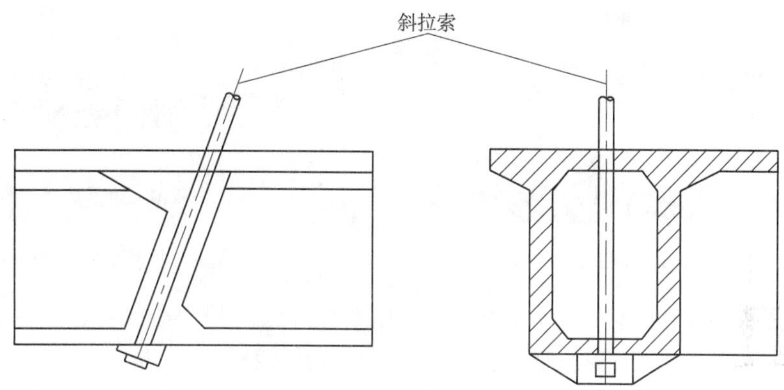

图 4. 1-22　斜拉索腹板锚固方式 2

4. 2　索塔

索塔主要承受轴向力和弯矩作用,为偏心受压构件,索塔设计应满足强度、刚度和稳定性要求。索塔的结构形式及截面尺寸应根据索塔自身的结构受力需要、拉索布置、桥面宽度、主梁截面形式、支承形式、下部结构以及建筑造型等因素综合考虑确定,同时还要考虑施工简便、降低造价及造型美观等要求。

4. 2. 1　索塔结构形式

对普通斜拉桥来说,索塔的结构形式主要有单柱式、双柱式、门式、A 形式、倒 Y 形式、宝塔式和钻石式等。部分斜拉桥在理论上都可采用以上这些形式,但由于部分斜拉桥的特殊性,索塔多以独柱式及双柱式为主,其索塔在横桥向的布置形式一般可分为独柱式、双柱式及三柱式,如图 4. 2-1 所示。

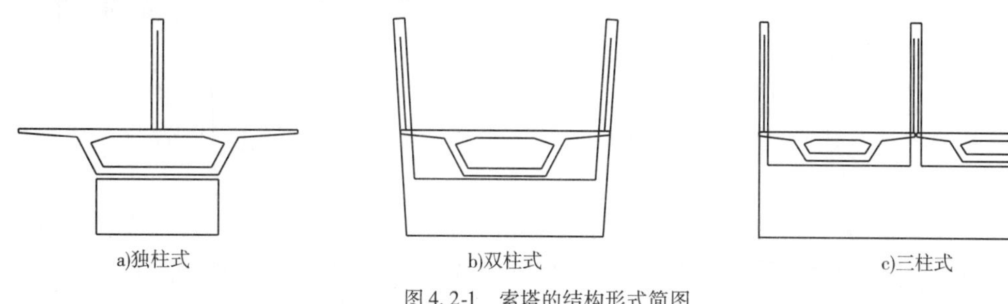

图 4. 2-1　索塔的结构形式简图

独柱式索塔构造简单,适用于中央索面部分斜拉桥,索塔设置在桥面中央分隔带处。采用独柱式索塔的部分斜拉桥其抗扭刚度完全由主梁提供,需采用抗扭刚度大的箱形截面主梁,结构体系采用塔梁固结体系或刚构体系。我国的漳州战备大桥、同安银湖大桥(图4.2-2)兰州小西湖黄河大桥(图4.2-3)、惠青黄河公路大桥、禹门口黄河大桥,日本的士狩大桥(图4.2-4)等均采用独柱式索塔、塔梁固结体系。我国的荷麻溪特大桥、陨十汉江大桥、武汉三官汉江大桥,日本的新名西桥等均采用独柱式索塔、刚构体系。

图4.2-2　同安银湖大桥(独塔中央索面)

图4.2-3　兰州小西湖黄河大桥(双塔双索面)

双柱式索塔适用于双索面部分斜拉桥,采用双柱式索塔的部分斜拉桥多采用刚构体系或塔梁固结体系,索塔形状还可细分为直立双柱形、倾斜双柱形、门形、H形等。我国广东的沙湾大桥,日本的小田原港桥、保津桥、日见桥等均采用双柱形索塔;我国的嘉陵江南屏大桥、嘉悦大桥、茜草长江大桥,日本的佐敷大桥、瑞士的森尼伯格桥(图4.2-5)均采用倾斜双柱形索塔;我国的南澳大桥、日本的唐柜新桥采用的是门形索塔;老挝的Pakse桥、帕劳群岛友好桥采用的是H形索塔。

图4.2-4　日本士狩大桥(四塔中央索面)

图4.2-5　瑞士森尼伯格桥(四塔双索面)

三柱式使用较少,通常适用于桥面较宽的多索面部分斜拉桥。我国的太原汾河大桥、日本的都田川桥采用的是三柱式索塔。

从顺桥向看,部分斜拉桥因塔高较矮,索塔顺桥向抗弯刚度较大,索塔结构基本都采用构造简单的独柱式。比较特别的是:台湾斗山二号高架桥顺桥向采用了倾斜双柱式门形索塔。

部分斜拉桥结构的整体刚度主要由主梁来提供,索塔对结构的整体刚度没有太大的贡献;设计时塔柱满足自身的受力要求即可,塔柱截面的设置一般较小,但须满足索塔顶部斜拉索锚固的构造要求。

部分斜拉桥的主塔截面可以根据不同的景观要求采用不同的截面形式,如有矩形、圆形、椭圆形、H 形、花萼形等。由于主塔比较低矮,施工难度也不大,一般主塔为实心截面,矩形和 H 形截面运用较多,只有在截面尺寸较大时,才考虑采用空心截面。国内已建部分斜拉桥索塔设计参数见表 4. 2-1。

国内已建部分斜拉桥索塔设计参数　　表 4. 2-1

序号	桥　　名	跨径组合（m）	索塔/索面	桥宽（m）	桥面以上塔高(m)	桥塔尺寸（m）
1	漳州战备大桥	80. 8 + 132 + 80. 8	双塔/中央索面	27	16. 5	3. 0 × 1. 7
2	小西湖黄河大桥	81. 2 + 136 + 81. 2	双塔/中央索面	27. 5	17. 0	3. 0 × 2. 0
3	太原汾河大桥	90 + 150 + 90	双塔/三索面	26	36. 0	3. 0 × 2. 0
4	昆山吴淞江大桥	100 + 100	独塔/中央索面	33	42. 1	4. 2 × 2/5. 2 × 3
5	柳州三门江大桥	100 + 160 + 100	双塔/双索面	41	22. 8	5. 5 × 2. 0
6	重庆嘉悦大桥	145 + 250 + 145	双塔/双索面	28	32. 0	6. 0 × 3. 0
7	惠清黄河公路大桥	133 + 220 + 133	双塔/中央索面	20	30. 0	4. 5 × 2. 3
8	河麻溪　大桥	125 + 230 + 125	双塔/中央索面	28. 3	39. 0	5. 0 × 2. 5
9	西江大桥	128 + 3 × 210 + 128	双塔/中央索面	38. 3	30. 5	5. 0 × 2. 5
10	南澳大桥	126 + 238 + 126	双塔/双索面	14. 4	30. 0	5. 0 × 2. 0
11	郧十汉江大桥	128 + 238 + 128	双塔/中央索面	26. 5	39. 0	6. 0 × 2. 4
12	三官汉江大桥	120 + 190 + 120	双塔/中央索面	33. 5	45. 0	5. 6 × 2. 5

4. 2. 2　索鞍区构造

1)索塔锚固方式

部分斜拉桥斜拉索在塔顶的锚固主要有贯通式锚固和分离式锚固两大类。贯通式锚固是指斜拉索利用鞍座构造实现转向,连续通过塔柱顶部的一种锚固方式。分离式锚固与普通斜拉桥相同,一般可分为塔柱内部对称锚固,塔侧交错锚固及连接锚固(钢锚箱、钢锚梁)等形式。

由于部分斜拉桥"塔高/跨径比"较小,塔柱高度只有普通斜拉桥的 1/3 ~ 1/2,塔柱截面也较小,斜拉索在塔顶的锚固形式绝大多数采用贯通式锚固;而分离式锚固方式采用得较少,一般只在塔柱截面较大时考虑采用,如嘉悦大桥。

部分斜拉桥鞍座区的水平截面一般为实心矩形,斜拉索在索鞍出口处必须局部垂直于塔壁外墙(方便安装索夹等),斜拉索出口处塔柱一般设置成"锯齿"状构形。斜拉索锚固区的塔柱也可以设计成上大下小的正梯形或下大上小的倒梯形,见图 4. 2-6。

2)索鞍半径

根据国内外已建成的部分斜拉桥的经验及国内对于索鞍下部混凝土劈裂应力分布的研究成果,索鞍半径以不小于 4m 为宜。这样可以使索鞍起到分散、均匀地传递载荷的作用,索鞍下部混凝土的应力分布比较均匀,混凝土劈裂应力小于设计允许应力,无应力集中现象;同时索鞍也不会产生变形。

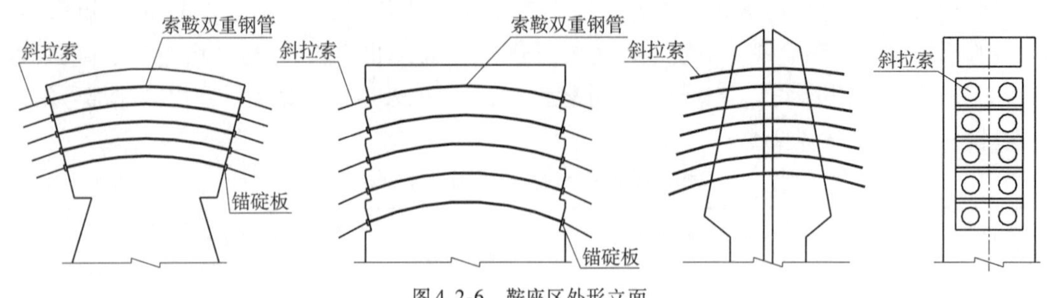

图 4.2-6　鞍座区外形立面

3)索鞍构造

索鞍区是部分斜拉桥的一个关键传力部位,其基本功能是让拉索以不间断的方式连续通过索塔,并通过黏结锚固使拉索锁定,将斜拉索的作用力传至桥塔。此外,索鞍构造还要充分考虑拉索的安装和更换作业。

根据国内外部分斜拉桥的建设实例,索鞍构造形式主要分为双套管索鞍和分丝管索鞍两种形式(图 4.2-7)。

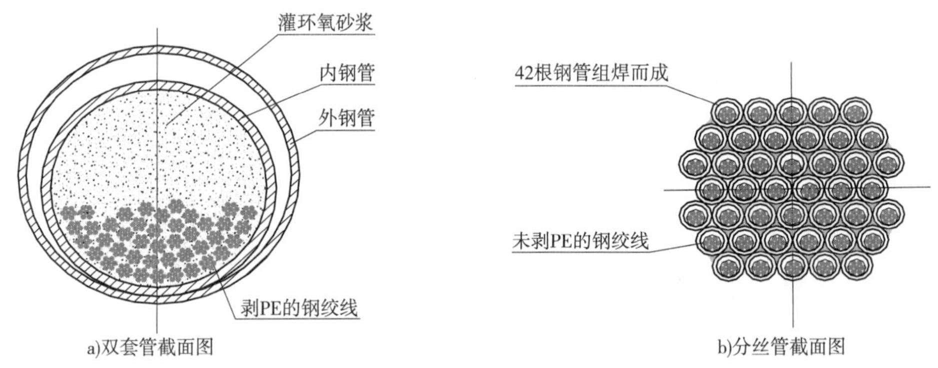

图 4.2-7　内外管及分丝管截面图

(1)双套管索鞍

日本及我国国内早期的部分斜拉桥均采用双套管索鞍。双套管纵向采用圆弧形,外套管预埋设于混凝土索塔内,内套管置于外钢管内,内、外套管壁密贴,拉索从内套管穿过。为满足拉索在双套管索鞍中的抗滑移要求,在斜拉索穿索、张拉完毕后,须在拉索与内管内压浆,以使内管与拉索黏结成整体;为阻止内管与拉索的整体滑移,在外管口设置锚固装置,如在管口预埋抗滑锚板以抵挡内管滑移,有的还将管口外原本起防护减振作用的拉索套筒区也予以灌浆,以增加抗滑移能力。采用此种方式构造简单,施工方便,拉索更换也方便。

双套管索鞍也存在比较明显的缺点:

①数股钢绞线在一根钢管内,施工时存在钢绞线间会相互挤压、扭绞等问题,导致套管和套筒内钢绞线在外部拉力作用下受力不明确。

②内外管径尺寸要求相互矛盾。为了减少外管下混凝土的局部应力,要求内外管间的接触面要宽,即内外管直径差不能太大;但为了换索方便,要求内外管直径差又不能太小。

③内套管内钢绞线下部压浆不可能均匀密实,钢绞线容易受到腐蚀,严重影响斜拉索的耐久性。

(2)分丝管索鞍

分丝管索鞍采用了分丝技术,结构由多根相互平行的导向钢管组成,拉索不是整束布置在同一管中,而是拉索中每一根钢绞线穿过对应的导向钢管,形成分离布置,互不干涉,并承受钢绞线由于单根张拉先后造成相互之间的挤压,断面呈蜂窝状。分丝管式索鞍不仅克服了原内外管式索鞍在塔内局部应力过大、产生应力集中的固有缺陷,还能有效改善塔内应力分布,很好地起到分散、均匀传递荷载的作用。同时也解决了传统内外管式索鞍不能单根调索、索鞍内钢绞线相互叠压、施工时钢绞线容易打绞等问题。

采用分丝管索鞍的斜拉索与分丝管内壁接触,将拉索力传递给分丝管,分丝管再将力传递给索塔。拉索径向力通过分丝管传递给索鞍下方索塔的混凝土,纵向不平衡力则由拉索与分丝管之间的摩擦力平衡,如摩擦力不足则由索鞍配套的抗滑锚固装置来承受。

4)索鞍区局部受力要求

部分斜拉桥的索塔较矮,索塔的总体稳定性一般不控制设计,但双套管索鞍下方的混凝土局部承压与劈裂应力在索塔结构设计中应受到关注。在拉索法向均匀分布力的作用下,索孔上下缘正应力一般会出现一定程度的拉应力,最大值发生在紧挨预埋管壁处,距离钢管越远数值越小,基本呈放射性分布;横向正应力最大值一般分布在索孔正下方且紧挨预埋管壁处,向下方呈喇叭状扩散,若索力持续增大,混凝土有发生劈裂破坏的可能,设计可通过设置管外螺旋箍筋进一步增强混凝土的抗裂能力。主拉应力数值一般在索孔端部较大,设计上需采用端部增设钢筋网片或索孔端部镶嵌预埋钢板等措施,使混凝土处于三维状态中,防止混凝土开裂。主压应力数值一般在索孔端部下缘较大,索孔中部应力变化趋于平缓,但应力数值也较高,设计需布置一定的承压钢筋网片。

分丝管索鞍下方的混凝土应力分布规律与双套管索鞍基本相同,但在数值上远小于双套管索鞍,索鞍区混凝土的受力更加均衡,大大降低了索鞍区混凝土的开裂概率。如图4.2-8所示为分丝管索鞍与双套管索鞍塔内应力分布的对比。

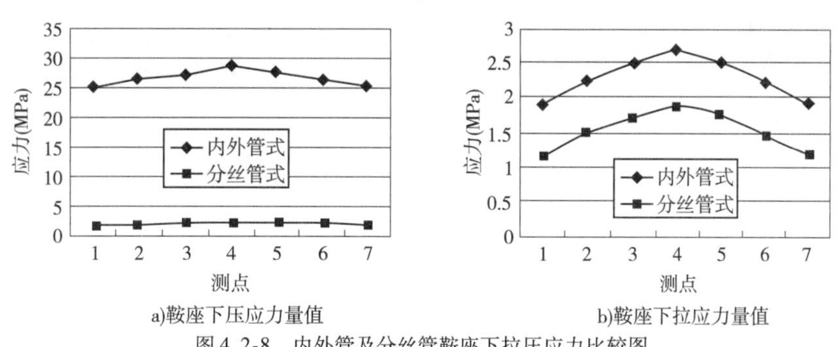

图4.2-8 内外管及分丝管鞍座下拉压应力比较图

在进行拉索体系设计计算时,应该以索鞍锚板的出口处外侧的拉索中心线和索鞍内拉索的中心线在出口处相切考虑,并留有一定的直线段长度,这样可以避免索鞍出口处混凝土的应力过大。

4.3 斜拉索

斜拉索布置是部分斜拉桥设计的重要内容。它不仅影响桥梁的结构性能及使用寿命,而且影响到施工方法和经济性。

4.3.1 斜拉索构造

1)材料

由于绝大多数部分斜拉桥的斜拉索塔端锚固方式为贯通式锚固,施工期间斜拉索以单丝的方式穿过塔顶的鞍座式构造实现转向,因此斜拉索一般采用平行钢绞线索(对于少数索塔采用分离式锚固的部分斜拉桥,其斜拉索构造与普通斜拉桥相同)。根据国内部分斜拉桥的建设经验,斜拉索材料多采用单根直径 15.2mm 的环氧钢绞线,标准抗拉强度 $f_{pk} = 1860MPa$。

2)技术标准

拉索锚具静载锚固性能应满足《预应力筋用锚具、夹具和连接器》(GB/T 14370—2007)的相关要求;用于涂覆环氧涂层的预应力钢绞线应符合《预应力混凝土用钢绞线》(GB/T 5224—2014)的相关要求。

3)斜拉索体系构造

斜拉索体系由锚固段、过渡段、自由段、抗滑锚固段及塔柱内索鞍段等构成。斜拉索构造示意如图 4.3-1 所示。

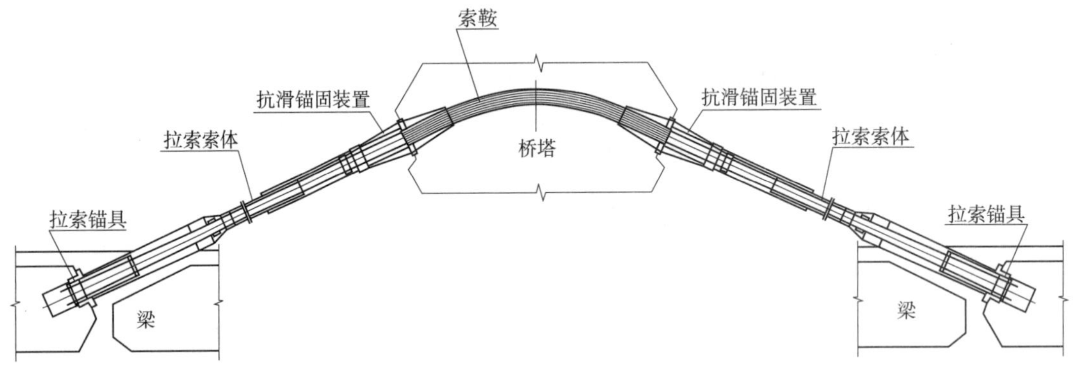

图 4.3-1 斜拉索体系示意图

(1)锚固段

锚固段由锚板、夹片、锚固螺母、密封装置、防松装置及保护罩组成。在锚固段锚具中,夹片、锚板、锚固螺母是加工中的主要控制件,也是结构的主要受力件,应对其几何尺寸、表面处理、超声波探伤、磁粉探伤、硬度及材质等进行检测。

密封装置由隔板、O 形密封圈、内外密封板、密封圈构成。为便于更换斜拉索,在密封装置内注无黏结筋防腐油脂对剥除 PE 护套的钢绞线段起防护作用。防松装置由锁紧螺母和压板构成,在钢绞线单根张拉结束后安装。保护罩安装在锚具后端,内注防腐油脂。如图 4.3-2所示。

(2)过渡段

过渡段由预埋管、垫板及减振器组成。预埋管及垫板在体系中起支承作用,垫板正下方最低处应设排水槽,以便施工过程中临时排水;减振器对索体的横向振动起减振作用。如图 4.3-2 所示。

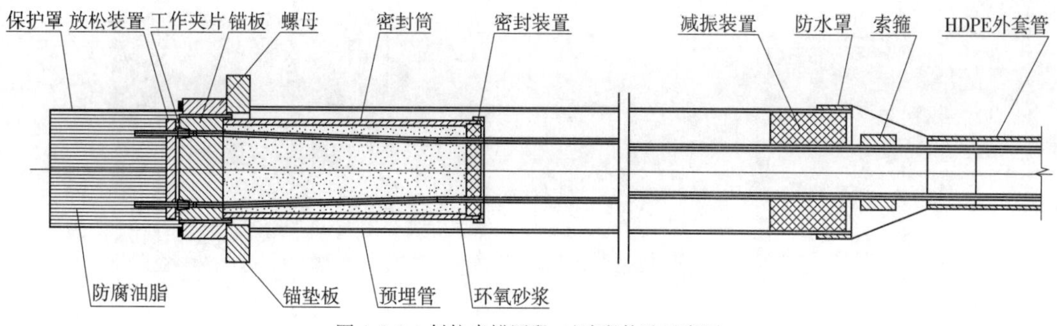

图 4. 3-2 斜拉索锚固段、过渡段构造示意图

(3)自由段

自由段由环氧涂层钢绞线、索箍、HDPE 外套管、梁端防水罩、塔端连接装置及梁端防护钢管构成。环氧涂层钢绞线为拉索的受力单元。索箍在紧索完成后安装。HDPE 套管连接方式采用专用 HDPE 焊机对焊。梁端防水罩起 HDPE 套管与预埋管间的过渡及防水作用。塔端连接装置为塔端热胀冷缩过程中提供空间和起密封防护作用。如图 4. 3-3 所示。

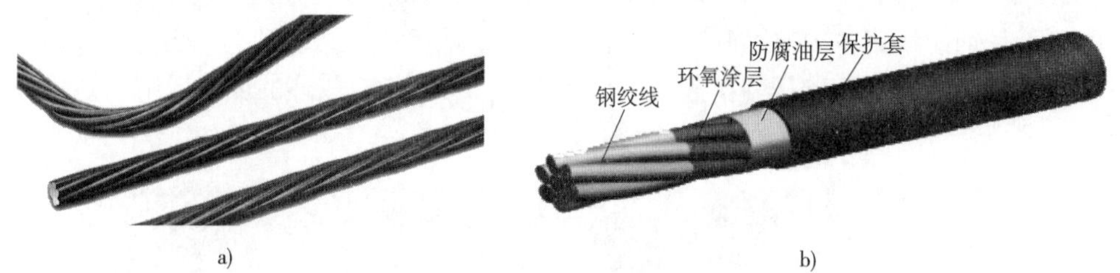

图 4. 3-3 斜拉索细部构造示意图(薄环氧型)

(4)抗滑锚固段

抗滑锚固段由锚固筒、减振器及环氧砂浆体组成。锚固筒安装在塔外预埋的分丝管钢垫板上,主要对减振器起支承作用,并内灌注环氧砂浆以防止钢绞线滑动。环氧砂浆灌注应在全桥合龙及斜拉索张拉完毕后进行。环氧砂浆由环氧树脂、复合固化剂和填料组成,按一定比例混合搅拌即可使用。如图 4. 3-4 所示。

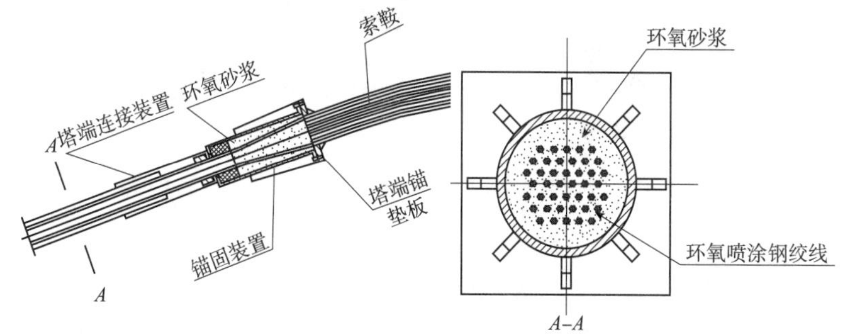

图 4. 3-4 斜拉索体系抗滑锚固段示意图

(5)塔柱内索鞍段

塔柱内索鞍段即分丝管段,埋设于混凝土塔内。钢绞线通过分丝管穿过塔身。如图 4. 3-5所示。

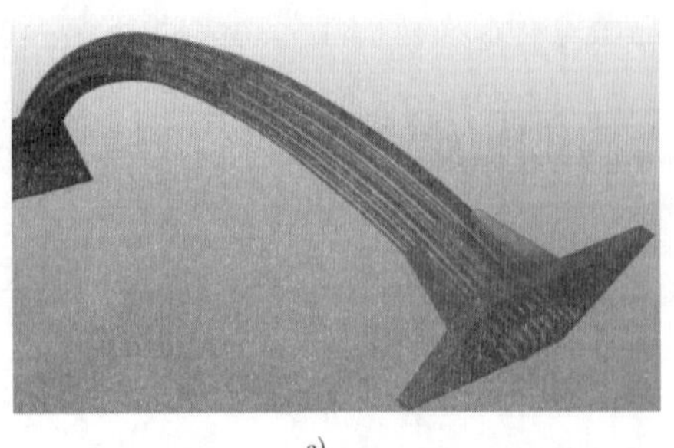

a)

b)

图 4.3-5　斜拉索体系塔柱内索鞍分丝管实物图

4.3.2　斜拉索防腐

部分斜拉桥工程中，一直把拉索的防护问题作为重要的技术工艺控制项目。应力腐蚀、疲劳腐蚀的防范主要通过结构措施和材料保护措施来保证，斜拉索的腐蚀防护措施随着技术的发展也在不断改进和提高。新技术、新材料、新工艺的应用，提高了斜拉索的腐蚀防护效果，形成了各有特色的防护体系，对斜拉索不同部位采取有针对性的防腐措施。

国内平行钢绞线索主要有两种形式，即单丝涂覆环氧涂层钢绞线与填充型环氧涂层钢绞线。两种防腐体系的钢绞线斜拉索在国内部分斜拉桥中均有较多的成功运用。如图 4.3-6 所示。

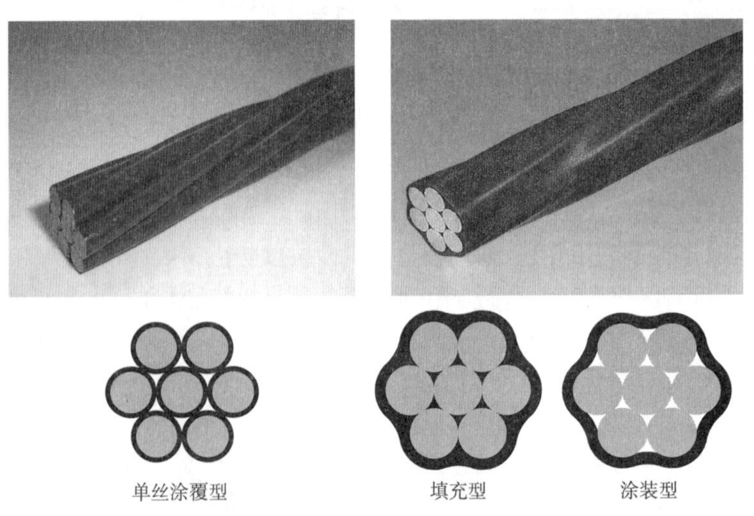

a)单丝涂覆环氧涂层预应力钢绞线　　b)填充型环氧涂层钢绞线

图 4.3-6　平行钢绞线索构造示意

单丝涂覆环氧涂层钢绞线特点为组成钢绞线的各根钢丝外侧涂覆环氧树脂，但环氧树脂未完全填充满钢丝之间的间隙，其索体防护采用单丝环氧树脂涂层 + 专用油脂 + 单根钢绞线外层 PE 等多层防护，环氧涂层厚度为 0.12 ~ 0.2mm。

填充型环氧涂层钢绞线特点为钢绞线外侧及组成钢绞线的各根钢丝之间的间隙内均由环氧树脂完全填充，其索体采用填充环氧树脂涂层 + 单根钢绞线外层 PE 防护，环氧涂层厚度为 0.4 ~ 1.1mm。

从防腐性能上看，填充环氧涂层体系由于环氧涂层厚度较大，其防腐性能要优于单丝涂覆环氧涂层体系。从锚固性能上看，填充型环氧涂层钢绞线的锚固单元设计需综合考虑锚环和夹片的材质、加工精度、热处理工艺和硬度要求等，对预应力张拉施工的工艺要求更高。

1）索体

索体防腐蚀是斜拉索防护的基础。一是对基材钢丝的防护，主要方式是对高强度钢丝表面实施热镀锌工艺或环氧材料涂层工艺，对钢丝本体进行表面保护，防止锈蚀。前面已提到，目前国内主要有填充型环氧涂层钢绞线（符合 JT/T 737—2009），单丝涂覆环氧涂层预应力钢绞线（符合 GB/T 25823—2010）两种形式。二是对整个索体的保护，主要方式是对钢绞线热挤高密度聚乙烯（PE）护套或外套 PE 管防护，依靠 PE 材料气密性、水密性、抗紫外线性能好的特点，达到优良的防护效果。

2）索体与锚具结合部位

斜拉索索体与锚具结合部位是斜拉索防腐蚀的薄弱环节，其原因是索体与锚具结构不同，结合部位存在结构差异，锚固区有一段钢丝索的 PE 要剥开，以方便锚固。这一区间密封困难，容易造成腐蚀，必须采取有效的结构措施和合适的材料、工艺进行特殊处理，防止水分和其他污染源进入。

平行钢绞线索采用夹片群锚锚固，结合部位应采用环氧树脂或水泥砂浆密封，考虑到换索需要，在锚固区采用防腐油脂保护。在室外环境中长期使用的防腐油脂，需具备滴点高、漏失量小、防腐蚀、耐候抗氧化等性能。主要保护区是锚具延伸管内的钢绞线 PE 剥开区和锚具端口，为此专门设计锚具防护配件使夹片端口浸在油脂中，用密封配件将剥开 PE 的一段钢绞线密封在延伸管内，保持结合区内的防腐油脂，隔绝水和空气，延伸管内的防护油脂采用专用工具和工艺注入。

3）安装后的防腐蚀处理

安装完成后对锚具外部一般采用涂料涂装防护，选用高质量的涂料，分层对锚具进行涂装，同时用高性能密封胶对端盖、连接筒口等进行密封。锚具一般都采用表面镀锌，冷铸锚和夹片锚多为电镀锌，在镀层上涂料涂装要考虑底层处理，选用性能合适的底漆。

在斜拉索的桥面锚固区，要设置锚板和锚管结构，通常雨水会顺索体下流，一旦安装在锚管内的减振橡胶圈和端口的将军帽结构密封不严，下锚管内容易积水，进而腐蚀索体和锚具结合部位。某桥在检查中发现下锚管积水，造成锚具连接筒、密封圈等浸在水中，如果密封不严，积水可能进入连接筒锈蚀钢丝，为此开发了锚管内聚氨酯泡沫材料填充技术，聚氨酯与钢材和 PE 材料都有良好的黏结性，经发泡注入锚管内，形成的填充层能吸收能量减少振动，且抗老化，密水密气，同时在端口安装止水圈，并用止水硅胶密封。这一措施已取得了良好效果。

虽然从结构和材料方面采取了一些有效措施，但斜拉索的防护措施仍不完善，需要不断地改进和提高，一些新的材料和工艺技术正在逐步应用。

（1）索体 PE 套长期使用，可能产生老化和表面裂缝扩展，使水分和空气渗入。目前已有多座桥梁拉索在原 PE 层外再缠专用缠包带（橡胶带或塑料带），形成一个新的保护层。还可以采用双层 PE 分层挤塑，限制外层裂纹向里层扩展，但应防止因外层较薄造成滑动起皱。应用 PE 分层时，在索两端要采取有效的固定措施，可以考虑采用专用紧固圈或热塑封口。另外，还可以考虑开发专用密封涂料，要求涂料与 PE 材料性能适配，附着性好，在使用一段时间的 PE 套上直接用涂料涂装，延长其使用寿命。

(2)平行钢绞线索 PE 套管内分段采用减振胶定位，同时起到防振减振、防止钢绞线间相互撞击的作用，可以减少应力腐蚀。还可开发新的涂料和涂装技术，避免荷载疲劳作用下涂层开裂现象。可以考虑采用专用设备和工艺对 PE 内部填充油脂或其他材料，防止水、气进入腐蚀钢丝。

(3)采用无损检测技术定期对使用过一段时期的斜拉索进行检测，如已经开发和应用的电磁检测方法、声波检测方法以及成像技术，及时检查和发现拉索腐蚀缺陷，采取有效措施。这方面应引起桥梁管理部门重视。

(4)在 PE 套管内设置温度、湿度传感器，掌握套内温度、湿度变化规律，分析和判断腐蚀状况。如果 PE 套管内湿度较大，又无其他合适办法时，可以考虑应用干燥空气除湿的方法，将干燥空气压力注入斜拉索 PE 套内，排出湿空气，隔绝和阻断腐蚀源，这一技术已在主缆防护技术中应用，并且被证实是一种比较可靠有效的防护方法。

4.3.3 索塔锚固体系

部分斜拉桥塔端锚固方式通常采用贯通式锚固，其索鞍构造形式主要分为双套管索鞍和分丝管索鞍两种形式，索塔锚固体系的发展大致可以分为以下六个阶段。

1)内外管索鞍配合环氧砂浆抗滑锚固

示意图及截面如图 4.3-7 所示。

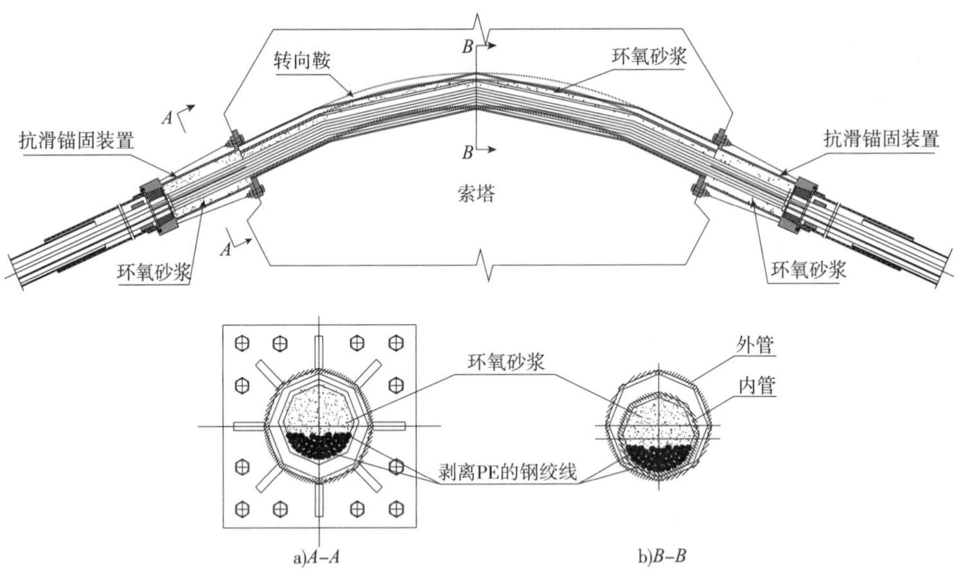

图 4.3-7 内外管索鞍配合环氧锚固抗滑体系示意图

(1)优点。

①基于内外管索鞍，在索鞍两端布置抗滑锚固装置；通过抽出内管来实现换索。

②索鞍及抗滑锚固装置段的钢绞线需剥除 PE 护套，整个通道灌环氧砂浆，内管靠环氧防腐，两端靠环氧抗滑。

③类似体外索,使用应力上限可以提高。

④索塔没有横向拉力,索塔可以缩小。

⑤索塔可以做得更矮。

(2)缺点。

①施工完成之后,拉索在内外管的出口不规则,减振器难以设计和安装。

②握裹抗滑力不均匀难以计算。

③无法单根换索。

2)内外管索鞍和环氧砂浆+索夹抗滑锚固

示意图及截面如图4.3-8所示。

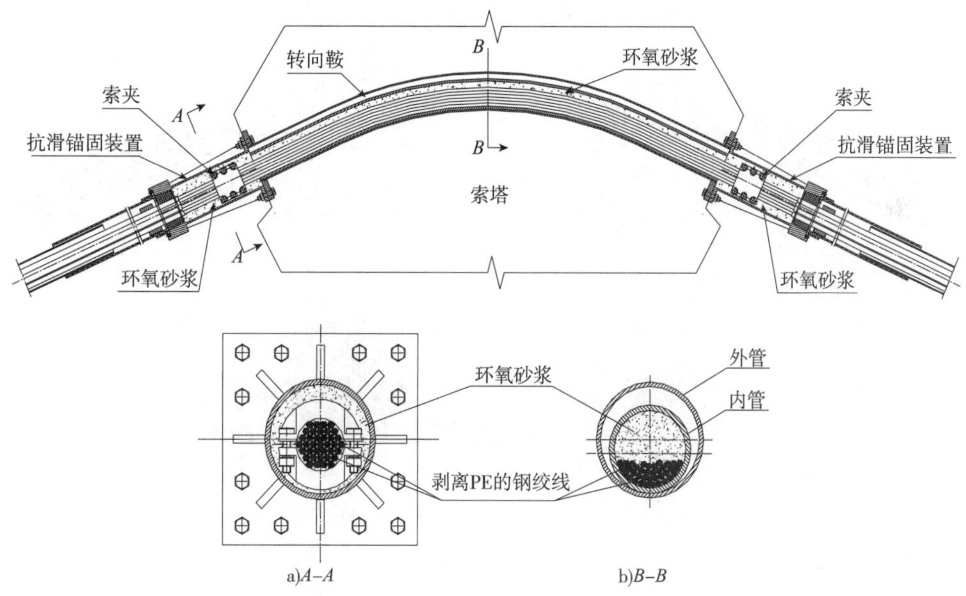

图4.3-8　内外管索鞍配合环氧锚固加索夹抗滑体系示意图

(1)此体系可以解决第一阶段结构的第一个缺点,采用环氧砂浆+索夹的结构。

①拉索在内外管的出口通过索夹的夹持,变成规则的;减振器的设计和安装方便。

②握裹抗滑力比上一种大一些。

(2)但该体系还有其他的缺点没有解决:

①所有拉索相互叠压布置在内管,钢绞线之间受力状况不好。

②内外管索鞍对索塔的竖向劈裂应力很大。

③施工期间内管中的钢绞线容易出现打绞现象。

④内管灌注环氧砂浆对拉索进行防腐,密实度难以检查。

⑤单根抗滑力不均匀,难以进行理论计算,抗滑力需要实际测量。

⑥后期换索困难,内管很难抽出更换。

3)分丝管索鞍和夹片锚抗滑锚固

示意图及截面如图4.3-9所示。

(1)此体系采用分丝管索鞍加夹片锚抗滑,解决了内外管索鞍的很多问题,该结构有如下优点:

①单根 PE 包裹防腐钢绞线只通过一个小钢管,不存在相互挤压问题。

②索鞍起到分散、均匀传递荷载作用,鞍座下部混凝土的接触应力分散。

③钢绞线和空钢管一一对应,方便施工,不会打绞。

④小钢管内的 PE 包裹防腐钢绞线不剥除 PE,拉索在索鞍里的防腐较好。

⑤夹片锚式抗滑结构,单根钢绞线抗滑夹持可靠。

⑥拉索和分丝管无黏结换索便利。

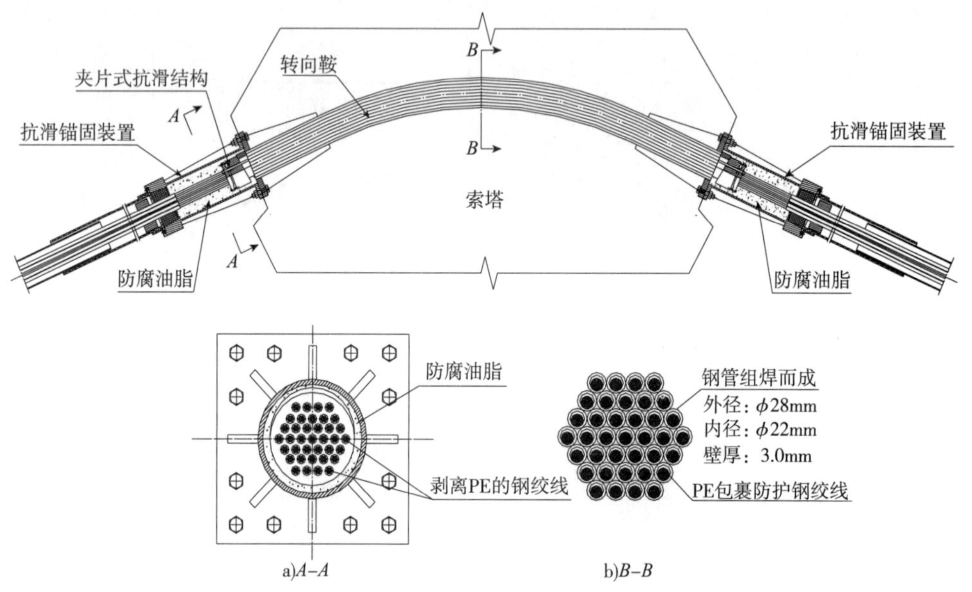

图 4. 3-9　分丝管索鞍和夹片锚抗滑体系示意图

(2)该体系存在的不足如下:

抗滑锚固装置内采用夹片式抗滑结构,实现方式是通过在分丝管索鞍的端面和锚板端面之间楔入楔块(或采用专用的夹片式锚固抗滑装置),夹片对钢绞线的夹持可靠,但是夹持力的控制要求较严格,夹持力过小则抗滑力不够,夹持力过大则可能会对钢绞线造成损伤。

4)分丝管索鞍和环氧砂浆抗滑锚固

示意图及截面如图 4. 3-10 所示。

(1)此体系的优点为:

在抗滑锚固装置里灌注环氧砂浆,利用环氧砂浆对钢绞线的握裹力来实现抗滑的目的;单根抗滑力可靠,不会造成钢绞线的损伤。

(2)这种结构方案有较多的运用实例,比较安全可靠,但它还有以下不足:

①施工中的抗滑问题没有解决。

②无法实现单根换索。

5)分丝管索鞍和交叉抗滑键抗滑锚固

示意图及截面如图 4. 3-11、图 4. 3-12 所示。

索塔上仍采用分丝管结构，但抗滑使用抗滑键来实现。

(1)在单根钢绞线上冷挤压一个抗滑键，抗滑键和钢绞线紧紧地握裹在一起，由于是靠握裹抗滑，没有对钢绞线造成损伤，静载性能和动载性能都非常好，钢绞线拉破断不会松脱，动载性能比其他所有的锚固种类都好。

(2)把挤压有抗滑键的钢绞线穿过分丝管拉到另一边，抗滑键可以卡在分丝管的端面，实现单边抗滑。

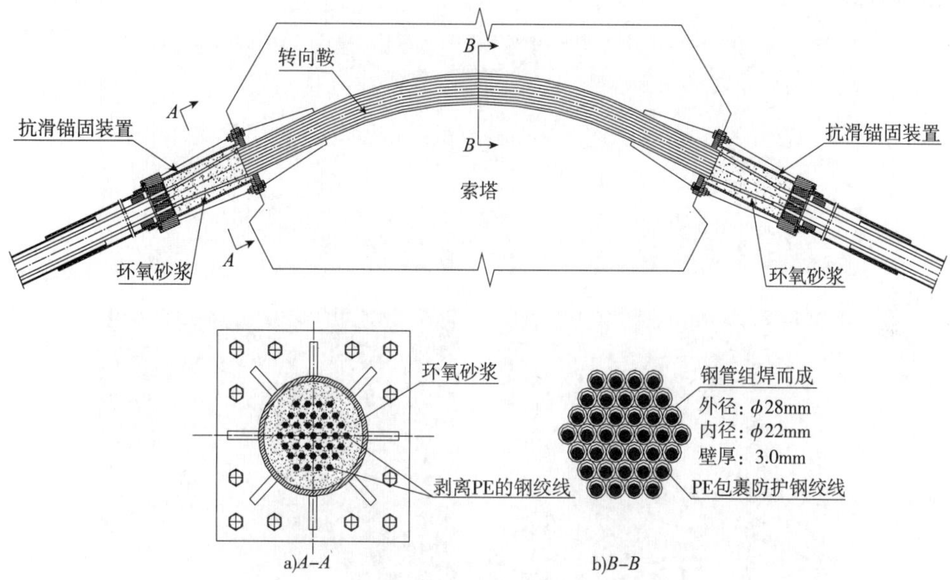

图4.3-10 分丝管索鞍配合环氧锚固抗滑体系示意图

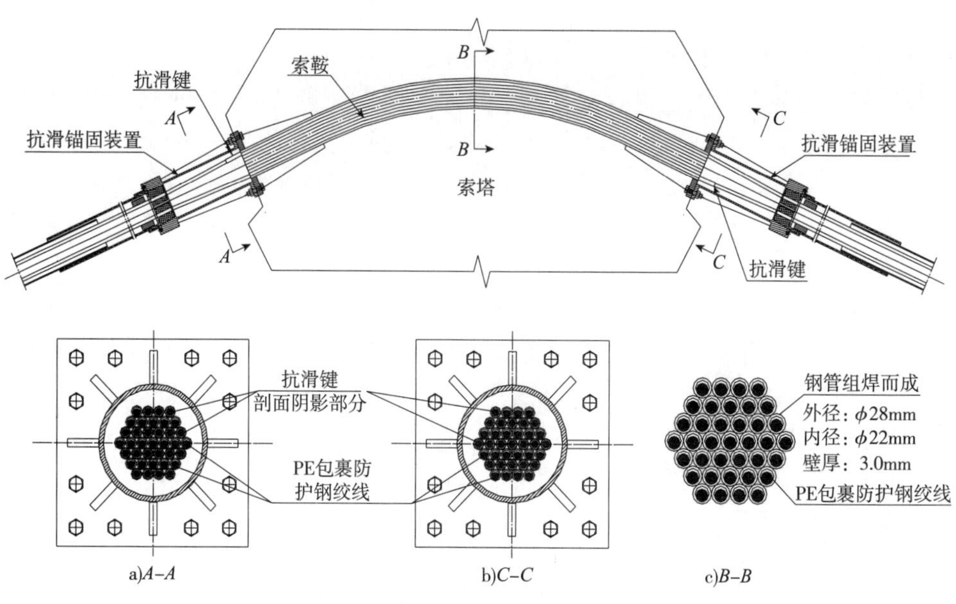

图4.3-11 分丝管索鞍和交叉抗滑键抗滑体系示意图

(3)此体系抗滑方案的特点为:

①由于是握裹式结构,所以动静载性能非常好。

②可以提供足够的抗滑力,抗滑力安全可靠。

③抗滑力在施工期间已形成。

④由于是单根抗滑,可以实现单根换索;换索便利。

⑤施工操作问题;施工时特别是调索时很繁琐,所有的抗滑键都贴紧分丝管端面难度很大,需要多次反复的调整。

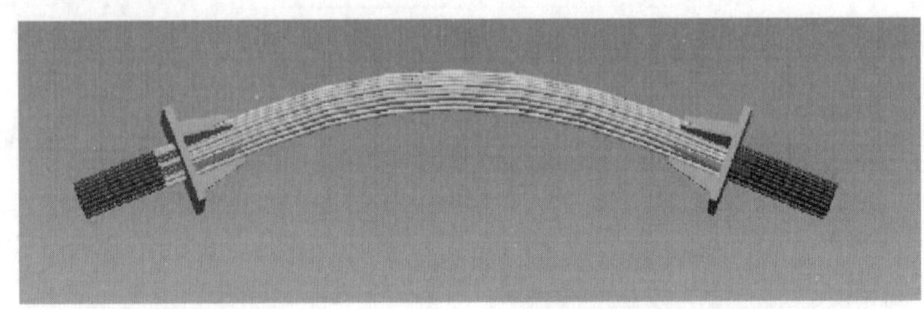

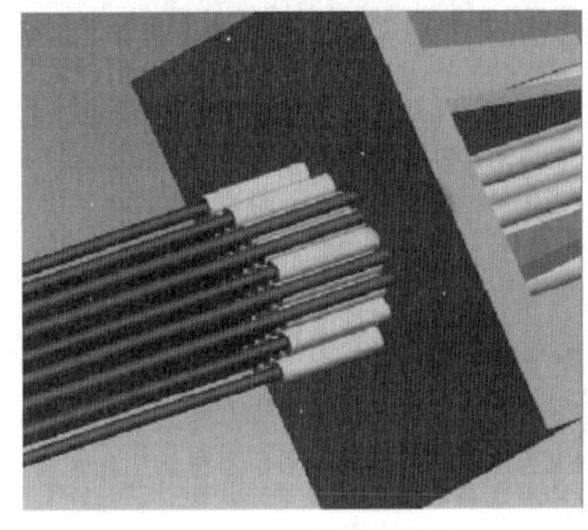

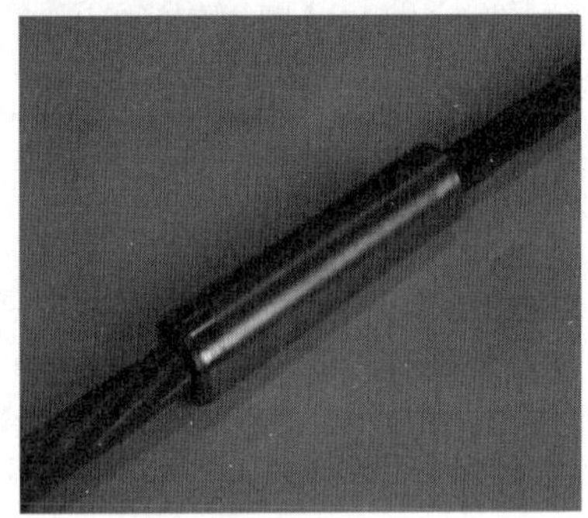

图 4.3-12　分丝管索鞍和交叉抗滑键抗滑体系效果图、实物图

6)分丝管索鞍配合单侧双向抗滑锚固

该锚固装置设置有固结在单根钢绞线上的抗滑键及锁紧结构,抗滑键的一端支承在索鞍端面,抗滑键的另一端与抗滑插片的一端紧密接触,抗滑插片的另一端与锁紧螺母紧密接触,螺母与锚固筒螺纹连接,形成两端约束抗滑键滑动。该装置结构受力模式清晰,不仅在施工阶段就可以提供足够的抗滑力,而且抗滑力是持续不变的,大大提高了拉索的安全性。其示意图及效果图如图 4.3-13、图 4.3-14 所示。

由于每根钢绞线能独立抗滑,锁紧结构为可拆分式,解决了环氧砂浆握裹式抗滑锚在施工过程中的斜拉索抗滑问题及无法单根换索的技术难题,为部分斜拉桥抗滑技术和单根换索提供了良好的解决方案。

(1)由于是单根抗滑,可以实现单根换索,换索便利。

(2)施工操作更便利,调索便利。

(3)抗滑力更可靠。

部分斜拉桥斜拉索换索技术与其在塔端的锚固体系密切相关。斜拉索如采用上述第 1 种、第 2 种和第 4 种锚固体系,由于锚固体系的自身特点决定其只能采用整体换索;其他三种锚固体系可以实现斜拉索的单根换索。

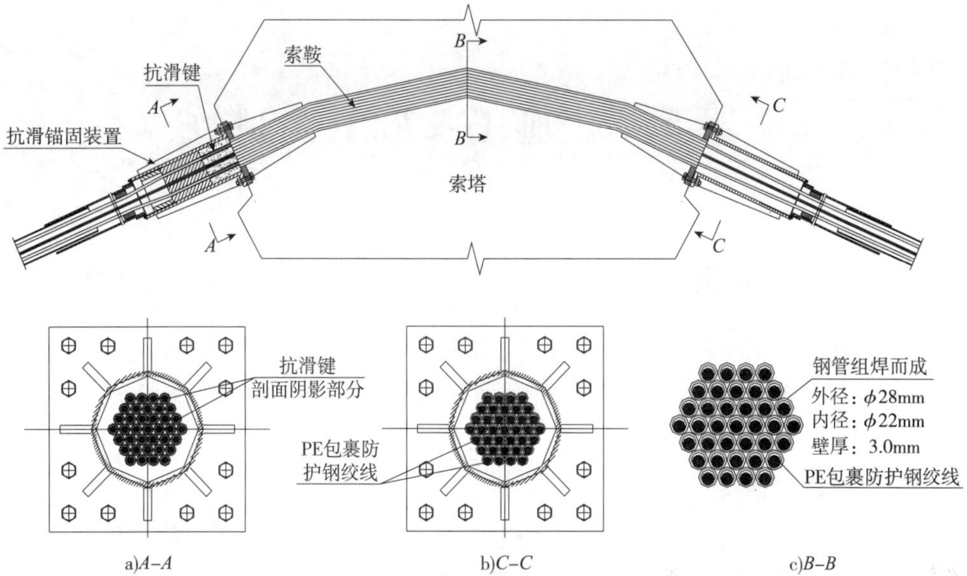

图 4.3-13 分丝管索鞍配合一端抗滑键式双边抗滑体系示意图

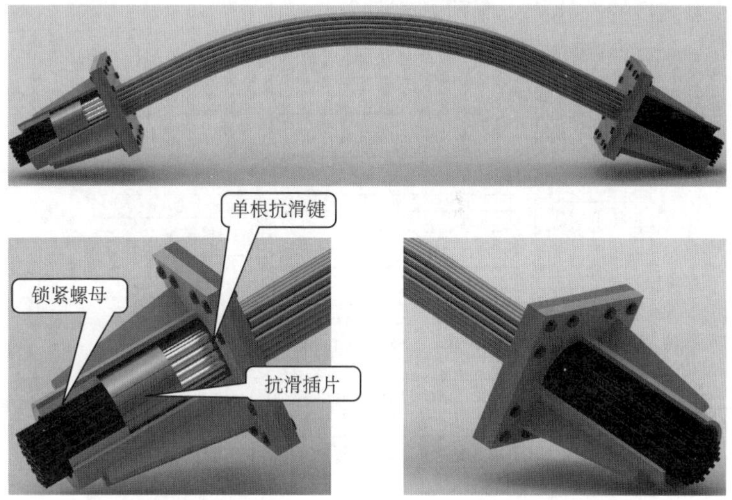

图 4.3-14 分丝管索鞍配合一端抗滑键式双边抗滑体系效果图

第 5 章　施工及施工控制

5.1　部分斜拉桥施工

部分斜拉桥的施工与连续梁桥、普通斜拉桥有很多相同之处，但上部结构施工也有其特殊性，本书为了便于叙述，更直观地展示部分斜拉桥施工过程，以武汉三官汉江公路大桥为例，以图文的形式重点对上部结构施工方法进行阐述。

5.1.1　总体施工流程

部分斜拉桥与普通斜拉桥一样，施工的主要内容包括基础、墩身、索塔、主梁和斜拉索的施工。武汉三官汉江公路大桥为主跨 190m 双塔中央索面预应力混凝土部分斜拉桥，桥跨布置为(120 + 190 + 120)m，主桥结构体系为主墩处塔、墩、梁固结，边墩设置竖向活动支座。如图 5.1-1 所示为该桥的总体施工流程。

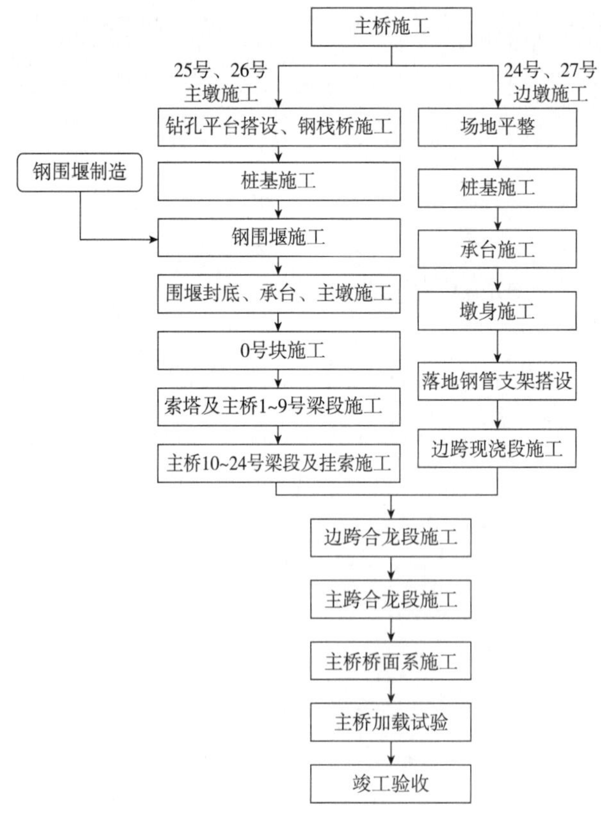

图 5.1-1　部分斜拉桥施工流程图

5.1.2 主梁悬臂施工

混凝土部分斜拉桥的主梁常见的施工方法主要有挂篮施工和支架现浇施工。相比之下,挂篮施工较支架现浇施工的优点是成桥线形流畅,节省工期,施工风险大大降低。

混凝土部分斜拉桥的主梁挂篮形式与连续梁桥相同,均采用后支点挂篮,在基础、桥墩和主梁0号节段施工完成后,一般利用主墩塔吊、吊车和卷扬机等进行挂篮拼装,并进行挂篮预压试验。主梁节段在挂篮上进行对称悬臂浇筑,有斜拉索的主梁节段在悬臂浇筑完成养护后安装相应的斜拉索。

武汉三官汉江公路大桥主梁为单箱三室截面,挂篮设计为全幅覆盖,整体浇筑,待0号块梁段张拉、压浆封锚后,在其上组装挂篮,对称悬浇箱梁节段至合龙段。如图5.1-2所示为该桥主梁悬臂施工工序。

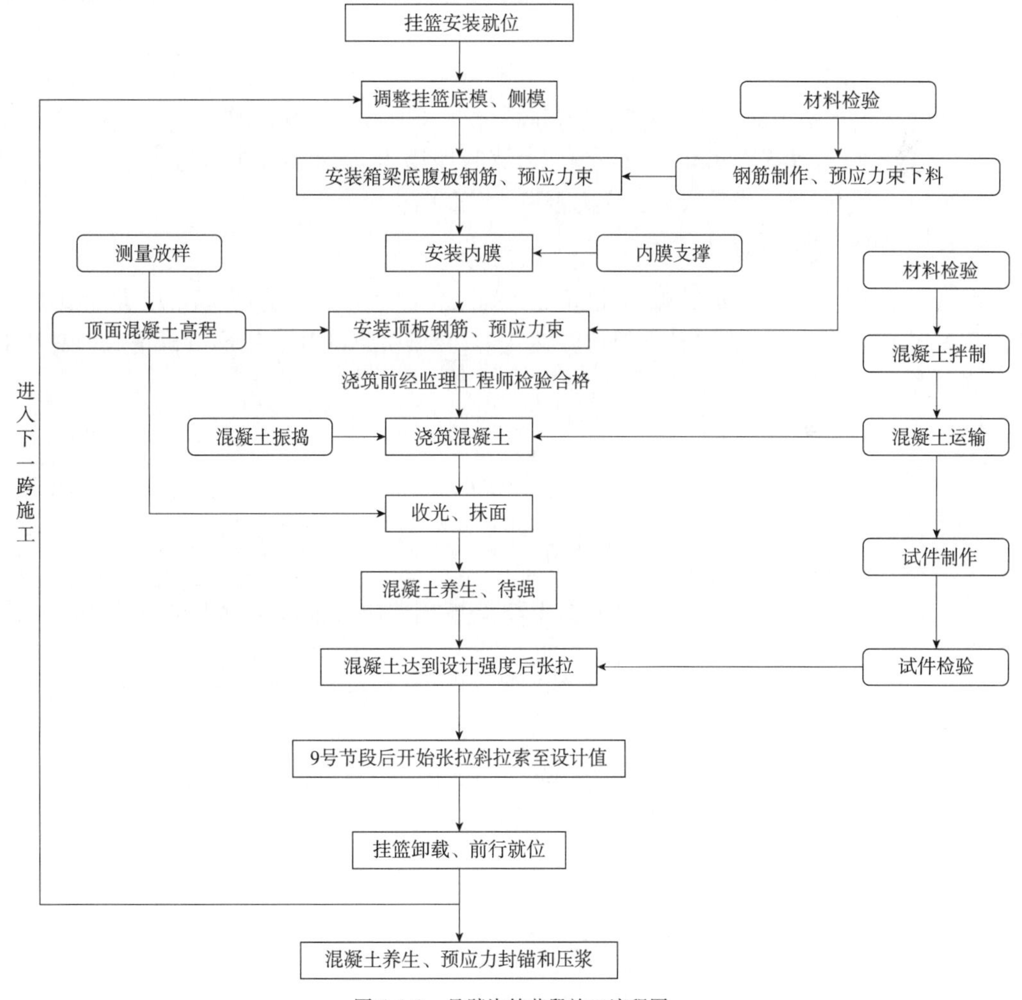

图5.1-2 悬臂浇筑节段施工流程图

(1)挂篮施工

该桥采用三角挂篮施工。挂篮质量按240t控制,包括模板及机具设备。三角挂篮由主

图 5.1-3　挂篮构造示意图

桁承重系统、底篮及悬吊滑挂系统组成。主桁承重系统包括主桁与前上横梁、行走装置及锚固装置等,底篮及悬吊滑动系统包括底篮系统、悬吊系统及内外滑梁。如图 5.1-3 所示。

(2)混凝土浇筑

混凝土拌和站严格按配合比拌制混凝土,然后利用卧泵和泵管输送混凝土入模。浇筑顺序自前端开始向后浇筑,在浇筑的节段根部与已浇筑段结合。

在混凝土浇筑过程中,一对挂篮混凝土浇筑要求平衡对称施工,混凝土浇筑完后,表面及时覆盖,同时进行洒水养护。

(3)预应力张拉

部分斜拉桥箱梁一般采用三向预应力体系设计,横向预应力束和纵向预应力束采用双端张拉,竖向预应力束采用单端张拉。预应力张拉顺序为:先张拉横向预应力钢束,然后张拉纵向预应力钢束,最后张拉竖向预应力钢束。

5.1.3　边跨现浇段施工

混凝土主梁边跨现浇段采用落地钢管支架施工。整个支架搭设完成后,应进行预压,荷载加至施工荷载的 1.05 倍,消除支架非弹性变形,并按实测的弹性变形量确定底模高程和预拱度。

5.1.4　合龙段施工

合龙段分为边跨合龙段和中跨合龙段。箱梁的合龙是控制主桥受力状况和线形的关键工序,因此箱梁的合龙顺序、合龙温度和工艺都必须严格控制,主梁合龙施工工艺流程,以中跨合龙段为例,其施工工序如下:

(1)挂篮悬浇最后一个节段时,预埋合龙段支撑预埋件。包括锚筋及预埋钢板,预埋件预埋在顶、底板位置。

(2)挂篮拆除后,对称施加合龙段节段压重,安装中跨合龙段吊架;安装顶推千斤顶,对称顶推主梁,利用合龙撑架锁定。

(3)安装中跨合龙段施工模板,绑扎钢筋,边浇筑混凝土边卸载合龙段压重,待混凝土强度达到 90% 时,解除合龙撑架,张拉中跨纵、横向预应力合龙钢束,完成中跨合龙施工。拆除吊架及合龙段撑架。

5.1.5　索塔施工

普通混凝土斜拉桥的索塔和主梁一般采用异步施工的方式,即先进行索塔施工,然后进行主梁和斜拉索施工。只有对工期有特殊要求的少数项目,索塔锚固区段与主梁采用同步施工的方式。

而混凝土部分斜拉桥由于主梁刚度较大,索塔和主梁可采用同步施工的方式,一般在主梁悬臂浇筑到第三个节段时,索塔施工的工作面就可以形成。对于大跨径混凝土部分斜拉桥而言,其索塔高度较矮、结构尺寸也相对较小,在主梁根部无索区段悬浇完成时,索塔施工也基本完毕,索塔施工并不占用部分斜拉桥的总体施工工期。

5.1.6　分丝管索鞍安装

部分斜拉桥塔顶索鞍采用吊装施工,由于索鞍的安装精度要求较高,索鞍的定位是关键环节。该桥分丝管索鞍安装的施工工艺流程见图 5.1-4。

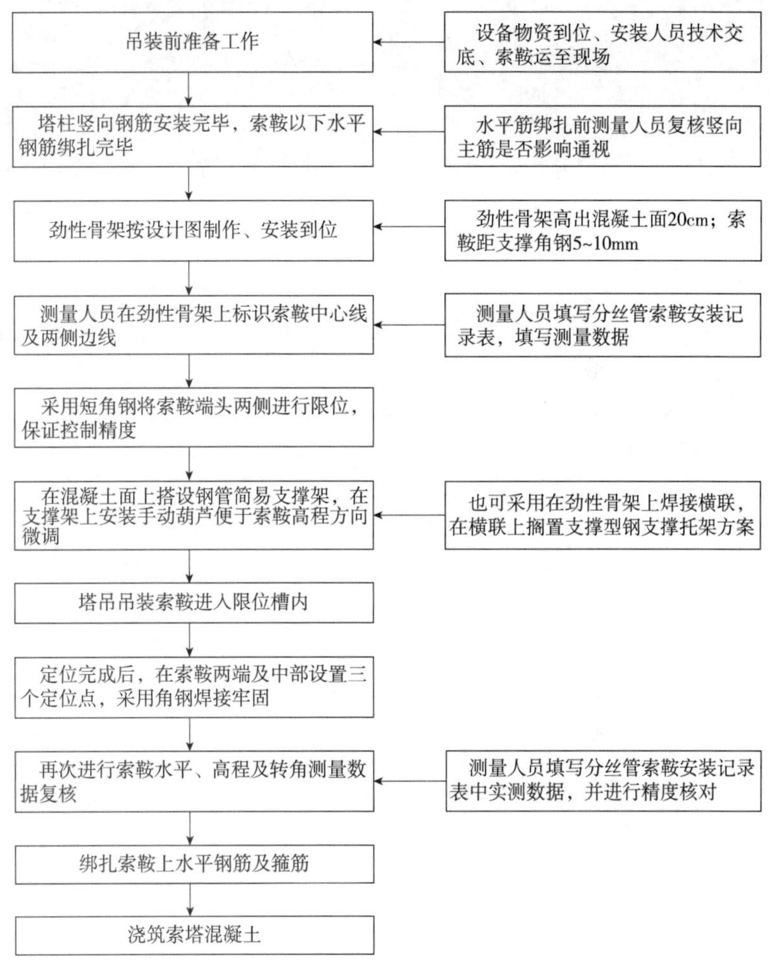

图 5.1-4　索鞍吊装施工工艺流程图

1)索鞍粗定位

在已浇筑索塔混凝土面放出锚垫板上端中点的映射点,然后在劲性骨架左右两边焊接角钢,放出锚垫板正中心的里程和高程。如图 5.1-5 所示。

2)索鞍精确定位

待施工人员粗定位后,测量人员再用仪器进行精确定位。测量锚垫板上端中点和两端,将其坐标和高程(监控高程)均调整到 5mm 以内,确保锚垫板上端水平。如图 5.1-6 所示。

3)浇筑混凝土前索鞍分丝管复测

浇筑混凝土之前需对索鞍进行复核,满足精度要求后方可浇筑混凝土,不满足需继续对分丝管进行调整。混凝土浇筑完拆掉索塔模板后,再将索鞍复测一次。

图 5.1-5　带十字中线粗定位索鞍分丝管

图 5.1-6　首节索鞍端头精确定位后焊接角钢固定

5.1.7　斜拉索安装

对于混凝土部分斜拉桥而言,斜拉索绝大多数采用平行钢绞线索,与普通斜拉桥钢绞线斜拉索的安装方法有一定共同之处。

部分斜拉桥斜拉索安装施工包含挂索前准备工作、拉索张拉施工及附件安装三个步骤。斜拉索施工工艺流程如图 5.1-7 所示。

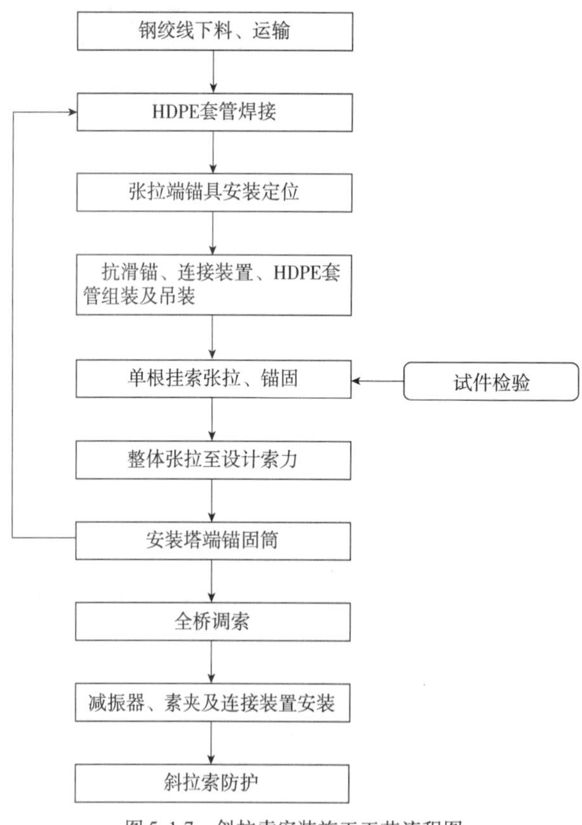

图 5.1-7　斜拉索安装施工工艺流程图

1)挂索前准备工作

(1)钢绞线下料及镦头处理

在铺垫好的下料场地进行下料,钢绞线下料完成后,须将钢绞线两端的PE护套按计算好的长度剥除掉。并清洗钢绞线,将钢绞线两端打散后在端头约10cm长度范围内切掉外圈6丝,保留中心丝,然后将钢绞线复原。用镦头器将两端的中心丝镦成半圆形镦头,以供挂索牵引用。

(2)HDPE外套管焊接

HDPE管的连接采用HDPE焊机对焊连接。HDPE管焊接前,将管材放置于夹紧装置内并将之夹紧,在压力作用下用平行机动旋刀削平两个管材的被焊端面。在焊接时,焊接压力必须保持至焊缝完全冷却硬化后才能解除。

图5.1-8 HDPE管焊接示意图

在桥面焊接好的HDPE管,可以根据焊接时所在的具体位置,借助滑轮车支撑已焊接好的HDPE管,再通过人工推送至合适位置(图5.1-8)。

(3)锚具安装

单个锚具安装顺序如下:安装锚板→装配密封件→装配防损套→装配挤压板→装配延伸筒→组装穿索引棒→组装延伸筒密封装置→组装螺母。

锚具组装完成后,在挂索施工前,需将锚具预先固定到锚垫板上。由于锚具较重,可采用在锚具组装件上预穿的引棒两端安装锚板和夹片,在预埋管出口处利用手拉葫芦牵引,提升锚具组装件。待其贴紧锚垫板后,利用压板将锚具压紧在锚垫板上。

2)拉索张拉施工

(1)挂索顺序

由于该拉索钢绞线在塔上分丝管内是分层排列的,为便于施工,该挂索的挂索吮吸为自上排到下排单根挂索、张拉(图5.1-9)。其挂索顺序为:

①辅助索的一端穿过锚具并临时锚固。

②将辅助索的另一端从索塔一端的HDPE套管穿入后,用卷扬机起吊该套管至分丝管管口。

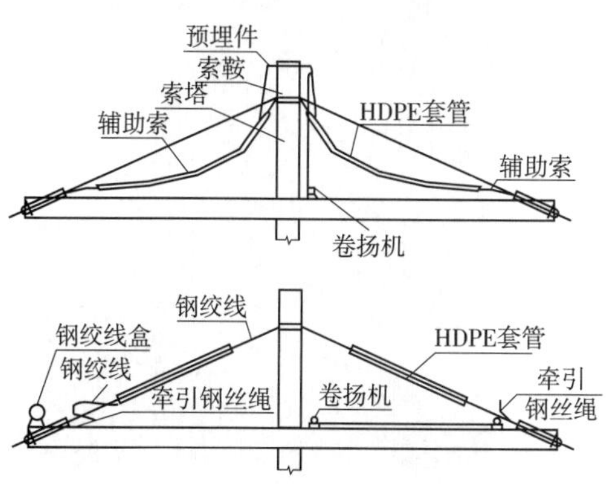

图5.1-9 单根拉索示意图

③将辅助索分别穿过分丝管、塔另一端的HDPE套管及锚具,然后起吊套管至分丝管管口。

④在锚具两端同时用YDCS160-150千斤顶预紧辅助索即可。

⑤开动卷扬机将钢绞线拉至中跨预埋管口附近,拆除钢丝绳。

⑥将钢绞线与穿过锚头的牵引钢丝绳连接,在梁下锚头处拉动钢丝绳,使钢绞线穿越锚头达到一定的工作长度后用夹片临时锚固。

⑦同样的方法将边跨的另一端钢绞线也穿

过边跨锚头并临时锚固。

(2)挂索施工工艺流程图

如图 5.1-10 所示。

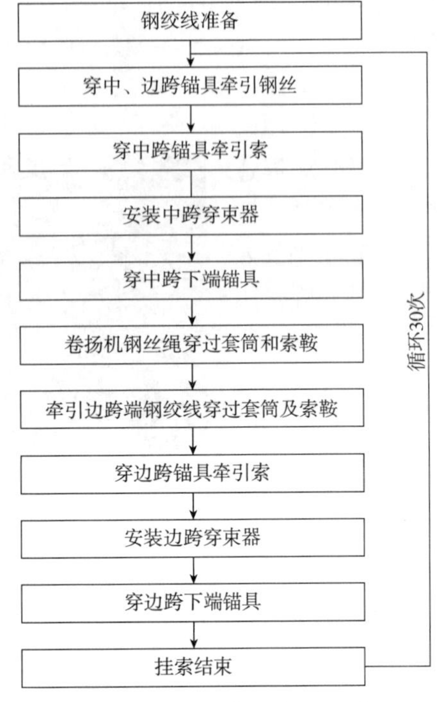

图 5.1-10　挂索施工工艺流程图

(3)单根张拉

为使每根索中各钢绞线索力均匀,采用等值张拉法进行张拉,即每根绞线拉力以控制压力表读数为准,对传感器读数进行检测。如图 5.1-11 所示。

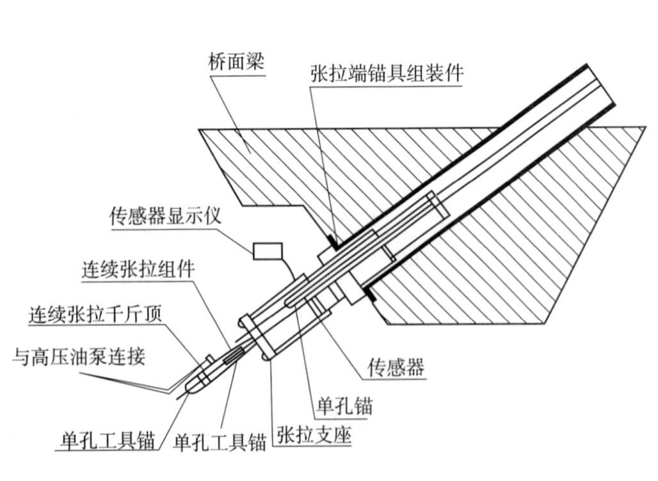

图 5.1-11　单根张拉示意图

(4)整体张拉

采用千斤顶进行整体张拉。在整个张拉过程中,当锚具螺母松动脱离锚板时,以此作为其伸长值的测量起始点,即此时油表读数对应的张拉力作为整体张拉的初始拉力。确定其初始拉力后,以此为起点,分级加载张拉至设计要求的张拉值。整体张拉示意图如图5.1-12所示。

图5.1-12　整体张拉示意图

3)附件安装和防腐处理

斜拉索张拉完毕后,可进行附件安装和防腐处理。附件安装和防腐处理工作主要包括:抗滑锚筒安装、索箍安装、减振器安装、锚具和内灌注环氧砂浆、延伸管安装、预埋管内灌注防腐油脂、防水罩安装、不锈钢外护管安装、保护罩安装和灌注防腐油脂。

5.2　部分斜拉桥施工控制

部分斜拉桥施工控制与普通斜拉桥施工控制的原则、内容和方法有许多相同之处,但有着自身的特点和重点。

5.2.1　施工控制的目的和原则

施工控制是一个“预告—量测—识别—修正—预告”的循环过程,即所谓自适应控制系统。其基本思路是:首先用规范的结构参数计算结构的响应,然后和实际测量结果进行比较,修正参数,直至与实际结构相吻合。经过几个主梁节段的施工,就可以得到较为合适的参数。施工控制的目的具体表现为:确保桥梁施工中的安全且结构内力合理,达到设计要求的状态,并保证有足够的稳定性,确保成桥线形符合设计要求。

混凝土部分斜拉桥与普通斜拉桥相比有以下几个突出的特点:

(1)边、中跨跨径比接近连续梁。

(2)索塔高度相对较低,结构刚度较大,成桥后索塔的变位较小。

(3)主梁截面尺寸及刚度较大,桥梁线形的可调幅度较小。

(4)斜拉索倾角较小,拉索一般一次张拉到位,悬臂施工过程中及合龙后,除张拉外基本不需进行拉索索力调整。

(5)拉索的应力幅较小,拉索对主梁的应力及挠度影响不大。

混凝土部分斜拉桥的特点决定了其施工监控中主要关注主梁的线形变化,而将索塔变形及主梁应力变化降为次要目标。所以混凝土部分斜拉桥施工控制的原则是以主梁的线形控制为主,同时兼顾拉索的索力及梁体的合理应力。在施工控制中,要进行多项测试,有物理力学参数的测量,如混凝土的重度、弹性模量、抗压强度和徐变系数等,也有施工中荷载参数的测量,如施工荷载、自重和临时荷载等,主要是为了使计算参数与实际参数保持一致。

5.2.2 施工控制要点

(1)施工监控计算

施工监控计算是对设计方确定的成桥状态和施工状态进行复核,以保证施工过程的安全和可靠,确保建成后桥梁线形和内力满足规范和设计要求,是施工监控系统的重要组成部分。混凝土部分斜拉桥一般采用挂篮悬浇法进行施工,在其施工阶段应根据当时的结构体系和荷载状况选择正确的计算图式进行计算、分析。

(2)主梁线形控制

部分斜拉桥一般不进行二次调索,由于其主梁刚度较大,难以利用索力调整来控制主梁线形,在主梁混凝土浇筑过程中,必须对立模高程进行控制,即对主梁施工线形进行严格控制。

立模高程的控制需考虑温度变化的影响因素。由于大跨径部分斜拉桥主梁悬臂浇筑段较长,白天在太阳的照射和温度变化的作用下,主梁顶板温度较高,而底板温度较低,悬臂主梁有下挠变形的趋势;晚上主梁顶、底板温度较低,而箱内温度相对较高,悬臂主梁有上挠变形的趋势。因此,在确定立模高程时,要尽量避免温度的影响,选在温度场较为平稳的凌晨进行。

在部分斜拉桥施工中,进行线形控制的目的不仅是为保证桥梁线形符合设计要求,而且关系到梁上索导管与拉索相对位置是否准确,拉索能否在索导管内自由活动。如果拉索抵死索导管会影响安装减振器并使拉索在此处承受剪力,从而大大降低拉索的承载能力。

(3)索力控制

在目前的工程实践中,部分斜拉桥多数采用钢绞线拉索体系,控制每束斜拉索各股钢绞线的索力误差以及整索索力误差,对顺利成桥和正常运营有着重要的意义。钢绞线斜拉索的张拉一般采用以下两种方法:

①分次张拉法。采用等张力法用小吨位千斤顶对每根钢绞线单独进行初张拉,确保初张拉后每根钢绞线受力的均匀性,然后用大吨位的千斤顶将索力张拉到监控要求的数值。该方法的优点是索力整体到位,张拉吨位调整方便,但其前提是箱梁内要有足够的张拉操作空间。

②单根钢绞线一次张拉到位法。采用等张力法对每根钢绞线单独直接张拉到位。监控单位将根据每根斜拉索张拉时的结构状态提供初始张拉钢绞线的单根张拉力。该方法的优点是对箱内的张拉操作空间要求不高,当大吨位千斤顶无法操作时只能采用本方法,其缺点是斜拉索的最后索力是依靠每根钢绞线的单独张拉来保证的,索力误差相对较大。

等张力法即在每根斜拉索中选择一根钢绞线为首先张拉的钢绞线,在这根钢绞线上安装一个临时锚具和配套的压力传感器,利用压力传感器的读数和张拉千斤顶的油压表读数相等的方法以保证所有钢绞线的张拉力相同,从而确保每根钢绞线索力的均匀性。

斜拉索索力的测试一般采用千斤顶油压表和频率振动法进行双控测试。

(4)应力控制

结构的应力监测是反映结构是否处于安全状态的最直观的指标。因此,在主梁及索塔的重点部位设置应力监测断面,在施工过程中,要保证结构各主要受力部位的应力在预想和容许的范围内,以确保结构在施工期间的安全性。同时,测量得到的应力可以修正施工控制理论计算的参数取值,校核理论分析的准确性。

应力监测主要是通过在混凝土中埋设应变计,测量得到的应变包含了混凝土收缩等非受力应变。为了得到实测的受力应变,还需测量混凝土收缩等非受力应变。在应力测试时,要注意应变计的布设位置、数量,以便全面掌握结构的受力情况。

第6章　部分斜拉桥结构计算

6.1　概述

部分斜拉桥平衡外荷载的方式介于梁桥和普通斜拉桥之间，结构的刚度主要由梁体提供，斜拉索主要起体外预应力的作用，根据部分斜拉桥的受力特点，设计计算分析重点关注其梁、索、塔、塔墩及局部区域在不同荷载工况下的受力状态，通常需要进行的计算分析如表6.1-1所示。

部分斜拉桥计算分析内容　　表6.1-1

<table>
<tr><th>分析项目</th><th>分 析 目 的</th><th>分 析 内 容</th></tr>
<tr><td rowspan="3">总体静力计算分析</td><td rowspan="3">由一次成桥的合理成桥状态为起点，用正装或倒拆的方式计算施工过程的合理状态，验算结构构件的刚度和强度</td><td>合理成桥状态确定</td></tr>
<tr><td>施工过程结构构件检算</td></tr>
<tr><td>运营荷载组合结构构件检算</td></tr>
<tr><td rowspan="5">局部计算分析</td><td rowspan="5">通过局部计算分析，为总体静力计算不能反映真实受力的区域提供精细化的分析结果，揭示局部受力状态，指导结构构造优化</td><td>索—梁锚固区计算分析</td></tr>
<tr><td>索—塔锚固区计算分析</td></tr>
<tr><td>塔、墩、梁固结区计算分析</td></tr>
<tr><td>塔墩抗裂计算分析</td></tr>
<tr><td>钢混结合部计算分析（钢塔）</td></tr>
<tr><td rowspan="3">抗震分析</td><td rowspan="3">通过动力特性分析，揭示结构的质量、刚度分布，确定合理的约束体系；通过反应谱及时程分析为结构构件检算提供内力，为抗震措施设计提供依据</td><td>结构动力特性分析</td></tr>
<tr><td>反应谱分析</td></tr>
<tr><td>时程分析</td></tr>
<tr><td rowspan="2">抗风分析</td><td rowspan="2">通过风致响应分析完善塔墩、主梁截面的选型，提供静、动风稳定性依据</td><td>风致静力响应</td></tr>
<tr><td>风致动力响应</td></tr>
</table>

在上述计算内容中，确定部分斜拉桥的合理成桥状态，是最核心也是最基础的分析计算。

部分斜拉桥和斜拉桥一样是高次超静定结构，斜拉索是主要受力构件，对普通斜拉桥来说，索力大小和分布决定了结构的内力和线形，对部分斜拉桥来说，索力大小和分布对结构的内力和线形有较大影响。因此，如何通过索力调整来使结构的受力处于一个相对较为合理的状态，是斜拉桥和部分斜拉桥设计时的一个非常重要基础性工作。确定斜拉桥索力的方法很多，对于部分斜拉桥，可采用类似斜拉桥的方法来确定索力，但斜拉桥的主梁较柔，而部分斜拉桥主梁刚度较大，适合柔性主梁的调索方法不一定适合刚性主梁。此外，普通斜拉桥在最优索力状态下的梁平、塔直、索均匀的合理成桥状态的调索目标不一定适合部分斜拉桥。因此，需要结合部分斜拉桥主梁刚度大的特点，研究适合部分斜拉桥的调索目标和调索方法。

斜拉桥几何非线性因素包括三类：大位移效应、二阶效应及斜拉索垂度非线性效应。部分斜拉桥适用主跨一般在200～400m，且其主梁的刚度较大，挠度较小，主梁的弯矩分布和挠度与梁桥更为接近，因此，部分斜拉桥中的大位移效应和二阶效应不明显，但部分斜拉桥的斜拉索倾角小，拉索所用型号大，索塔锚固方式常用鞍座式，斜拉索的垂度非线性效应对全桥的几何非线性影响应重点关注。

梁桥在桥面较宽的情况下一般采用双幅布置，而部分斜拉桥一般采用整幅布置，宽主梁一般采用多箱室大悬臂的单箱结构，宽箱的剪力滞效应对部分斜拉桥受力的影响应该引起重视。

大跨径的部分斜拉桥一般采用塔墩梁固结的结构体系，主梁刚度大，斜拉索承担的竖向荷载的比例一般小于30%，主梁承担了竖向荷载的70%，拉索的应力幅一般小于50MPa，因此，部分斜拉桥的主塔和斜拉索的布置具有一定的灵活性，斜拉索的倾角（影响塔高）、拉索在梁上的布置区域可以根据梁、索对竖向荷载的分配来调整。影响索、梁对竖向荷载分配的关键参数在于梁的刚度和索的刚度，此外，斜拉索承担竖向荷载的比例越大，主梁要求的刚度越小，部分斜拉桥的经济性越差，对设计而言，在跨径、总体布置（斜拉索倾角一定）的情况下，研究索、梁的荷载分配是很有必要的。

对部分斜拉桥主梁而言，如果将拉索看作体外预应力筋，则存在确定合适的体外预应力筋与梁内的预应力筋的比例，使得结构最为合理的问题。这一问题的实质也是优化确定部分斜拉桥的索力和预应力的问题。

综上所述，部分斜拉桥静力计算中的其他计算问题，与普通斜拉桥要解决的问题一样，本书将不一一赘述，着重介绍部分斜拉桥合理成桥状态确定、施工过程状态确定及局部构造精细化分析等问题。

6.2　合理成桥状态的确定

6.2.1　斜拉桥成桥状态确定方法

对于斜拉桥的设计，在确定成桥状态时，起控制作用的往往是主梁的应力，索塔内力（主要是弯矩）一般可通过限制塔身控制截面的弯矩较容易得到满足。因此，成桥状态的确定应以主梁受力合理为目标，以应力平衡法来设计主梁恒载内力为佳。该方法基本思想为：以主梁各截面的上、下缘的最大最小正应力作为控制条件来确定其预加力的大小 N_y 和恒载弯矩 M_d。对于混凝土梁，一般以拉应力控制。因此，当截面上、下缘的最大应力同时满足拉应力条件为最理想。用这种方法确定的预应力和主梁成桥恒载弯矩称之为“理想值”，其成桥状态称之为“理想状态”。但恒载弯矩在一些控制区域（如跨中）必须准确地为理想值，实际上很难实现。如果允许恒载弯矩有一个活动范围，给成桥状态确定以一定的宽容度，则由此确定的预应力和主梁成桥恒载弯矩称之为“合理值”，其成桥状态称之为“合理状态”。对于预应力已配置好的情况，根据应力控制条件，可定出主梁成桥恒载弯矩“可行域”。

斜拉桥受力合理成桥状态如果用形象目标来描述，也可简单概括为“梁平塔直索均匀”，

$$M_{\mathrm{d}}=\frac{W_{\mathrm{s}}}{1+\alpha}(\sigma_{\mathrm{sm}}-\sigma_{\mathrm{xm}}) \tag{6.2-4}$$

其中，$\alpha=\frac{W_{\mathrm{s}}}{W_{\mathrm{x}}}$。

将式(6.2-4)代入式(6.2-1)或式(6.2-2)，可得与 M_{d} 相应的理想预加力：

$$N_{\mathrm{y}}=\frac{A}{1+\alpha}(\alpha\cdot\sigma_{\mathrm{sm}}+\sigma_{\mathrm{xm}})-N_{\mathrm{d}}-A\cdot[\sigma_{1}] \tag{6.2-5}$$

主梁中的预加力分前期束 N_{y1} 和后期束(合龙束)N_{y2}，则：

$$N_{\mathrm{y}}=N_{\mathrm{y1}}+N_{\mathrm{y2}} \tag{6.2-6}$$

前期束通常根据施工状态下的受力要求预先确定了，而后期束主要根据成桥后受力要求决定，由式(6.2-6)可得：

$$N_{\mathrm{y2}}=N_{\mathrm{y}}-N_{\mathrm{y1}} \tag{6.2-7}$$

由式(6.2-7)计算的 N_{y2} 在许多截面会出现 $N_{\mathrm{y2}}<0$ 的情况，实际上就不配预应力束，即 $N_{\mathrm{y2}}=0$，则恒载弯矩取 M_{d} 时，$\sigma_{\mathrm{xl}}=\sigma_{\mathrm{sl}}<[\sigma_{1}]$，这时，让 $\sigma_{\mathrm{xl}}\leqslant[\sigma_{1}]$，可得恒载弯矩上限：

$$M_{\mathrm{d}}\leqslant M_{\mathrm{dl1}}=\left(\frac{N_{\mathrm{d}}+N_{\mathrm{y1}}}{A}+[\sigma_{1}]-\sigma_{\mathrm{xm}}\right)\cdot W_{\mathrm{x}} \tag{6.2-8}$$

让 $\sigma_{\mathrm{sl}}\leqslant[\sigma_{1}]$，可得恒载弯矩下限：

$$M_{\mathrm{d}}\geqslant M_{\mathrm{dl2}}=\left(-\frac{N_{\mathrm{d}}+N_{\mathrm{y1}}}{A}+[\sigma_{1}]+\sigma_{\mathrm{sm}}\right)\cdot W_{\mathrm{s}} \tag{6.2-9}$$

通常情况下，截面的应力是由上、下缘的最大应力控制，即拉应力的控制条件。但同时也需验算截面上、下缘的最小应力，即压应力控制条件：

$$\sigma_{\mathrm{xa}}=-\frac{N_{\mathrm{d}}+N_{\mathrm{y}}}{A}+\frac{M_{\mathrm{d}}}{W_{\mathrm{x}}}+\sigma_{\mathrm{xn}}\geqslant[\sigma_{\mathrm{a}}] \tag{6.2-10}$$

$$\sigma_{\mathrm{sa}}=-\frac{N_{\mathrm{d}}+N_{\mathrm{y}}}{A}-\frac{M_{\mathrm{d}}}{W_{\mathrm{s}}}+\sigma_{\mathrm{sn}}\geqslant[\sigma_{\mathrm{a}}] \tag{6.2-11}$$

式中：σ_{xa}、σ_{sa}——截面下、上缘的组合最小应力；

σ_{xn}、σ_{sn}——截面下、上缘的活载最小应力；

$[\sigma_{\mathrm{a}}]$——材料容许压应力(其值为负)。

当预加力 N_{y} 已由前面的截面上、下缘最大应力控制条件决定以后，则由式(6.2-10)和式(6.2-11)可得满足压应力控制条件的恒载弯矩上、下限：

$$M_{\mathrm{d}}\geqslant\left(\frac{N_{\mathrm{d}}+N_{\mathrm{y}}}{A}+[\sigma_{\mathrm{a}}]\right)\cdot W_{\mathrm{x}}=M_{\mathrm{da2}} \tag{6.2-12}$$

$$M_{\mathrm{d}}\leqslant\left(-\frac{N_{\mathrm{d}}+N_{\mathrm{y}}}{A}-[\sigma_{\mathrm{a}}]\right)\cdot W_{\mathrm{s}}=M_{\mathrm{da1}} \tag{6.2-13}$$

综合考虑截面上、下缘的拉、压应力控制条件后，恒载弯矩上、下限应为：

$$M_{\mathrm{d1}}=\mathrm{Min}(M_{\mathrm{dl1}},M_{\mathrm{da1}}) \tag{6.2-14}$$

$$M_{\mathrm{d2}}=\mathrm{Max}(M_{\mathrm{dl2}},M_{\mathrm{da2}}) \tag{6.2-15}$$

当 $N_{\mathrm{y2}}>0$ 时，则 M_{d} 是唯一的，没有活动范围，其值由式(6.2-4)决定。

2）合理成桥状态的确定

在实际设计中，要让恒载弯矩准确地为某一值是很困难的。因此，M_d 应有一定的活动范围，设选定最小活动范围为 ΔM_d（正值），下面推导由 ΔM_d 导致的预应力和恒载弯矩的上、下限的变化，并称这种情况下的预应力和恒载弯矩界限为合理值。

由式（6.2-1）得：

$$M_d \geqslant -\frac{N_d + N_y}{A} \cdot W_s + (\sigma_{sm} - [\sigma_1]) \cdot W_s \tag{6.2-16}$$

由式（6.2-2）得：

$$M_d \leqslant \frac{N_d + N_y}{A} \cdot W_x - (\sigma_{xm} - [\sigma_1]) \cdot W_x \tag{6.2-17}$$

则可得由截面上、下缘拉应力控制条件导出的恒载弯矩上下限：

$$M_{dl1} = \frac{N_d + N_y}{A} \cdot W_x - (\sigma_{xm} - [\sigma_1]) \cdot W_x \tag{6.2-18}$$

$$M_{dl2} = -\frac{N_d + N_y}{A} \cdot W_s + (\sigma_{sm} - [\sigma_1]) \cdot W_s \tag{6.2-19}$$

则有：

$$M_{dl1} \geqslant M_d \geqslant M_{dl2} \tag{6.2-20}$$

先不考虑压应力条件，恒载弯矩区域为：

$$\Delta M_d = M_{dl1} - M_{dl2} = \frac{N_d + N_y}{A}(W_x + W_s) - (\sigma_{xm} \cdot W_x + \sigma_{sm} \cdot W_s) + [\sigma_1](W_x + W_s) \tag{6.2-21}$$

由式（6.2-21）可得 ΔM_d 对应的有效预应力：

$$N_y = \frac{A}{1+\alpha}(\alpha \cdot \sigma_{sm} + \sigma_{xm}) - N_d - A \cdot [\sigma_1] + \frac{\Delta M_d}{1+\alpha} \cdot \frac{A}{W_x} \tag{6.2-22}$$

与式（6.2-5）相比，式（6.2-22）增加了最后一项，这是由 ΔM_d 引起的预应力增量 ΔN_y：

$$\Delta N_y = \frac{\Delta M_d}{1+\alpha} \cdot \frac{A}{W_x}$$

与前面的分析一样，预应力 N_y 也分前期束和后期束两类。

由式（6.2-7）和式（6.2-22）计算的 N_{y2} 同样存在小于零的情况，因此应增加：

$$N_{y2} = 0 \qquad (\text{当 } N_{y2} < 0 \text{ 时}) \tag{6.2-23}$$

将式（6.2-22）、式（6.2-7）和式（6.2-23）代入式（6.2-18）和式（6.2-19），即可得到考虑拉应力条件的恒载弯矩的上、下限。再由式（6.2-12）和式（6.2-13）计算考虑压应力条件的上、下限，最后由式（6.2-14）和式（6.2-15）计算出最终的恒载弯矩上、下限 M_{d1} 和 M_{d2}。

3）合理成桥状态的实现

（1）索力与主梁弯矩的关系

由于斜拉索的索力分布对主梁弯矩影响很大，主梁恒载弯矩可以主要由斜拉索索力来调整。因此，确定合理成桥状态的问题可归结为：确定合理成桥索力，从而使主梁弯矩在整个使用期内均落在可行域内。

根据有关文献介绍，成桥时主梁弯矩$\{M\}$，与对应的索力可用影响矩阵法来确定，即：

$$[B]\{T\}=\{M\}-\{M_0\} \tag{6.2-24}$$

式中：$[B]$——索力对主梁弯矩的影响矩阵；

$\{M_0\}$——包括预应力在内的所有恒载产生的主梁弯矩；

$\{T\}$——待求的成桥恒载索力。

$[B]$和$\{M_0\}$的计算均在取消索的刚度的状态下进行。

设控制弯矩数为m，待求索力数为n，根据m和n大小的不同可分为三种方法：

方法一：$m=n$，即$\{M\}$和$\{T\}$的大小相同，则方程组(6.2-24)有确定解。但通常得不到合理的索力，这种方法往往使所求索力必须完成满足所给定的控制截面弯矩，这样，弯矩控制了，但索力却难以合理。

方法二：$m>n$，即方程组(6.2-24)中方程个数多于未知量数。式(6.2-24)成为一矛盾方程组，可用最小二乘法求得其解。

$$\mathrm{Min}([B]\{T\}-\{M\}+\{M_0\})^2 \tag{6.2-25}$$

$$\{T\}=([B]^{\mathrm{T}}[B])^{-1}\times[[B]^{\mathrm{T}}\times(\{M\}-\{M_0\})] \tag{6.2-26}$$

这种方法既可以照顾到更多的截面内力，同时所得索力也比方法一要合理些。

但是，这两种方法由于对索力缺乏约束条件，所得的索力与控制弯矩的选取有很大关系，都难以获取到真正合理的索力。

方法三：$m<n$，即式(6.2-24)中方程个数少于未知量数。

式(6.2-24)成为一不定方程组，有无穷多组解。把式(6.2-24)作为对索力的约束条件，取 $\mathrm{Min}\sum_{i=1}^{n}\rho_i T_i$ 作为目标函数。

取$\{a\}<\{T\}<\{b\}$作为未知量的上下限，把问题归结为一个线性问题：

$$\mathrm{Min}\{\rho\}^{\mathrm{T}}\{T\}=\{M\}-\{M_0\}$$

其中，ρ_i 为权系数；$\{a\}$、$\{b\}$为索力下限和上限。

该方法的关键是选取合适的$\{M\}$、$\{a\}$、$\{b\}$以及 ρ_i，如果所构造的线性问题有解，则其解就比方法一和方法二均合理。

(2)确定合理成桥状态的步骤

了解索力与主梁弯矩的关系后，可知确定合理成桥状态的关键就是要求出主梁合理的恒载弯矩。根据上面的叙述，确定合理的恒载弯矩需要有汽车荷载效应值和恒载效应值，因此，利用现有软件的功能就可按一定步骤确定合理成桥状态。

①不计主梁预应力，用最小弯曲应变能原理初定成桥状态。

具体做法是，对结构不加任何约束条件，将索的截面积乘以 10^4，比重乘以 10^{-4}；塔的截面积乘以 10^2，比重乘以 10^{-2}；主梁的截面积乘以 10^3，比重乘以 10^{-3}，梁和塔的弯曲刚度保持不变。按照上述做法，对结构进行总体计算，可以得到成桥索力和主梁弯矩。

索力的调整，是通过指定索号的索力调整达到调整主梁和塔的弯矩及索力的目的，使结构在用弯曲能量最小法初步确定的成桥状态下，主梁和塔的弯矩及索力更加合理。具体使用时，可指定塔身各控制截面的弯矩，并在初定成桥状态的基础上指定所有拉索的索力，此时可对不合理的拉索索力进行调整，例如对某些索指定索力范围。明确各项限制条件后，程序就可以用最小二乘法进行索力的调整。

②在上述初定成桥状态下，进行活载计算后可得到主梁在活载作用下的弯矩包络图。

根据此包络图求出汽车荷载的应力，然后根据此应力和初定成桥状态的轴力以及确定的主梁应力控制目标，求出主梁合理的预应力数量和成桥恒载弯矩合理范围。具体做法是，根据上述步骤得到主梁在恒活载作用下的各截面轴力和弯矩后，据式(6.2-14)、式(6.2-15)，手工或自编程序计算出主梁各截面恒载弯矩的上下限和合理的主梁预应力数量。

以上求出的即为理想状态截面恒载弯矩的上下限，如若给 M_d 一定的范围，则可进一步利用相关公式求出 ΔM_d，并计算出最终的恒载弯矩上下限和合理的预应力数量。

同理，可求出主梁其他截面的恒载弯矩上下限和合理的预应力数量，这一步工作应注意在选取截面最大应力时应留有余地，因为确定成桥状态时有许多因素未予考虑，如取 $[\sigma_l] = -3.0$MPa、$[\sigma_a] = -14.0$MPa，表明在确定成桥状态控制截面最少应储备3.0MPa的压应力，而最大压应力又不得超过14MPa。

③将②中确定的主梁预应力布置在主梁中，用①中获得的成桥索力和②中合理弯矩(取上下限平均值)作为控制条件，用最小二乘法求出索力调整量，得到一个合理成桥状态。

与第一步的调索相比较，主要是索力和成桥弯矩有了较明确的控制值，且此时主梁中已计入了预应力的作用。

通过上述步骤得到的主梁最大正弯矩和最小的负弯矩，且主梁的弯矩分布基本均匀，结合活载分析成果来看跨中主梁在恒载状态保持一定大小的负弯矩，对改善结构在运营状态下的应力状态很有帮助。

反观索力，一般会基本均匀，反映在索力图上表现为索力曲线基本光滑平顺。

6.2.3　部分斜拉桥合理成桥状态的确定

1)部分斜拉桥的合理成桥状态与优化方法

上述确定预应力混凝土斜拉桥合理成桥状态的方法，其基本原理和步骤，对于部分斜拉桥有一定借鉴意义。但是，部分斜拉桥由于主梁的刚度较大，主梁承担相当一部分弯矩，主梁内的预应力钢筋设置也以承担结构自重和设计活载为主，因此，部分斜拉桥的索力确定方法应该与斜拉桥有所不同。斜拉索索力与主梁的刚度密切相关，主梁刚度越大，承担竖向荷载的比例越高，斜拉索的作用越弱；反之，主梁刚度越小，斜拉索索力对竖向荷载的平衡贡献越大。从斜拉索调索的目标来看，普通斜拉桥以"梁平塔直索均匀"为目标来调整索力，普通斜拉桥具有柔性主梁，恒载和活载的作用通过主梁传递给拉索，主梁承担弯矩的能力有限，所以普通斜拉桥调索的最重要的目标即为"梁平"，具体表现为主梁弯矩小且分布均匀。而部分斜拉桥由于梁的刚度大，拉索承担竖向荷载的比例低，斜拉索可以看作体外索，结构的力学行为更接近梁桥，所以部分斜拉桥的调索目标和普通斜拉桥有较大不同。

如图6.2-1、图6.2-2所示为襄樊汉江三桥(典型普通斜拉桥)和三官汉江公路大桥(部分斜拉桥)在成桥状态、基本荷载组合(恒载+活载)下的主梁弯矩分布，以此为例来说明部分斜拉桥与普通斜拉桥主梁受力的区别。

比较成桥状态的弯矩分布可以看出，普通斜拉桥的主梁竖向弯矩分布均匀，部分斜拉桥成桥状态的主梁竖向弯矩在塔墩处负弯矩依然很大，负弯矩分布区域较大。

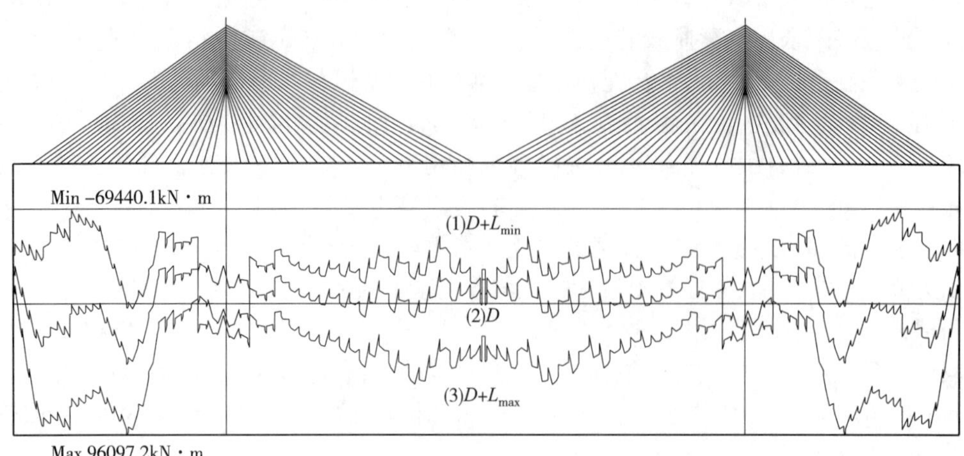

图 6. 2-1　襄樊汉江三桥成桥状态、基本组合主梁弯矩分配图

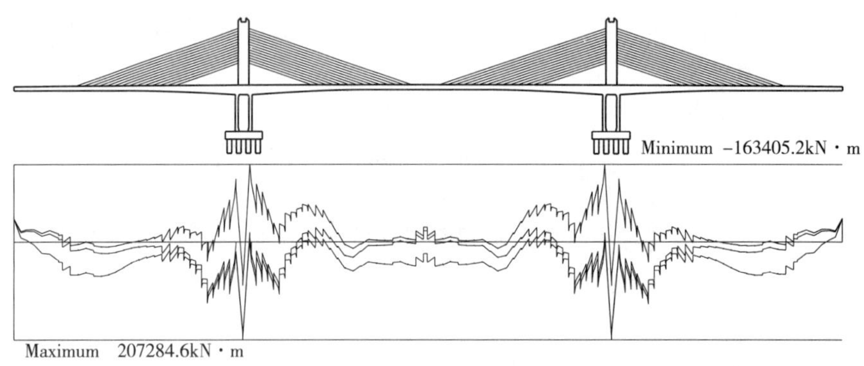

图 6. 2-2　三官汉江公路大桥成桥状态、基本组合主梁弯矩分配图

进一步比较分析两座大桥成桥状态的索力分布情况(图 6. 2-3、图 6. 2-4),可以得出:普通斜拉桥索力分布具有一定规律,但索力差别相对较大,一般尾索的索力大,靠近塔根部的索力较小;而部分斜拉桥索力一般均匀,近塔处和远塔处的拉索索力差别较小。

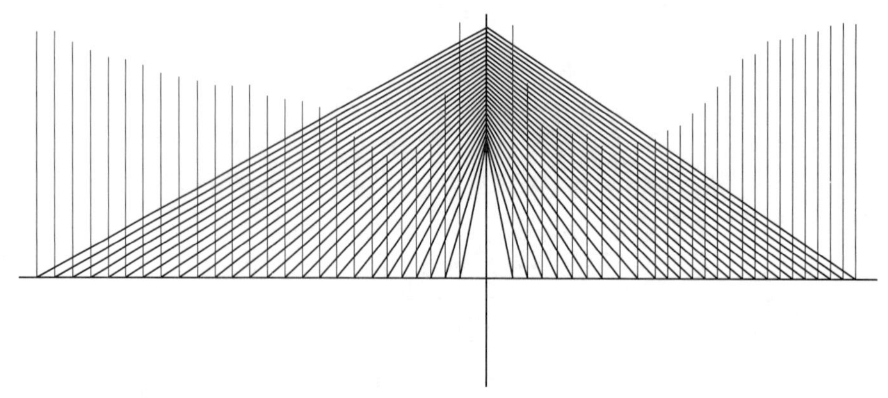

图 6. 2-3　襄樊汉江三桥成桥状态索力分布图

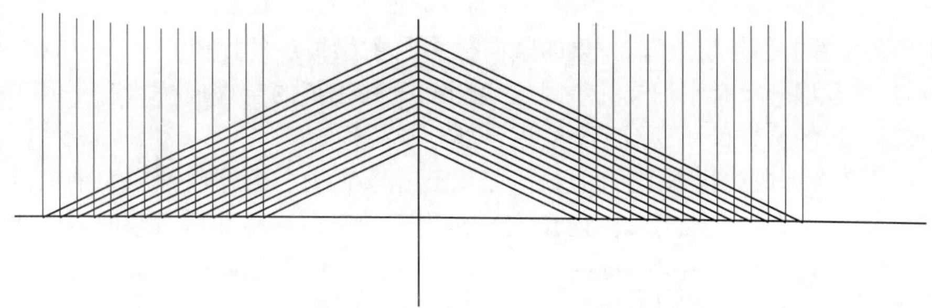

图 6.2-4　三官汉江公路大桥成桥状态索力分布图

已有的研究结果表明，普通斜拉桥的主梁刚度小，主梁恒载及桥面二期恒载基本由拉索传递至索塔承担；部分斜拉桥的主梁刚度大，主梁本身可以承担相当部分的竖向荷载，斜拉索承担的全桥竖向荷载有限，因此，分析部分斜拉桥的拉索竖向分力与主梁一、二期恒载的比值对于确定斜拉索的索力有重要的意义。下面通过襄樊汉江三桥及几座已建成的混凝土部分斜拉桥的拉索竖向分力与一、二期恒载的比值研究揭示部分斜拉桥拉索索力分布的规律(图 6.2-5、表 6.2-1)。

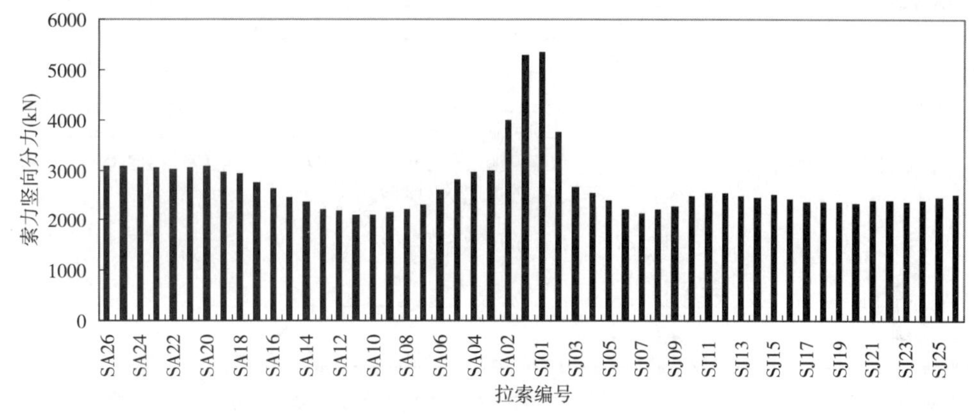

图 6.2-5　襄樊汉江三桥半跨索力竖向分力分布图

典型部分斜拉桥拉索参数　　表 6.2-1

桥　　名	跨径组合 (m)	拉索型号	索力竖向分力/一二期恒载	索面形式
武汉三官汉江大桥	120 + 190 + 120	15-31	0.36	平行中央索面
郧十汉江大桥	128 + 238 + 128	15-35/15-37/15-41	0.43	扇形中央索面
茜草大桥	128 + 248 + 128	15-73	0.34	扇形双索面
嘉悦大桥	66 + 75 + 75 + 145 + 250 + 145	15-85/15-91	0.42	平行双索面
观音岩大渡河大桥	110 + 202 + 110	15-31/15-37	0.345	扇形中央索面

襄樊汉江三桥斜拉索索力的竖向分力合计为 561663kN，主梁的一期恒载和二期恒载的总重为 552873kN，拉索竖向分力与主梁恒载的比值为 1.02，即索力的竖向分力完全承担了主梁的一期及二期恒载。

几座已建成的混凝土部分斜拉桥斜拉索的参数如表6.2-1所示。

从几个典型部分斜拉桥来看，拉索的竖向分力与主梁恒载的比值在0.3～0.45，索力分布也较均匀，拉索型号仅有一种或几种。这表明部分斜拉桥的合理成桥状态不同于普通斜拉桥，普通斜拉桥的调索目标也不完全适用于部分斜拉桥。

部分斜拉桥合理成桥状态调索的目标，是实现拉索索力与梁体内预应力钢束的最优配置，也就是实现主梁在拉索索力和体内预应力作用下的竖向弯矩和恒载竖向弯矩平衡。在实际调索过程中，可以根据主梁恒载的0.3～0.45确定一个平均索力，在此索力的基础上配置体内预应力钢束，最后结合运营阶段荷载组合的计算局部调整斜拉索索力，达到拉索索力和体内预应力钢束的最优配置。

下面以三官汉江公路大桥为例，计算索力的竖向分力为恒载的0.3、0.36、0.4倍的情况下，主梁在预应力（含拉索索力）作用下的竖向弯矩和恒载竖向弯矩的比较，图中FYC指索力的竖向分力，SW指一期恒载和二期恒载的总重，为了便于比较预应力竖向弯矩和自重竖向弯矩，将自重的竖向弯矩反号，具体比较如图6.2-6～图6.2-8所示。

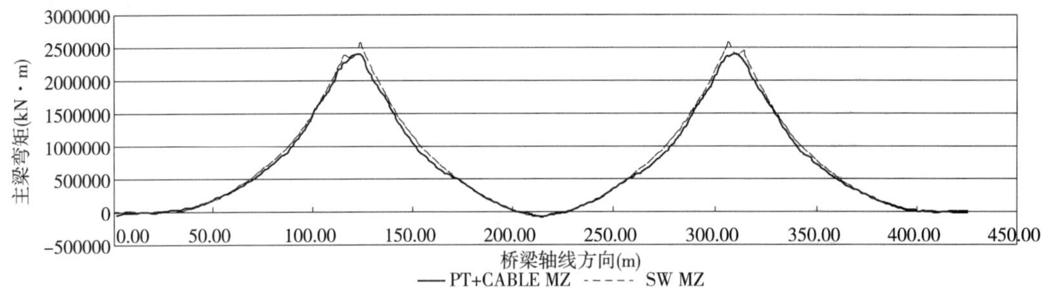

图6.2-6　主梁弯矩图（FYC＝0.3SW）

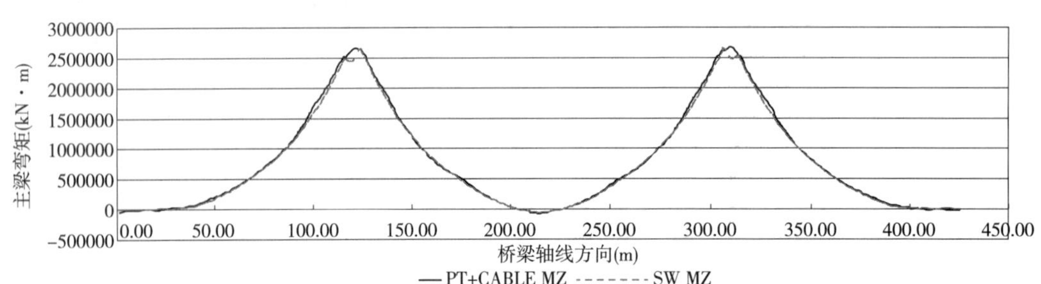

图6.2-7　主梁弯矩图（FYC＝0.36SW）

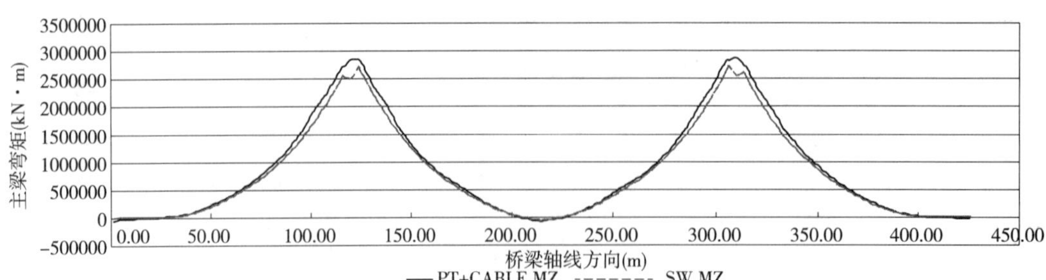

图6.2-8　主梁弯矩图（FYC＝0.4SW）

PT 指体内预应力钢束代表的荷载响应，CABLE 指斜拉索（看作体外钢束）代表的荷载响应。PT + CABLE MZ 指体内预应力钢束和斜拉索（看作体外钢束）共同作用主梁的竖向弯矩分布，SW MZ 指恒载作用主梁的竖向弯矩分布。

分析表明，当索力竖向分力为恒载的 0.3 倍时，主梁在预应力作用下的竖向弯矩略小于自重产生的竖向弯矩；当索力竖向分力为恒载的 0.4 倍时，主梁在预应力作用下的竖向弯矩略大于自重产生的竖向弯矩；当索力竖向分力为恒载的 0.36 倍时，主梁在预应力作用下的竖向弯矩与自重产生的竖向弯矩基本一致，此时的状态即可认为是斜拉索索力和体内预应力配束的最优状态，也即部分斜拉桥的合理成桥状态。

2）确定合理成桥状态的步骤

通过前述分析，区别于普通斜拉桥合理成桥状态的过程，部分斜拉桥根据其特点，可在 6.2.2 中介绍的确定预应力混凝土斜拉桥合理成桥状态方法基础下，经过适当调整，来确定部分斜拉桥的合理成桥状态，其主要过程可以总结为以下四个步骤：

步骤 1：依据拟定的结构尺寸和总体布置方案，在按 6.2.2 中介绍的方法初定成桥状态时，可按主梁和二期恒载总重的 0.3 ~ 0.45 倍确定拉索索力，确定拉索索力时，近塔处和远塔处的索力略大于平均索力，中间的索力略小于平均索力。该过程能得到一个索力均匀的成桥状态，这种状态并不是最终目标，而是进行合理成桥状态调索的基础。

步骤 2：以步骤 1 的成桥状态为基础对恒、活载进行计算，按照 6.2.2 中介绍的方法估算配置箱梁预应力钢束数量，以普通梁桥的配束方式布置钢束。

步骤 3：以斜拉索和预应力作用下主梁竖向弯矩和恒载作用主梁竖向弯矩相平衡为原则调整预应力布置和斜拉索索力。索力分布尽量均匀，考虑经济性因素，在主梁弯矩可行域范围内多调整体内预应力钢束。

步骤 4：在体内预应力和斜拉索索力调整到位后，进行施工过程正装计算及营运阶段的荷载组合结构检算，保证结构构件在标准值组合作用下压应力和短期效应组合作用下拉应力均满足规范要求。不满足规范要求时，则需转入步骤 3 调整体内预应力钢束和斜拉索索力。如果出现基本数据（如梁、塔、索的基本尺寸，材料参数等）的修改，则需转入步骤 1 重新进行计算。

通过上述步骤的反复迭代计算，即可确定部分斜拉桥的合理成桥状态。

需要指出的是，上述介绍的确定斜拉桥和部分斜拉桥合理成桥状态的方法和步骤仅是方法之一，设计人员完全可以根据拟定的成桥状态目标，采取其他一种或几种方法来确定斜拉桥和部分斜拉桥合理成桥状态。

6.3　施工过程仿真分析与施工过程状态确定方法

梁式结构的桥梁，一般在设计时就对桥梁的施工方法和结构的形成过程做了规定，成桥状态的内力和线形是依据结构形成内力的过程和体系转换的过程自然确定的。所以，梁式结构桥梁的施工状态在设计之初就作为设计条件而被指定，成桥状态的内力和线形也是明确的。

斜拉桥在结构形成过程中体系转换频繁，设计对成桥状态的内力和线形有特殊要求，设计不仅要考虑到施工的可行性，预先确定各施工阶段的高程和索力以及结构构件的内力，满足施工过程结构安全，还要保证实际成桥时斜拉桥各构件的内力和线形与设计要求基本一致。因此，斜拉桥成桥的内力和线形是由设计者指定的，斜拉桥施工至成桥自动满足设计要求的中间施工状态即为斜拉桥施工状态。目前,斜拉桥的设计方法,都是首先采用索力优化方法确定合理的成桥状态,该状态主要包括成桥高程(线形)及构件内力(应力),然后再通过合适、可行的施工方法来实现这种合理成桥状态。由于斜拉桥是高次超静定结构,其内力与安装方法有关,因此,在得到合理的成桥状态后,如何在拟定的施工步骤下,确定施工阶段拉索的张拉力和主梁节段高程便成了问题的关键。

确定斜拉桥施工中间过程结构状态,目前普遍采用的是倒拆分析法。倒拆分析法是以设计规定的成桥目标状态作为计算的起点,通过拆除支座、荷载、单元等模拟计算,对结构进行虚拟倒拆并逐阶段分析,以确定桥梁施工安装各个阶段结构内力和位移状态。倒拆分析时需要注意以下两个问题:

(1)拆除的结构构件处于零应力状态。倒拆计算在构件单元拆除前需卸除单元荷载,保证结构构件的单元在零应力状态下钝化。

(2)支撑单元零反力拆除。倒拆计算中,支撑单元钝化前需保证其反力为零。

由于倒拆分析中无法考虑与时效有关的混凝土收缩、徐变效应,倒拆计算完成后,依据倒拆计算确定的各个阶段构件单元的安装高程和拉索索力再进行正装计算时,倒拆计算和正装计算会不闭合。为了改进倒拆计算中的这一问题,通常采用倒拆—正装迭代法,这一方法的基本原理是在首轮倒拆中不考虑混凝土的收缩、徐变和结构的几何非线性,根据首轮倒拆结果进行正装计算,正装分析中考虑混凝土的收缩、徐变和结构几何非线性的影响,第二轮倒拆分析时相应阶段的收缩、徐变以上一轮正装计算的收缩、徐变值进行扣减,如此反复迭代,直至倒拆分析结果与正装分析结果完全闭合。该方法仍然只能近似考虑混凝土的收缩、徐变效应和结构的几何非线性效应,另外,斜拉桥的倒拆计算是一个烦琐的过程,倒拆分析以结构的内力状态和结构的位移作为变量累加而建立起斜拉桥成桥目标状态与斜拉桥中间施工状态之间的联系,若施工过程中某一个工序有调整,则全部的倒拆和正装计算必须重新迭代计算至闭合。

近年来,国内大跨径斜拉桥的发展迅猛,计算方法及手段逐步完善。根据斜拉桥设计与施工高度耦合且结构为高次超静定对成桥目标的影响因素多的特点,一些学者提出了斜拉桥安装计算中的无应力状态法。无应力状态法就是在确定斜拉桥施工中间过程状态时,通过正装计算施工过程中斜拉索的无应力长度作为控制量来确定斜拉索张拉到位的索力值。

6.3.1 无应力状态法确定施工状态

要确定满足最终成桥状态要求的桥梁中间施工过程状态,最主要的工作就是确定斜拉桥施工过程中的拉索索力。无应力状态法利用结构单元无应力长度和无应力曲率两个控制量,求解斜拉桥正装计算中满足成桥目标状态要求的中间施工过程斜拉索到位索力的张拉值,斜拉索的到位张拉是指斜拉索在此阶段调整后,后续施工阶段不再对此根斜拉索进行主动索力调整。采用无应力法,可按以下方法和步骤确定部分斜拉桥施工过程状态:

(1)计算设计指定的成桥目标状态各斜拉索的无应力长度。

(2)根据桥梁结构的实际施工过程,对结构进行分阶段的正装计算。主梁安装计算过程中,根据结构应力状态的要求,每根斜拉索可多次张拉,唯最后一次张拉时需要将该索的无应力长度通过张拉调整至成桥目标状态的无应力长度。对于特定的状态,斜拉索无应力长度差的调整必然唯一地对应一个斜拉索索力的变化。

(3)主梁节段安装高程根据结构的线形要求设定,但计算中需满足弹性曲线的连续条件,特别在主梁合龙时,弹性曲线不能折角。弹性曲线的连续性,可在合龙前通过调索来实现。

(4)只要结构施工安装完成时的弹性曲线连续,且各斜拉索的无应力长度与设计指定的成桥目标状态斜拉索的无应力长度相一致,则结构的内力和线形自动满足设计要求。

(5)正装计算过程中,当有支座需要安装时,支座的安装位置必须与成桥目标状态的支座位置相一致。

上述无应力状态法计算设计指定的成桥目标状态时,通常采用一次落架的方式,即不考虑施工过程,所有的构件单元在时间轴的同一个点激活,这种合理成桥状态没有考虑混凝土的收缩、徐变效应,以该合理成桥状态下的无应力索长带入施工过程正装计算法中得不到确定的目标成桥状态。为了解决这一问题,采用与倒拆—正装迭代计算中相同的迭代计算方法来调整:

(1)以成桥目标状态的斜拉索无应力长度作为控制量对斜拉桥施工安装形成过程进行正装计算。

(2)第一次正装计算中考虑混凝土的收缩、徐变影响,得到的成桥状态与目标成桥状态的内力和位移都有差异,以第一次正装计算的成桥状态为基础全面调索,以达到目标成桥状态,调索完成后重新计算成桥状态斜拉索的无应力长度。

(3)以调整后的斜拉索无应力长度作为新的控制量对斜拉桥的施工安装过程进行第二轮正装计算。

(4)重复步骤(2)的迭代过程,直到斜拉桥的实际安装过程得到成桥状态的结构内力收敛于目标成桥状态的结构内力。需注意的是,结构位移将偏离目标成桥状态的结构位移,偏离程度取决于斜拉桥施工过程中收缩、徐变计算值的大小。混凝土主梁挠度的偏离,可通过斜拉桥施工时设置的预拱度来调整。

(5)采用预拱度调整线形时,可不必完全追求主梁合龙时的弹性曲线连续。

6.3.2 无应力状态法在程序中的实现方法

相较于普通的桥梁结构正装计算分析程序,在增加斜拉索无应力长度计算和把斜拉索的无应力长度调整量转换为斜拉索索力调整量后,普通计算分析程序就变成了一个无应力状态控制法安装计算程序。

应用无应力状态法计算斜拉桥的施工安装过程时,还需要注意以下两个方面:

(1)钝化单元激活时新节点的位置为前续单元线形完成后的切线位置。

(2)几何非线性分析时的安装线形迭代。

悬臂施工的斜拉桥主梁结构在设计、制造和安装的不同阶段有几种不同的线形概念。成桥线形是指桥梁修筑完成后所需要达到的设计线形,也即目标线形;制造线形是主梁在制造过程中零应力状态下的线形;安装线形是主梁梁段在拼装过程中各新安装梁段自由端连接成的线形。

斜拉桥主梁悬臂施工的关键就是选择合适的制造及安装线形,使得成桥时桥面最终达到设计成桥线形。线形分析时将设计成桥线形叠加后成桥位移反号就可以得到安装线形,即预拱度概念;成桥线形与结构的初始安装位置相关,不同的安装线形会导致不同的成桥线形,反之,成桥线形不同则安装线形也不相同。进行几何非线性分析时,安装线形是不能由一次计算得到的,必须经过迭代计算。

采用无应力状态法完成施工过程仿真分析,可以实现合理成桥状态与施工状态的真正耦合,使得设计者能够有效保证施工过程可控,进而实现预想的成桥目标。

6.3.3 部分斜拉桥施工过程仿真分析与施工状态确定

部分斜拉桥的施工兼具有梁桥和普通斜拉桥的特点,部分斜拉桥主梁悬臂浇筑施工一般采用后支点挂篮,无索区段的悬臂施工与普通变截面连续梁桥一样,有索区段的悬臂施工在普通悬臂浇筑梁桥施工的基础上增加了斜拉索张拉的过程,这主要是因为部分斜拉桥的主梁刚度大,施工中的荷载基本可由主梁直接承担,而普通斜拉桥的主梁刚度小,施工中需要拉索将竖向荷载传递至索塔及基础。

部分斜拉桥在桥轴线上的索面布置不同于普通斜拉桥,现代的普通斜拉桥基本为密索体系,而部分斜拉桥的斜拉索可以当作大偏心的体外索看待。普通斜拉桥在进行索塔根部梁段悬臂施工时,为避免斜拉索张拉造成主梁底缘的拉应力过大,一般需根据主梁的应力状况控制其张拉力,待形成大悬臂或至成桥状态再补张至目标索力;而部分斜拉桥由于主梁刚度较大、索塔根部无索区段较长,一般可以在施工阶段直接使用目标成桥状态的无应力索长,后期施工中及成桥后不需要再进行索力调整。

部分斜拉桥主梁刚度大,主梁主要承担结构自重和外荷载作用,拉索承担的竖向荷载有限,部分斜拉桥合理成桥状态调索的目标为拉索索力和梁体内预应力钢束的最优配置,因此索力可以在一定范围进行灵活调整,在确定部分斜拉桥施工过程状态时可充分利用这一特点。在合理成桥状态确定后,以其无应力索长代入进行施工过程计算,正装计算至成桥状态,再对此成桥状态和目标成桥状态的内力进行比较,重新调整索力和主梁体内预应力,并以此成桥状态的无应力索长代入施工阶段重新进行计算,直至正装计算的成桥状态的内力与目标成桥状态的内力基本一致。对部分斜拉桥而言,这种迭代一般只需要进行 2 ~ 3 次即可以得到相应的施工过程状态。

下面以三官汉江公路大桥为例,说明部分斜拉桥施工过程状态的确定过程。三官汉江公路大桥在一次成桥初步确定合理成桥状态后,根据初步确定的斜拉索无应力索长代入进行正装计算,施工阶段各斜拉索的初张力与最终合理成桥状态斜拉索的索力比较如图 6.3-1 所示。

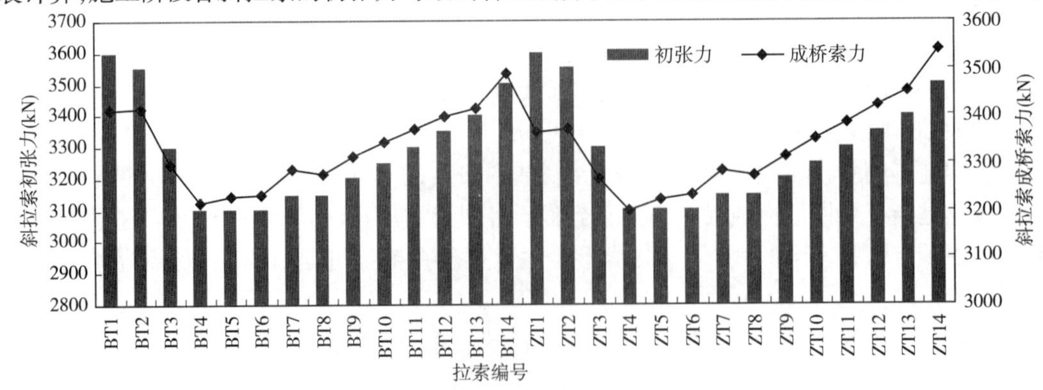

图 6.3-1 斜拉索初张力与成桥索力比较图

注:BT-边跨塔侧始;ZT-中跨塔侧始。

比较分析表明,斜拉索各根拉索的初张力和最终成桥索力相差很小。边跨塔侧的第一根拉索初张力为3601kN,最终的成桥索力为3412kN,拉索索力减小189kN,索力减小值占最终成桥索力值的5.5%,此根为边跨拉索索力变化最大者;中跨塔侧的第一根拉索初张力为3601kN,最终的成桥索力为3365kN,拉索索力减小236kN,索力减小值占最终成桥索力值的7.0%,此根为中跨拉索索力变化最大者,其他位置的拉索初张力相较于成桥索力有增有减,但总体变化很小。综上,部分斜拉桥的施工过程中间状态完全可以利用目标成桥状态的无应力索长进行正装计算,得到的施工中间状态即为相应的施工过程状态。

6.4 局部构造精细化分析

6.4.1 局部构造精细化分析的目的及方法

桥梁结构的整体力学性能可以通过空间杆系理论进行分析并掌握,而诸如主梁塔—墩—梁固结区、索梁锚固区及索塔鞍座区的局部传力路径及构件对力的分配,需要通过局部构造的精细化分析来得到定量的计算结论,在计算分析的基础上对局部构造细节进行设计及优化。

当使用有限元法对局部构造进行精细化分析时,分析过程的有效性和计算结果的可靠性成为有限元方法最核心的问题。这其中涉及合理的有限元模型的建立,恰当的分析和计算方法的选择,以及对计算结果的正确解释和运用三个方面。在模型的建立和分析过程中,需特别重视如下两点:

(1)圣维南原理的应用

圣维南原理是弹性力学的基础性原理,其内容是:分布于弹性体上一小块面积(或体积)内的荷载所引起的物体中的应力,在离荷载作用区稍远的地方,基本上只与荷载的合力和合力矩有关;荷载的具体分布只影响荷载作用区附近的应力分布。还有一种等价的提法:如果作用在弹性体一小块面积(或体积)上的荷载的合力和合力矩都等于零,则在远离荷载作用区的地方,应力就小得几乎等于零。运用上述原理,可以从整体分析模型中选取合理范围的应力复杂区域进行结构精细化分析,而不至于由于模型范围(规模)的选择失误导致分析结果失真。

(2)有限元分析成果的后处理

通过板壳分析及实体分析可以得到钢结构及混凝土结构的应力,通过应力点积分可以得到指定断面的内力。对于钢结构而言,在合适的荷载组合作用下,得到的应力值可以直接应用以指导设计;对混凝土结构而言,仅有应力值往往不能直接与既有桥梁规范相对应。一般而言,对于混凝土结构有两种处理方式:其一为采用应力点积分得到断面的内力,再由此内力去进行混凝土结构的钢筋设计,但是此种方法成立的前提是提取内力的断面可以满足梁理论或者深梁理论;其二为根据计算得到的名义应力情况对结构的状态直接进行分析,即所谓的“名义拉应力法”。

有限元模型的建立,是对实际力学或物理问题进行有限元分析的首要步骤,它的合理与否对分析的有效性和可靠性有全局性的影响。有限元建模中最主要的是单元类型和形状的选择,以及网格的安排和布置。有限元分析结果的运用,需要认识到基于最小位能原理的位移元应力结果的性质和特点,只有在此基础上,才能建立起合理的应力结果的运用和改善方法。

6.4.2 塔—墩—梁固结区精细化分析

部分斜拉桥通常采用塔梁墩固结形式。塔墩梁固结区构造复杂,也是上构荷载顺利传递至桥墩的关键受力部位,受力情况也复杂,需要对其进行精细化分析,为结构构造尺寸提供技术支撑,同时也为局部构造优化提供依据,局部精细化计算分析需要解决以下几个问题:

(1)塔柱轴向力通过主梁0号块传递至桥墩(特别是双薄壁墩)的传力途径,对双薄壁墩而言,主梁0号块一般设置对应双薄壁墩的双隔板构造,而索塔位于双隔板构造的中间,索塔轴向力需要通过主梁双隔板构造传递至双薄壁墩,这一传力过程复杂,需要通过局部精细化分析确定局部构造尺寸。

(2)主梁在塔墩梁固结区范围处于负弯矩区域范围,同时也是支点所处位置,空间杆系有限元分析表明,该位置出现显著的应力峰值,说明空间杆系程序计算结果不足以指导设计,需要进行局部精细化分析,揭示总体静力计算不能反映的受力问题。

(3)塔—墩—梁固结区是索塔内力传递至桥墩、主梁内力传递至桥墩的关键受力部位,关系全桥的安全,总体静力计算所采用的空间杆系程序只是一个单梁模型,不能反映其横桥向的受力状况,需要建立局部空间有限元模型来计算横桥向受力的情况。

在采用有限元分析塔—墩—梁固结区时,依照以下三个步骤进行精细化分析:

(1)在全桥总体静力计算模型的基础上,建立真实模拟塔墩梁固结区构造及受力特性的三维空间节段模型,节段模型应根据圣维南原理选取一定长度,以避开边界条件对塔墩梁固结区受力产生的影响。模型完成后需对几何模型进行网格划分,网格划分应规则,应避免单元畸异造成有限元分析结果的失真。

(2)根据实际受力情况,准确选取梁端、塔端和桥墩端的边界条件。根据总体静力计算的结果,提取对应截面的内力,作为边界条件施加至局部精细化分析模型中。

(3)对局部计算模型进行加载。0号主梁的纵向、横向及竖向预应力可以通过线单元的降温实现;桥面的车辆荷载可以按照轮载的实际位置作为面荷载施加。当加载的过程需要模拟实际施工过程时,需借助有限单元的“生死”,按照实际施工荷载定义荷载步,并对应完成有限单元的应力叠加(相当于荷载组合)。

有限元计算分析完成后,一个重要的工作就是对计算结果的分析与判断,此时需结合有限元分析成果的后处理的方法,准确判断结构的工作状态。

下面以三官汉江公路大桥塔墩梁固结区的精细化分析为例加以说明。模型选取0号节段~4号节段共31.0m范围进行实体模型分析。如图6.4-1所示为武汉三官汉江公路大桥塔—墩—梁固结区的有限元模型。

有限元分析结果表明,短期荷载效应组合下,固结区域整体未出现大面积较大拉应力或压应力区域,最大拉应力在0.5~1.5MPa,最大压应力在8.0MPa左右。由于本桥箱梁相对较宽,箱梁顶板翼缘宽度较大,施工期间主梁存在一定的剪力滞效应。总体而言,塔—墩、梁—墩之间传力平顺,未出现明显的应力集中等受力不合理区域,局部构造合理,塔—墩—梁构造设计安全。

图 6.4-1　三官汉江公路大桥塔—墩—梁固结区有限元模型

6.4.3　索—塔锚固鞍座区精细化分析

塔顶索鞍区是部分斜拉桥的一个特殊构造，其基本功能是让拉索以不间断的方式连续通过索塔，并通过锚固的方式使拉索锁定，将斜拉索的作用力传至索塔及基础。索塔锚固鞍座区局部构造及其受力复杂，索塔两侧的拉索索力基本一致时，鞍座区主要受局部压力作用，当索塔两侧索力在活载作用下出现不平衡水平分力时，鞍座区还需要承受纵桥向的剪力作用，需要对其进行精细化分析，为结构构造尺寸提供技术支撑，同时也为局部构造优化提供依据。局部精细化计算分析需要解决以下几个问题：

（1）分析鞍座区在不同荷载组合对应索力作用下的受力状况，评价其安全性。

（2）通过索塔结构有限元分析，进一步掌握索塔锚索区混凝土的局部受力特点、内部劈裂应力的量值及分布规律。

（3）重点分析分丝管下部及出口段混凝土内部应力分布情况；验证主塔结构在设计荷载作用下受力的合理性及安全性。

索—塔锚固鞍座区建模时考虑到节段结构和荷载的对称性，为减少单元数目和计算时间，可取节段模型的 1/2 进行分析，建立包含左右索塔交汇点的索塔节段的有限元模型，模型中不具体考虑分丝管的局部特征。有限元单元离散模型如图 6.4-2 所示。

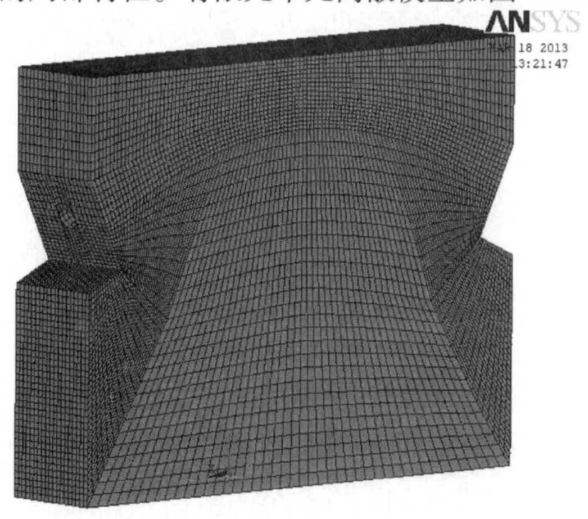

图 6.4-2　索—塔锚固鞍座区有限元分析模型

有限元分析结果表明,在考虑分丝管附近的混凝土时,最大拉应力主要集中在混凝土与分丝管接触的尖角处,较大拉应力则处在靠近分丝管的上半部分,受力比较均匀;分丝管下半部分附近混凝土则拉应力较小或者受压,拉应力以横向应力为主,大小为 0.46 ~ 3.0MPa,压应力以竖向应力为主,大小为 3.46 ~ 8.48MPa,均在 C50 混凝土抗拉强度和抗拉强度的安全范围内。因此,分丝管附近混凝土的受力情况不会影响到结构安全,索鞍区结构安全可靠。

第7章　部分斜拉桥设计实例

本章主要结合工程实例介绍预应力混凝土部分斜拉桥的设计，其基本的设计方法、内容和步骤，其他类型的部分斜拉桥可以参考。设计实例为武汉三官汉江公路大桥，桥跨布置为(120 + 190 + 120)m，本书介绍的内容包括结构体系、主梁、索塔及基础、斜拉索的设计、整体计算和局部应力分析，以及施工阶段的受力分析。

7.1　工程概况

武汉三官汉江公路大桥桥址位于武汉市外环线和三环线之间，是武汉市知音大道跨越汉江的桥梁。作为城市桥梁，对景观有较高的要求。

7.1.1　主要技术标准

双向六车道城市主干道；

设计宽度：标准桥梁宽度33.5m。

设计荷载基本参数：公路Ⅰ级汽车荷载。

设计风速：使用阶段基本风速，V_{10} = 25.6m/s(重现期100年)；

施工阶段基本风速 V_{10} = 21.5m/s(重现期30年)。

船舶撞击力：主通航孔顺水流方向16MN，横水流方向8MN。

设计洪水频率：1/300。

设计最高通航水位：27.30m(重现期20年的水位，黄海高程系统)。

设计最低通航水位：12.36m(98%保证率，黄海高程系统)。

地震烈度：50年超越概率水平5%：69.7cm/m^2(正常使用极限状态)；

50年超越概率水平2%：108.9cm/m^2(承载能力极限状态)；

特征周期为0.35s，相应的地震基本烈度为Ⅵ度。

通航标准：通航净高不小于10m。

通航净宽：单孔单向不小于85m；单孔双向不小于165m。

7.1.2　气象水文

汉江汛期最大流量为13500m^3/s(1983年10月)，最小流量为182m^3/s(2000年5月)，多年平均流量为1230m^3/s。工程河段的水文特征如表7.1-1所示。

工程河段水文泥沙特性　　表7.1-1

历史最大流量	13500m^3/s	多年平均含砂量	0.64kg/m^3
历年最小流量	182m^3/s	历年最高水位	27.65m(黄海)
多年平均流量	1230m^3/s	历年最低水位	7.99m(黄海)

桥位处枯水期主流表面流速为1.93~2.02m/s，中洪水期主流表面流速为0.80m/s，高洪水期为0.58m/s。

7.1.3 工程地质

本项目路线走廊带主要展布于武汉市西南部，地貌单元多属第四纪冲湖积平原，多相当于长江中游汉江一级或二级阶地，蔡甸起点处相间有少部分的岗地地貌，相当于汉江三级阶地。路线走廊带沿途地形较为平缓，鱼塘及农田广布，汉江两岸均有防洪大堤。地面高程一般在海拔19.6~25.6m，相对高差在9m以内，汉江大堤路面高为30.60m。

本项目地层主要为第四系冲湖积淤泥、淤泥质土、冲积黏性土、砂砾，二元结构明显。下伏基岩为白垩(K)—第三系(E)泥岩、砂砾岩，二叠系(P)灰岩、泥质灰岩、泥岩夹页岩。

7.1.4 总体设计方案

大桥为主跨190m双塔中央索面预应力混凝土部分斜拉桥，桥跨布置为(120+190+120)m，主桥长430m，边、中跨比值为0.632。主桥结构体系为主墩处塔、墩、梁固结，边墩设置竖向活动支座。桥型布置见图7.1-1。

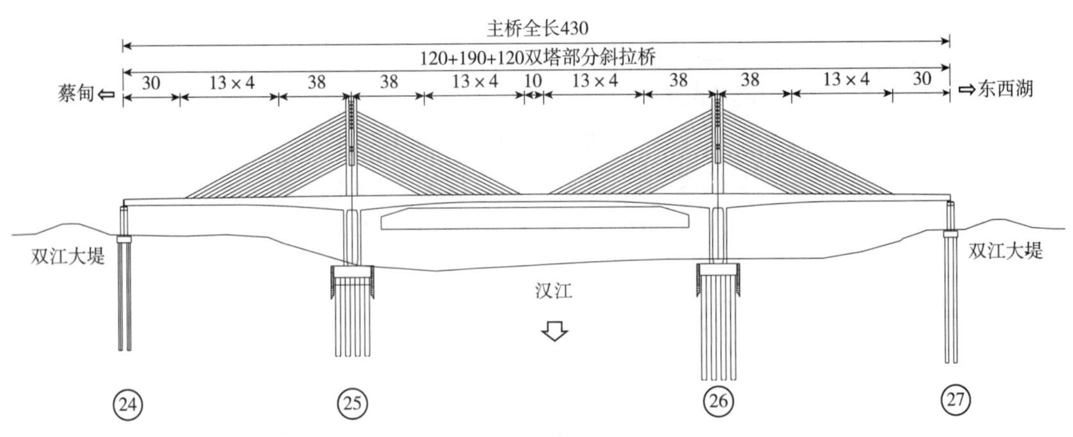

图7.1-1 三官汉江公路大桥桥型布置图(尺寸单位:m)

主桥桥面为双向六车道，桥面宽33.5m(含布索区)，主梁采用预应力混凝土箱梁，主梁根部高度6.5m，跨中高度3.0m，从双薄壁墩起57m范围内主梁高度按1.6次抛物线变化。箱梁顶宽33.5m，悬臂板长8m，底宽17.5m，外腹板和中间腹板均为直腹板。

索塔采用独柱形，总高度为47.0m。塔柱采用实心带圆弧倒角的矩形截面，平面尺寸从2.5m×5.6m渐变为2.9m×5.6m。主墩采用双薄壁圆倒角矩形实体墩，墩高均为27.0m，壁厚1.6m，两薄壁之间净距为5.6m。

拉索采用竖琴式平行中央双索面，横桥向斜拉索双排布置在2.5m宽中间带上，全桥共设置4×14对环氧钢绞线斜拉索。索塔设置索鞍，索鞍采用分丝管形式，两排分丝管横桥向间距为1.0m，竖向间距为1.9m。

7.1.5　总体施工方案

三官大桥两主墩位于河道内，主墩承台采用钢管桩围堰施工。墩身及塔柱为实心截面，采用爬模施工。主梁采用悬臂浇筑法施工，大悬臂宽幅主梁在一定程度上简化了施工挂篮的结构构造。全桥共采用4副后支点挂篮进行对称浇筑，主梁0号块节段在墩顶和墩旁临时支架上立模现浇，边跨端部梁段采用落地支架现浇。主梁先边跨合龙，后中跨合龙。主桥上构悬臂施工状态见图7.1-2。

图7.1-2　主桥上构施工

7.2　设计构思

7.2.1　结构体系选择

部分斜拉桥结构体系主要可选用以下三种形式：

(1)塔梁固结、墩梁分离；梁底设置支座

塔梁固结、墩梁分离体系需要在梁底设置较大吨位的支座，该结构体系更适用于主跨跨径不太大的部分斜拉桥，随着我国大吨位支座制造水平的提高，该体系可以适应更大跨径。它的结构特点是塔根弯矩和索塔两侧索力差较小，结构的整体刚度也较小。

(2)塔墩固结、塔梁分离

塔墩固结、塔梁分离体系适用于主跨跨径相对较大，墩高相对较矮的桥梁，一般用于双索面部分斜拉桥。它的结构特点是桥墩弯矩和索塔两侧索力差较大，结构的整体刚度较第一种体系大。

(3)塔梁墩固结

塔梁墩固结形式适用于跨径相对较大，墩高较高的桥梁，结构整体刚度大，稳定安全性高，结构体系类似于连续刚构。

相对而言，第一种和第三种结构体系在部分斜拉桥中运用得较为广泛。

三官汉江公路大桥桥跨布置为(120+190+120)m，主墩墩高接近30m，以上三种结构体系均是可行的。如采用塔梁固结、墩梁分离体系，主墩支座吨位将达到65000kN，虽然支座的加工制造没有太大的难度，但考虑到运营期支座养护工作量较大，支座更换较困难，因而没有选择该体系。

从桥梁景观的角度考虑，大桥更适宜采用中央索面形式。大桥紧邻武汉市蔡甸区“知音故里”，景观设计主题定位为“知音文化”和“琴文化”为主体的“涛声琴韵”，结构设计宜运用具有古琴特色的设计元素。大桥采用中央索面形式的“琴塔”造型与周边环境可以完美融合，且基本不会占用中央分隔带的宽度，主梁断面的利用效率高，经济性较高。而对于中央索面形式，采用塔梁墩固结体系更为适合。

通过以上分析，三官桥最终采用塔梁墩固结体系，斜拉索采用中央索面。

7.2.2　主梁形式选择

对于大跨径预应力混凝土中央索面部分斜拉桥而言，比较常规的主梁横截面形式主要为单箱三室截面或单箱多室截面，主梁中间的腹板采用直腹板，两侧的腹板采用斜腹板。如图7.2-1所示。

三官桥采用6车道设计标准，主梁全宽达到33.5m。主梁如采用常规单箱三室截面，将主梁翼缘控制在正常悬臂宽度4m左右，中部箱室的宽度会大为增加。主梁如采用单箱多室截面，将增加主梁结构自重，加大主梁悬臂挂篮施工难度，同时景观效果也较差。

经比较，三官桥主梁设计采用大悬臂直腹板单箱三室截面，外侧的两个大箱是主要受力结构，中间的小箱主要用于斜拉索锚固。该截面形式受力明确，挂篮悬臂施工较为便捷，随着主梁结构重量减轻，结构的跨越能力进一步增强。大悬臂翼缘板与横向加劲隔板组合而成，如同均质排列的琴键，突出了"涛声琴韵"的景观设计元素。

图7.2-1　单箱三室与单箱五室箱梁截面

对于大跨径部分斜拉桥而言，大悬臂单箱三室截面箱梁与正常悬臂宽度单箱多室截面箱梁在顺桥向受力上基本一致，但大悬臂截面箱梁在横向受力性能上有其特殊性，特别是顶板结构受力相对较弱。因此，在满足顺桥向整体结构受力的基础上，需首先保证大悬臂截面箱梁横向受力的可靠性。同时，由于悬臂截面箱梁的两侧翼缘总宽度基本占到箱梁全宽的一半，施工及运营期间主梁的剪力滞效应影响也将超过翼缘处于正常宽度范围的主梁。

设计阶段对主梁截面进行了合理优化，通过全面的分析对比，最终采用大悬臂直腹板单箱三室结构，桥面板布设横向加劲隔板来增强主梁横向刚度，通过有限元分析合理确定主梁截面尺寸，并根据主梁剪力滞效应影响范围及箱梁横向应力的分布情况，有针对性地进行预应力及普通钢筋的布置。

该主梁形式的主要优点是：

(1)采用大悬臂直腹板单箱三室截面设计，有效降低了上部结构自重，进一步增强了结构跨越能力。

(2)主梁顶板横向设置通长加劲隔板，有效降低了施工及运营期主梁剪力滞效应，使得主梁顶板横向受力更加均匀，宽幅主梁横向受力性能良好，提高了主梁结构的耐久性。

(3)主梁采用直腹板形式，有利于纵向预应力钢束的布设，主梁结构内力分布更加合理。

(4)增强桥梁景观效果。

主桥效果图如图7.2-2所示。

图7.2-2　三官汉江大桥效果图

7.3 主要构造设计

7.3.1 主梁

主梁为大悬臂直腹板单箱三室变截面预应力混凝土连续梁，采用 C55 混凝土。主梁根部高度 6.5m，高跨比为 1/29.2；主梁跨中高度 3.0m，高跨比为 1/63.3。从主墩起 57m 范围内主梁高度按 1.6 次抛物线变化。

箱梁顶宽 33.5m，底宽 17.5m，悬臂板长 8m，外腹板和中间腹板均为直腹板，厚 50 ~ 110cm；顶板厚度边室 30 ~ 65cm，中室 45 ~ 80cm；底板厚 28 ~ 110cm；边室净宽 6 ~ 6.9m，中室净宽 1.1 ~ 1.7m，斜拉索锚固点布置在箱梁中室内。

主梁除双薄壁墩处及端部支点设横隔板外，每隔 3 ~ 4m 在纵向设置加劲隔板一道，有索区边室横隔板厚度为 35cm，中室横隔板厚度为 45cm，无索区边、中室横隔板厚度均为 35cm。主梁横断面构造如图 7.3-1 所示。

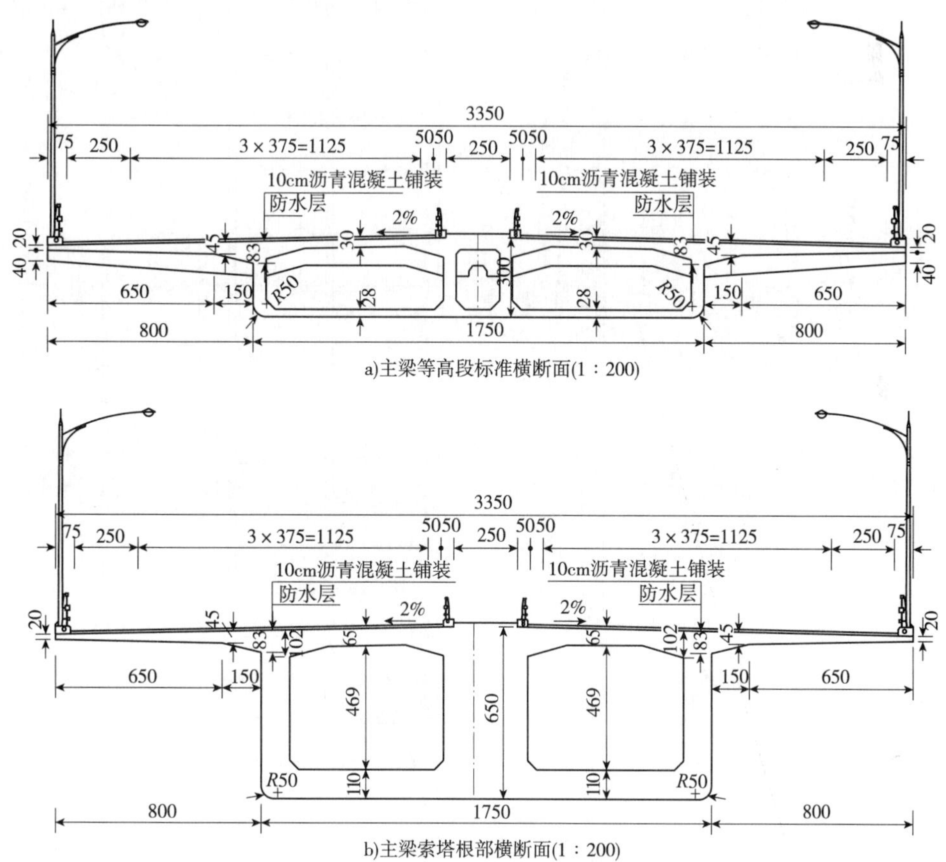

图 7.3-1 三官桥主梁横断面图（尺寸单位：mm）

主梁共划分 29 种节段形式。0 号梁段长 14m，在墩顶和墩旁临时支架上立模现浇；边跨支架现浇梁段长 23.9m；边跨、中跨合龙段长 2m；1 ~ 9 号梁段长 3m，其余梁段长度均为 4m，采用挂篮悬臂浇筑法施工。悬浇节段最大重量为 4290kN。中跨主梁一般构造如图 7.3-2 所示。

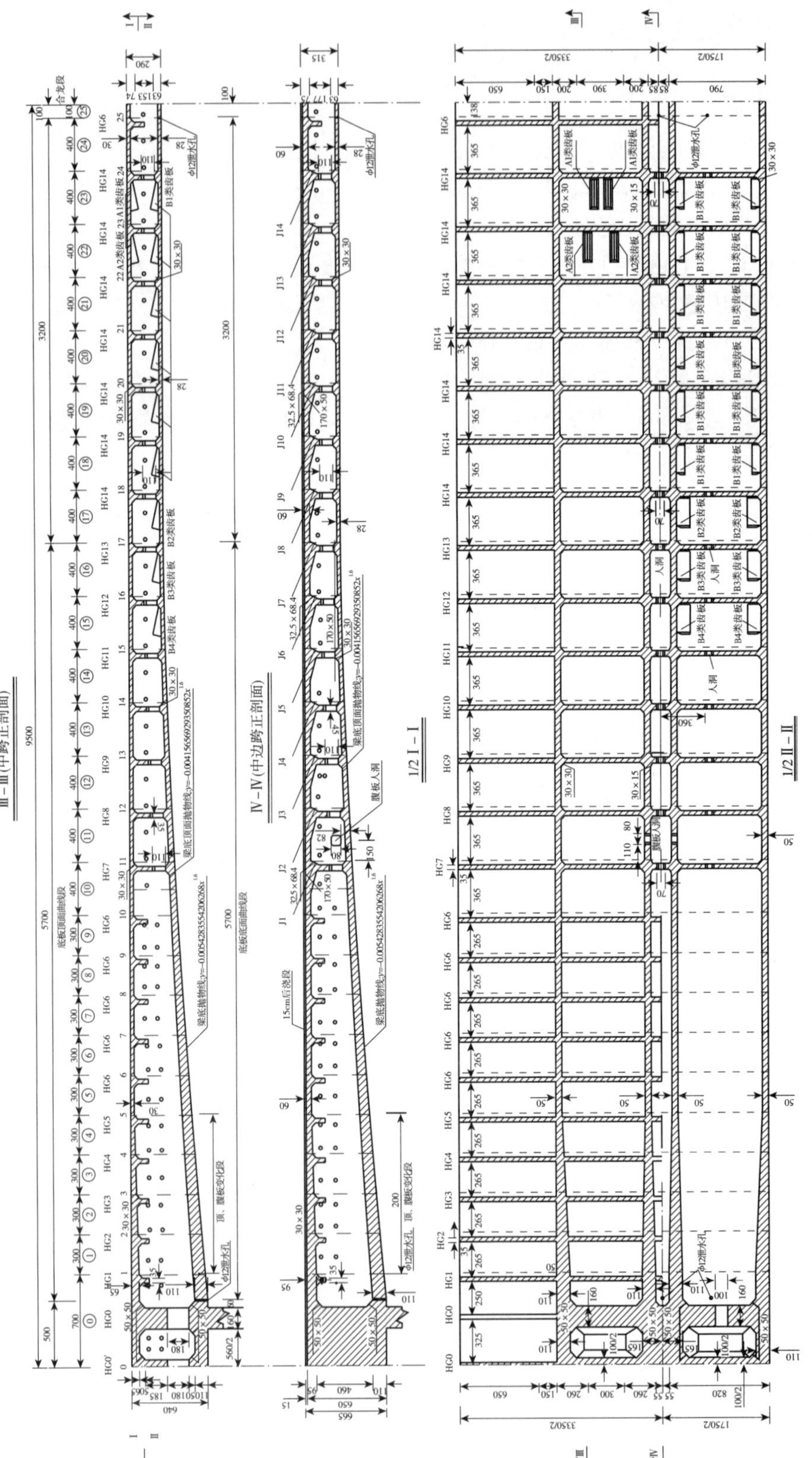

图7.3-2　1/2中跨主梁一般构造图(尺寸单位：mm)

主梁采用三向预应力结构。纵向预应力采用15-7、15-16、15-19、15-22钢绞线，在0~9号节段4个直腹板内设置腹板束；在各悬浇节段的顶板设置一般锚固束和一定的通长束；在边跨和中跨合龙段设置底板连续束和少量顶板连续束。

中跨主梁纵向预应力布置如图7.3-3所示。

主梁横向预应力分别布置在顶板、横向加劲隔板及拉索区横隔板内。顶板内横向预应力钢绞线规格为15-5，水平间距为50cm；横向加劲隔板处横向预应力钢绞线规格为15-5，布置于加劲隔板中心线；拉索区横隔板及端横梁处横向预应力钢绞线规格为15-12。主梁横断面横向预应力布置如图7.3-4所示。

主梁竖向预应力采用直径32mm高强精轧螺纹粗钢筋，布置在4个腹板内，间距50cm。

7.3.2 索塔及基础

1)索塔

为更好地体现"涛声琴韵"这一景观设计主题，索塔采用竖琴式索面，索塔高度有一定程度的"拔高"。本桥索塔高度与主跨之比达到1/4.2，已经远远超出了于正常部分斜拉桥的$L/12\sim L/8$的范围，接近正常双塔斜拉桥索塔的高度。然而通过3.2节中的两个部分斜拉桥界定参数(综合特征参数$\alpha=\dfrac{\sum\limits_i E_{ci}A_{ci}\sin^2\alpha_i/L_{ci}}{(E_gI_g/L_0^3)}=35$，普通部分斜拉桥的$\alpha<50$；索梁活载比$\eta=\dfrac{\sum\limits_i E_{ci}A_{ci}\beta_i\sin^2\alpha_i\cos\alpha_i}{E_gI_g}=0.24$，普通部分斜拉桥的$\eta<0.5$)考察本桥的力学性能，可以发现：虽然本桥索塔塔高与跨径之比较大，但就结构的静力、动力特性而言，本桥仍然属于比较典型的部分斜拉桥。

本桥采用独柱形索塔，索塔布置在中央分隔带上，与主梁固结，突出了塔柱直立挺拔的视觉效果，全桥显得纤巧、轻盈，富有蓬勃向上的朝气。索塔包括有索区、无索区塔柱和塔冠，有索区设有索鞍，以便斜拉索穿过。

索塔位于桥面以上，索塔总高度为47.0m，其中塔冠高3.0m，有索区塔柱高30.5m，无索区塔柱高13.5m。索塔横桥向宽度由塔顶3.9m沿直线渐变至塔根2.5m；顺桥向宽度为5.6m。塔柱采用实心带圆弧倒角矩形截面，平面尺寸从2.5m×5.6m渐变为2.9m×5.6m。为增强索塔的空灵和轻盈感，有索区塔柱在横桥向、顺桥向均设置内嵌槽。索塔采用C50混凝土，索塔一般构造如图7.3-5所示。

索塔内竖向配置HRB335直径为32mm的双筋，水平配置HRB335直径为16mm的箍筋及拉筋。塔柱外壁加设一层$\phi6@10\text{cm}\times10\text{cm}$的带肋钢筋网，以增加混凝土表面抗裂性。为便于施工定位，塔内设置劲性骨架。

2)索鞍分丝管

主桥共设28根斜拉索，斜拉索横桥向两排布置，鞍座亦设置两排。主桥共有56套索鞍分丝管，全部采用捆绑型钢管组焊式分丝管，分丝管型号为31型，索鞍由31根$\phi28\times3$规格的钢管焊接而成，分丝管与抗滑锚均为厂家定型产品，须配套使用，且为同一厂家产品。索鞍两端有50mm厚的钢板及加劲板。两排分丝管横桥向间距为1.0m，竖向间距为1.9m。斜拉索分丝管布置见图7.3-6。

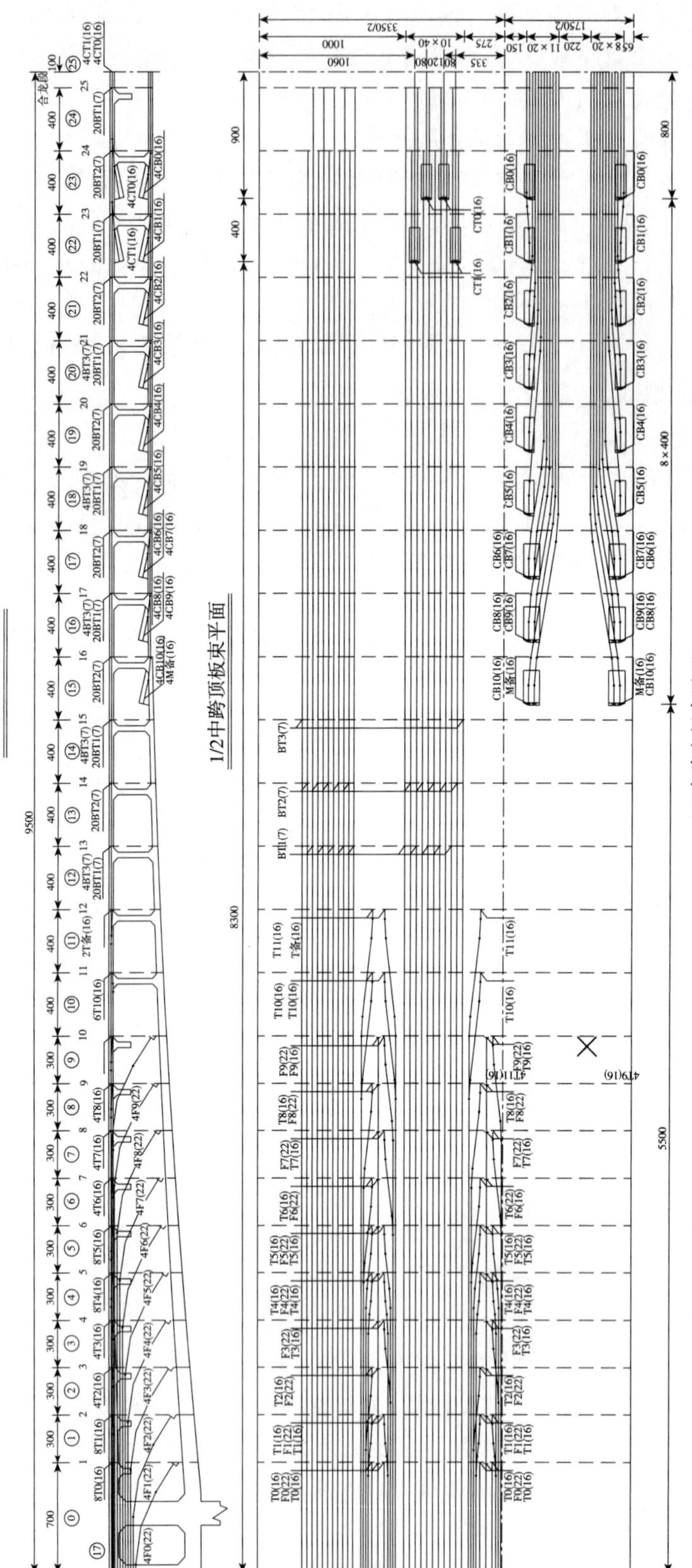

图7.3-3 1/2中跨主梁纵向预应力布置图(尺寸单位:mm)

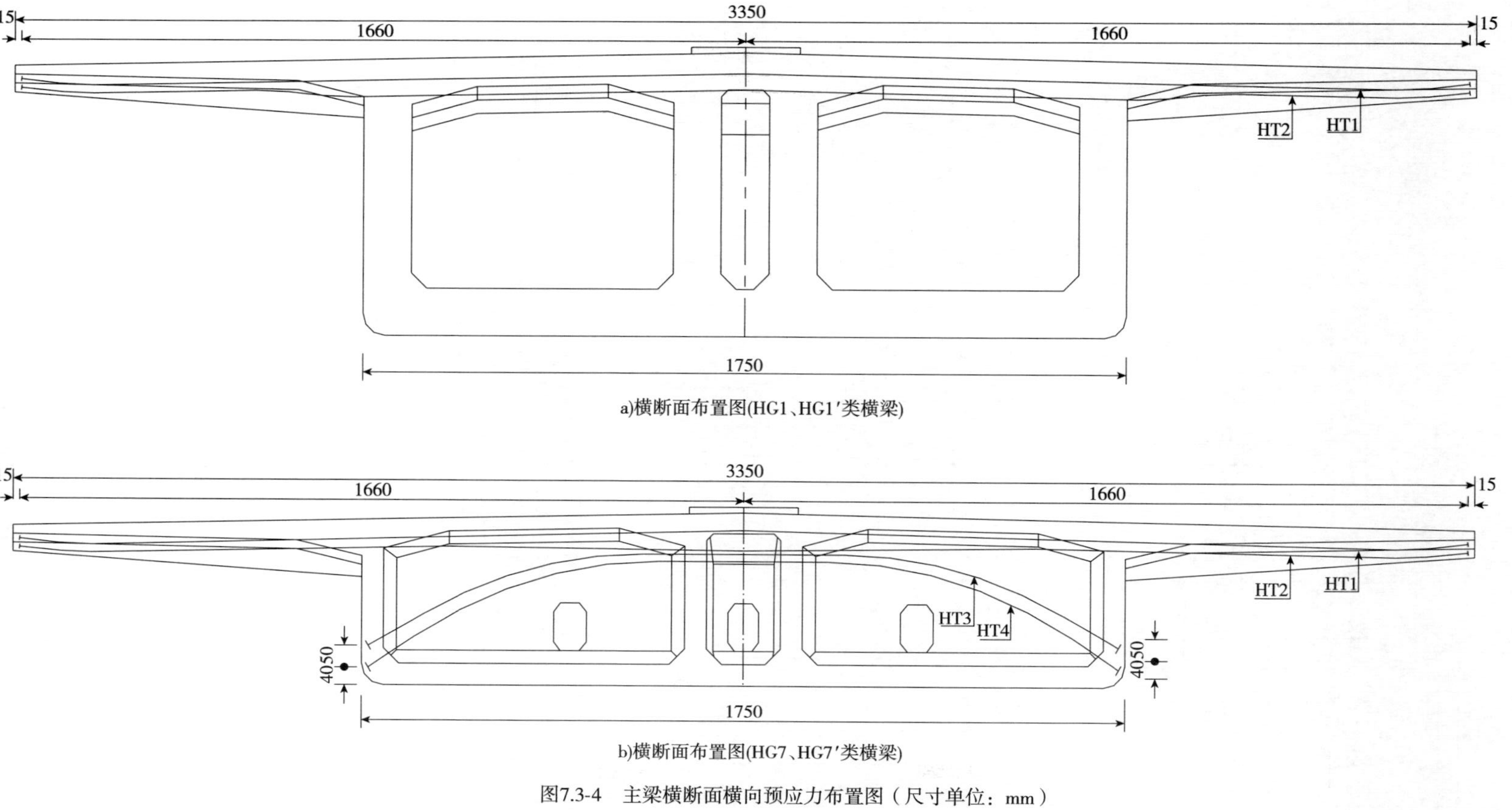

图7.3-4　主梁横断面横向预应力布置图（尺寸单位：mm）

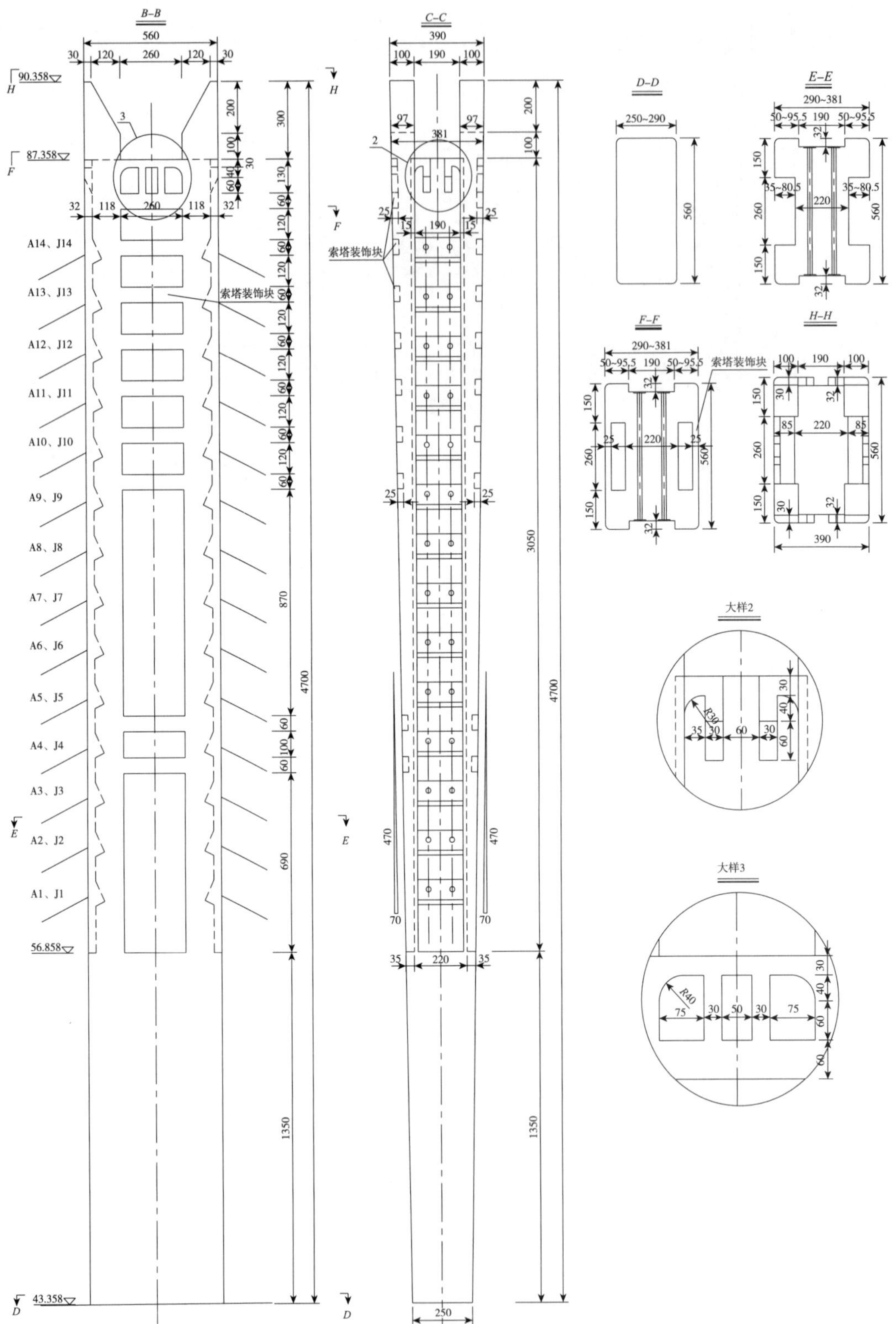

图 7.3-5　索塔一般构造图(尺寸单位:mm)

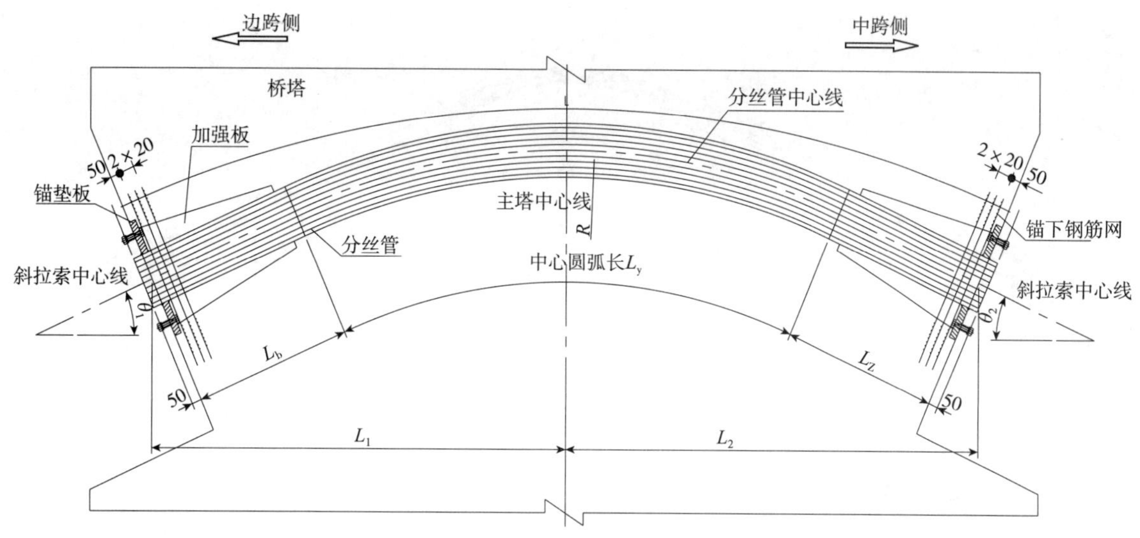

图 7.3-6　斜拉索分丝管布置图(尺寸单位:mm)

3)基础

考虑到双薄壁墩在桥梁横向抗扭能力远远大于单柱式墩,悬臂施工阶段的稳定安全性高,顺桥向结构刚度较大,主墩设置为薄壁墩形式。

主墩采用实体双薄壁圆倒角矩形墩。墩高为 27.0m,壁厚 1.6m,两薄壁墩之间净距为 5.6m,顺桥向总宽为 8.8m。

塔墩基础采用桩基础,蔡甸侧主墩下设 16 根直径 2.5m 的钻孔灌注桩,桩长为 38m。东西湖侧主墩下设 20 根直径 2.0m 的钻孔灌注桩,桩长为 70m。

7.3.3　斜拉索

斜拉索为单索面,双排布置在中央分隔带上,每个塔上设有 28 对 56 根斜拉索,全桥共 112 根。斜拉索在主梁上纵向标准间距 4m,双排横向布置间距 1m,塔上竖向间距 1.9m。斜拉索在塔顶连续通过鞍座,两侧对称锚于主梁。

斜拉索采用单丝涂覆环氧涂层预应力钢绞线,每根拉索由 31 根 ϕ^j15.24mm 单根环氧钢绞线组成,单根钢绞线规格直径为 15.2mm。钢绞线抗拉强度不小于 1860MPa,屈服强度不小于 1580MPa,伸长率不小于 3.5%,弹性模量$(1.95 \pm 0.1) \times 10^5$MPa,松弛率不大于 6%($0.7f_{pk}$,1000h),疲劳应力幅 250MPa(上限应力 $0.45f_{pk}$,200 万次脉部加载)。

设计安全系数取 2.0,斜拉索构造示意如图 7.3-7 所示。

塔身上部设鞍座,以便斜拉索通过。斜拉索横桥向呈两排布置,鞍座亦设两排。鞍座采用分丝管结构形式,斜拉索连续穿过分丝管。在两侧出口处的斜拉索上设有索夹,以防止斜拉索滑动;为与斜拉索通过鞍座相适应,分丝管中段采用圆弧形。

斜拉索采用多重防腐措施,单根环氧钢绞线,外包单层 PE,钢绞线索外包 HDPE 套管。为抗风雨激振,索体外 HDPE 外套管应加入刻纹,采用线状或螺旋形纹路,为保护索体 HDPE,在桥面上 2.5m 范围斜拉索 HDPE 套管外包护 5mm 厚的不锈钢管。

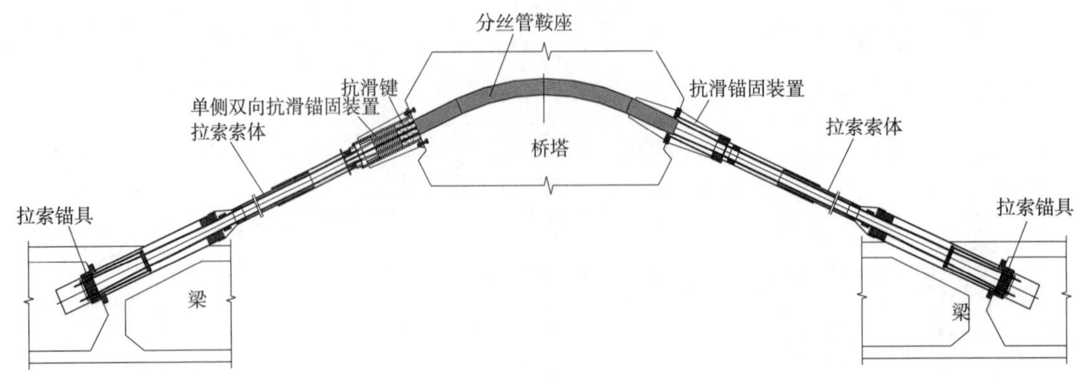

图 7.3-7　斜拉索构造示意图

7.4　总体静力分析

7.4.1　有限元模型

全桥总体静力分析采用 RM2006 空间杆系程序，以理论竖曲线为基准进行结构离散，全桥有限元模型共有空间梁单元 377 个，空间索单元 910 个。如图 7.4-1、图 7.4-2 所示。

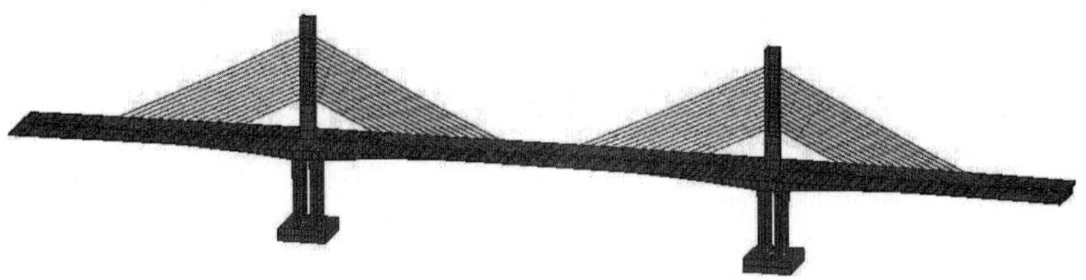

图 7.4-1　全桥空间几何模型

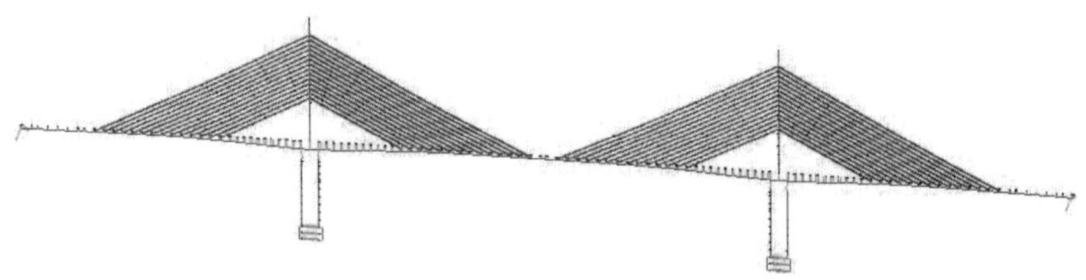

图 7.4-2　全桥有限元离散模型

(1)模型中边界条件采用以下方式处理：

①主梁与主塔固结；主梁与交界墩均为纵向活动、竖向约束。

②墩底采用 6 自由度弹簧单元模拟墩底固结。

(2)设计静力计算对结构非线性因素主要考虑了以下三个方面：

①结构大位移效应。

②主塔和主梁的 P-Δ 效应。

③斜拉索垂度效应。

在全桥有限元模型中对斜拉索的模拟采用了多链杆单元法，将每根斜拉索细分为8个索单元。

7.4.2　合理成桥状态的确定

部分斜拉桥合理成桥状态调索的目标，是实现拉索索力与梁体内预应力钢束的最优配置，也就是实现主梁在拉索索力和体内预应力作用下的竖向弯矩和恒载竖向弯矩平衡，以此为原则确定合理成桥状态。根据本书介绍的方法，三官桥合理成桥状态的确定主要按以下顺序进行：

(1)根据桥跨布置和结构构造尺寸建立空间杆系模型，按照索力的竖向分力为一、二期恒载的35%初定拉索的平均索力，按一次成桥计算成桥状态的内力。

(2)根据一次成桥的内力状态，结合主梁挂篮悬臂施工的特点，配置主梁体内的顶板悬臂浇筑钢束、腹板悬臂浇筑钢束、边跨顶板合龙钢束、边跨底板合龙钢束、中跨顶板合龙钢束和中跨底板合龙钢束。

(3)调整拉索索力和预应力钢束，计算一次成桥状态至目标合理成桥状态。

(4)以合理成桥状态的无应力索长和预应力为基础，细分施工阶段，计入混凝土收缩徐变效应后正装计算至成桥，以此成桥状态为施工过程状态确定的基础。

(5)以按施工阶段正装计算至成桥的内力达到一次成桥合理成桥状态的内力为目标，以调整预应力钢束为主，辅以调整斜拉索无应力索长(即调整拉索索力)，确定施工过程理想状态。

(6)计入几何非线性效应等进行正装计算，最终确定施工过程理想状态和合理成桥状态。

(7)计算活载、温度荷载、风荷载、地震荷载等对结构的效应，按照规范进行荷载组合及结构检算，若满足规范要求且受力合理，则确定的合理成桥状态即为最终的目标成桥状态，若不满足规范要求，则需根据具体情况分析，采取诸如调整结构尺寸、调整预应力配束、调整拉索索力等方式重新确定合理成桥状态。

经历以上过程，最终确定三官汉江公路大桥的合理成桥状态。合理成桥状态下，索、梁的内力及应力分布如图7.4-3所示。

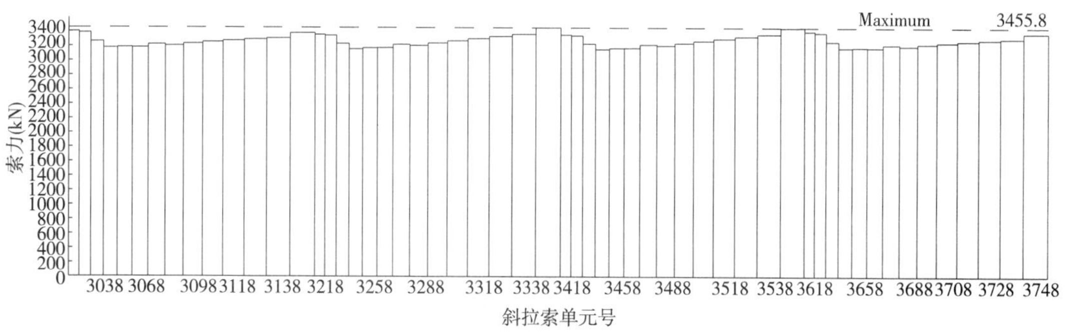

图7.4-3　合理成桥状态拉索索力分布图

合理成桥状态下主梁的弯矩及上、下缘的应力如图7.4-4～图7.4-6所示。

从斜拉索的索力分布及主梁的应力分布可以看出，拉索索力分布均匀，主梁受力合理。

交通活载作用下主梁竖向挠度包络图如图 7.4-7 所示，主梁挠度幅值 $f=0.0863\text{m}$，满足规范对主梁在车道荷载作用下最大竖向挠度不大于 $L/500$ 的要求。活载作用下，主梁及南、北塔的位移包络图如图 7.4-8 所示，索塔最大水平位移为 0.023m。

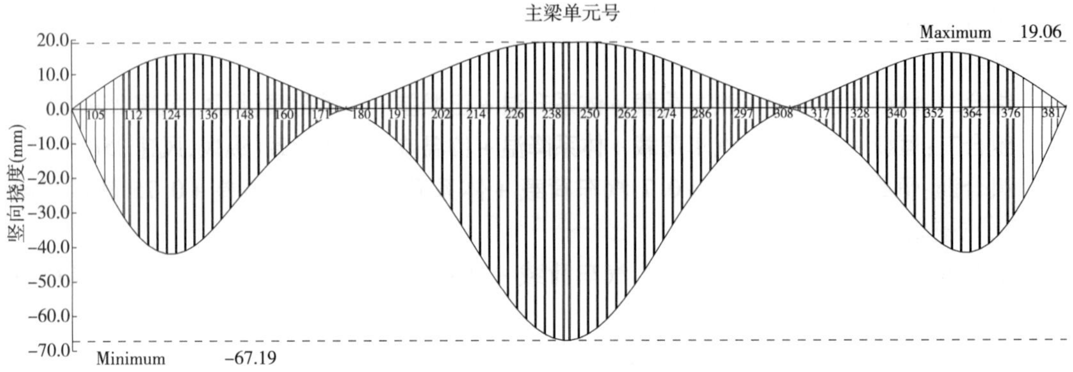

图 7.4-7　交通荷载作用下主梁竖向挠度包络图

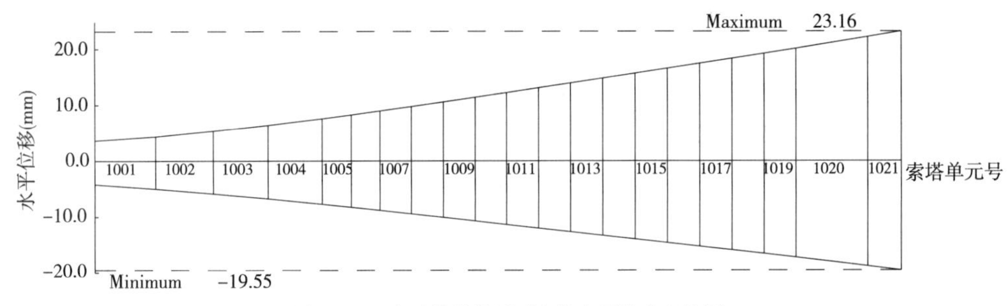

图 7.4-8　交通荷载作用下索塔水平位移包络图

2）主梁内力

主梁在成桥状态弯矩、轴力及剪力图如图 7.4-9 ~ 图 7.4-11 所示。

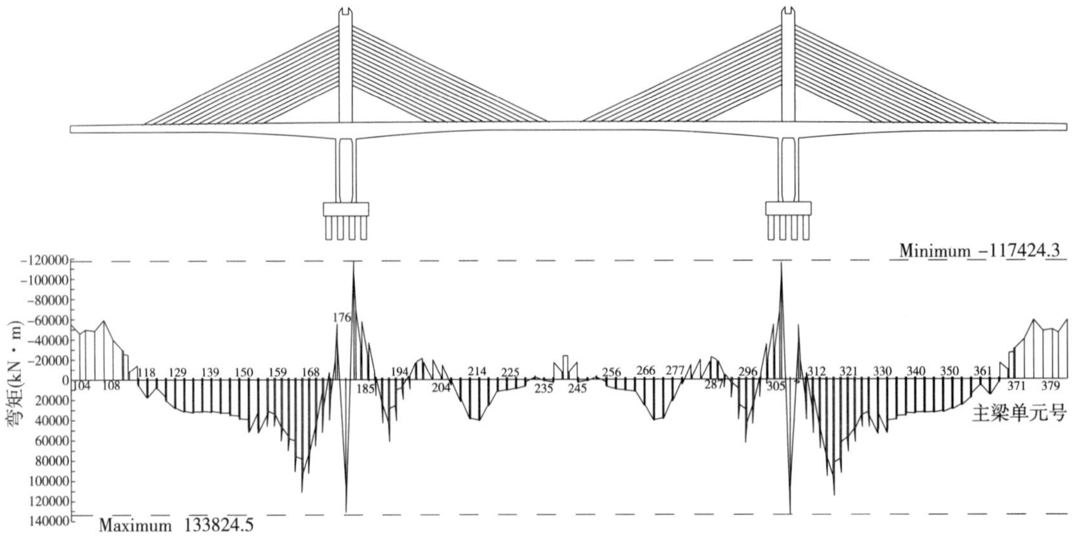

图 7.4-9　成桥状态主梁竖向弯矩图

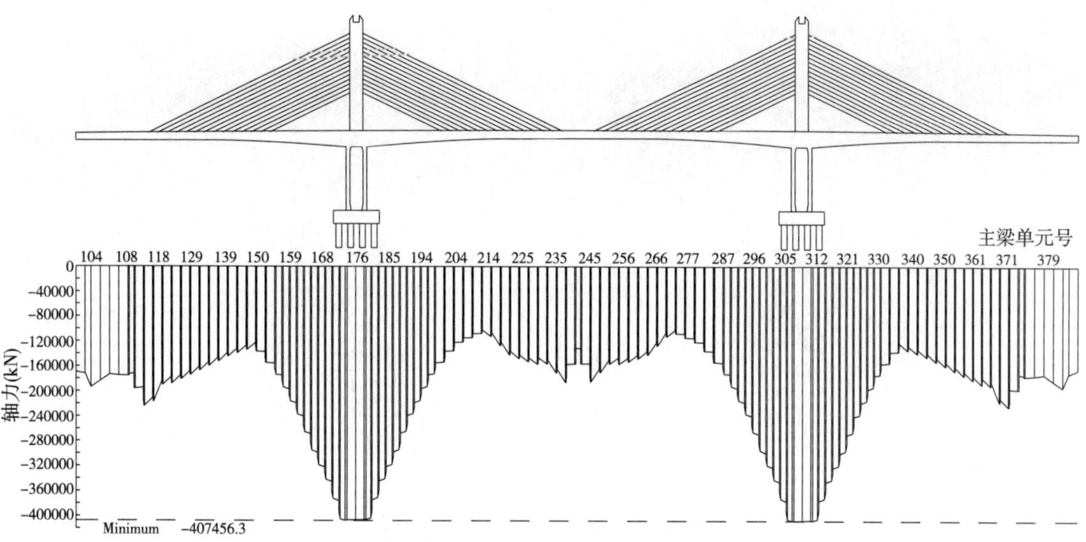

图 7.4-10　成桥状态主梁轴力图

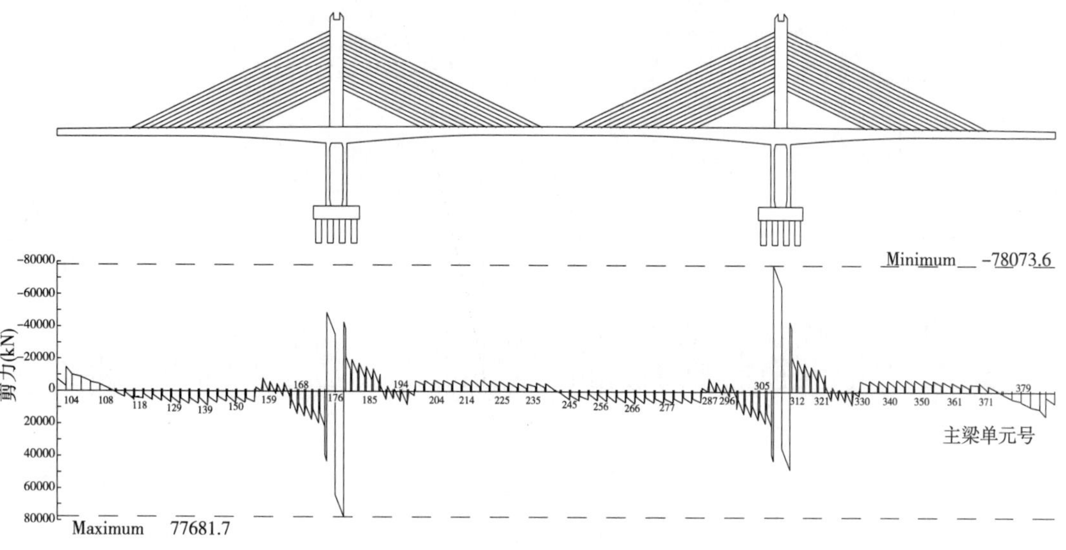

图 7.4-11　成桥状态主梁剪力图

成桥状态主梁最大正弯矩 133825kN · m,最小负弯矩为 -117424kN · m,运营状态主梁最大正弯矩 179194kN · m,最小负弯矩为 -300232kN · m,出现在索塔根部梁段。

成桥状态主梁最大轴力为 -407456kN,运营状态主梁最大轴力为 -414414kN,出现在索塔根部梁段。

成桥状态主梁最大剪力为 77682kN,最小剪力为 -78074kN,运营状态主梁最大剪力为 109789kN,最小剪力为 -99725kN,出现在索塔根部梁段。

3)主梁应力

成桥状态恒载作用下主梁上、下缘应力图如图 7.4-12、图 7.4-13 所示。

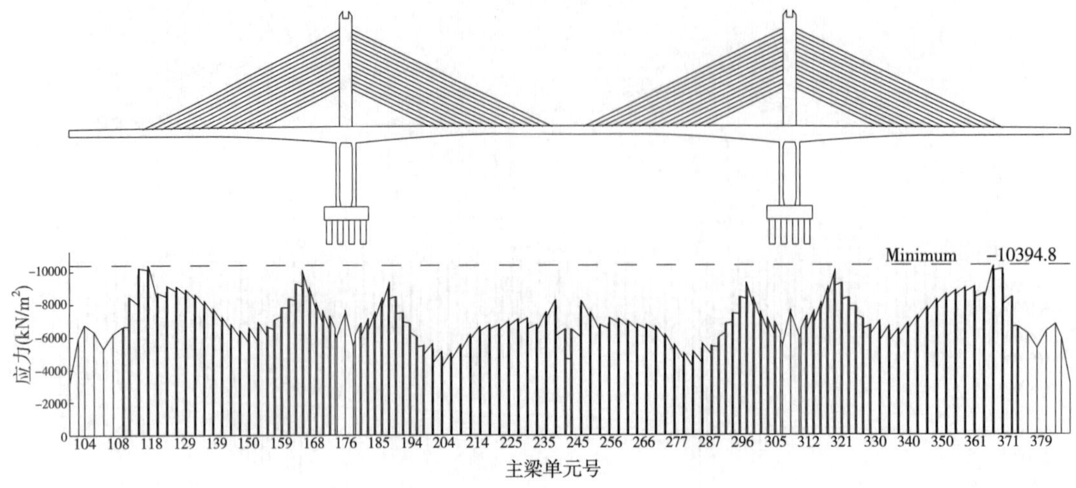

图 7.4-12 成桥状态主梁上缘应力图

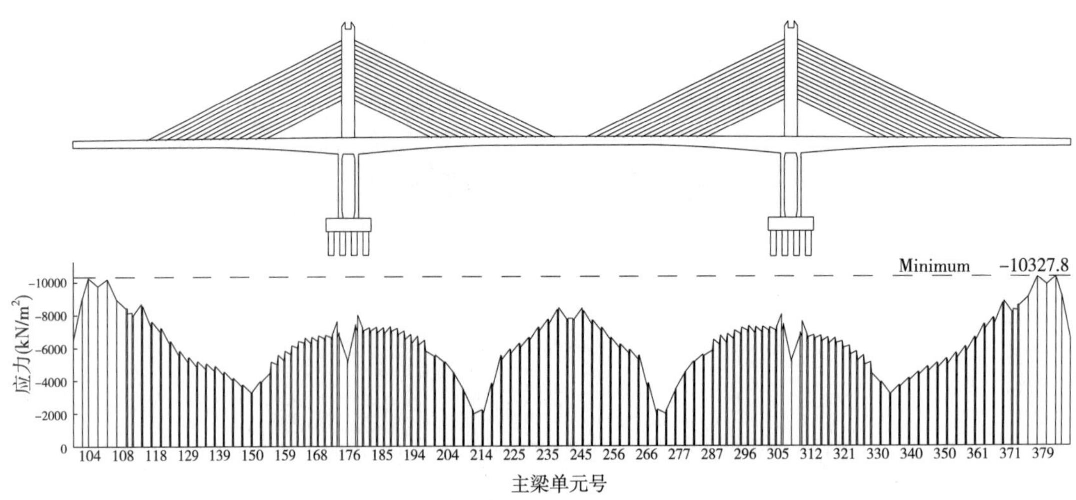

图 7.4-13 成桥状态主梁下缘应力图

成桥阶段,主梁上缘最大压应力 -10.39MPa,下缘最大压应力 -10.33MPa,无拉应力出现。标准值组合作用下,主梁上缘在组合二作用下产生最大压应力为 17.58MPa,主梁下缘在组合三作用下产生最大压应力为 11.02MPa,均满足规范要求。

4)主梁抗裂验算

短期效应组合作用下,主梁的正截面应力包络图如图 7.4-14 ~ 图 7.4-21 所示。

对主梁的正截面抗裂验算表明,主梁在短期效应组合作用下不会出现拉应力,满足规范对正截面抗裂的要求。

短期效应组合作用下,规范规定现场浇注全预应力混凝土构件最大主拉应力不超过 0.4 倍的混凝土抗拉强度标准值,对 C55 混凝土为 1.096MPa。主梁的最大主拉应力为 0.38MPa,满足规范对斜截面抗裂的要求。

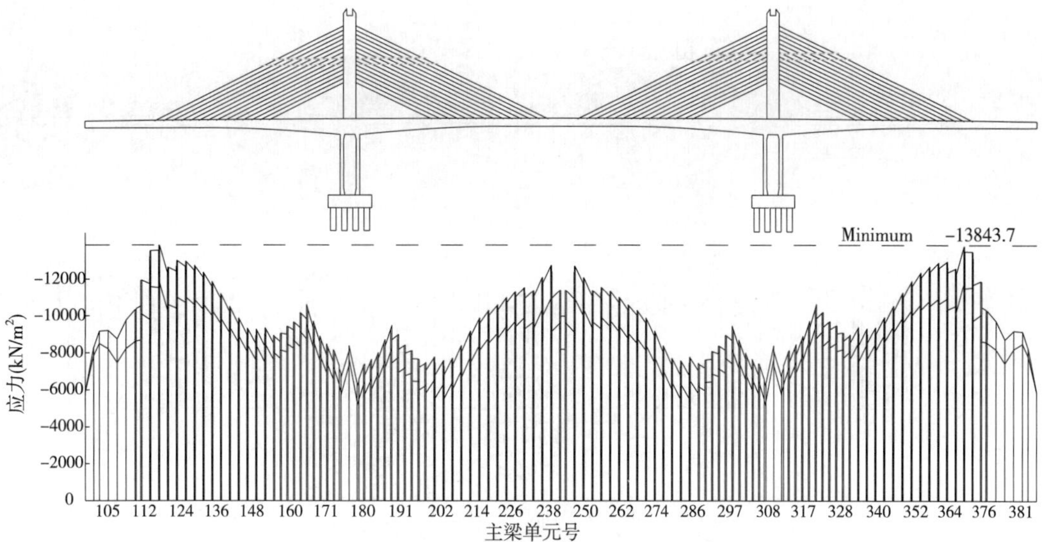

图 7.4-14 组合四作用主梁上缘应力包络图

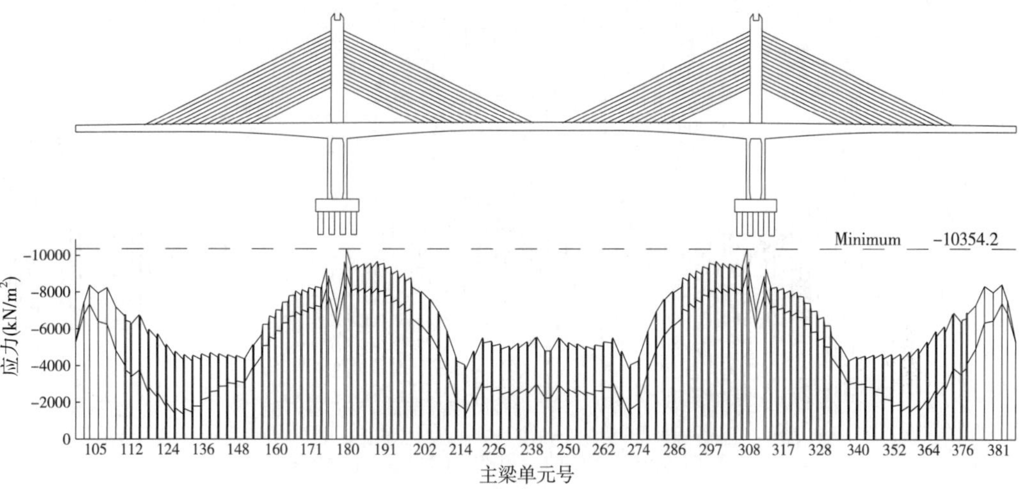

图 7.4-15 组合四作用主梁下缘应力包络图

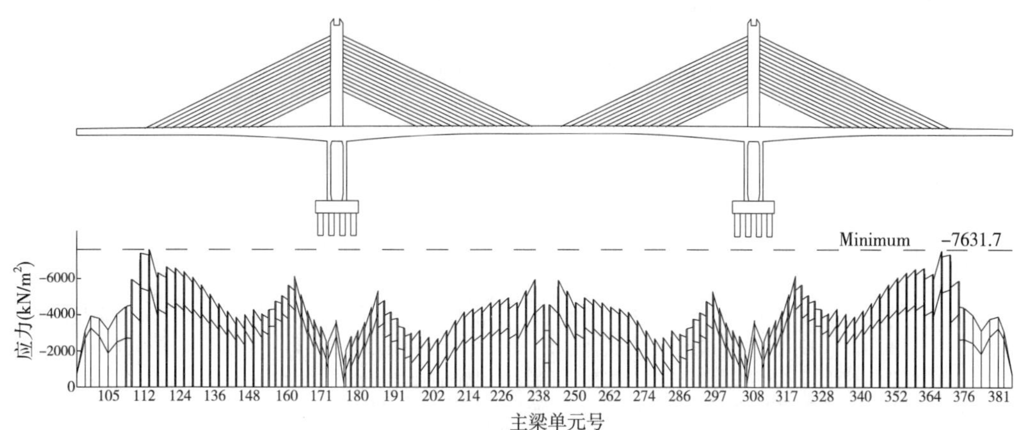

图 7.4-16 组合五作用主梁上缘应力包络图

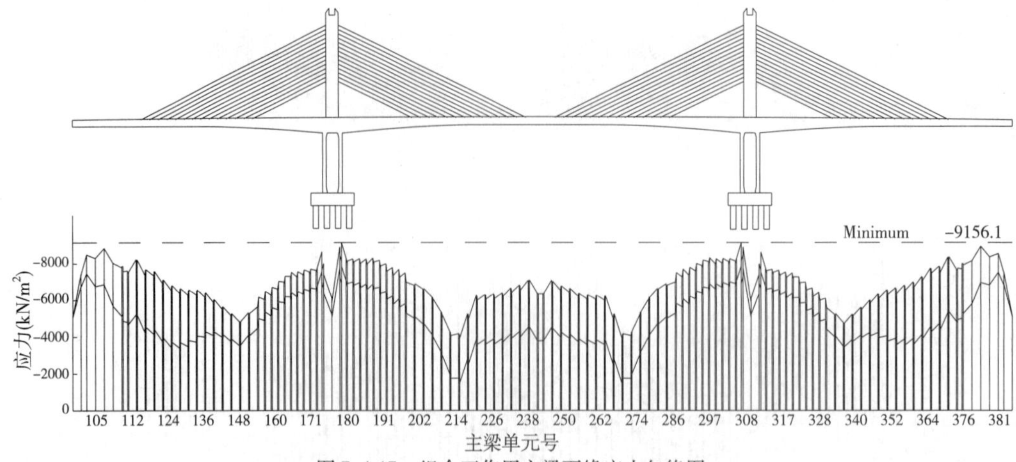

图 7.4-17　组合五作用主梁下缘应力包络图

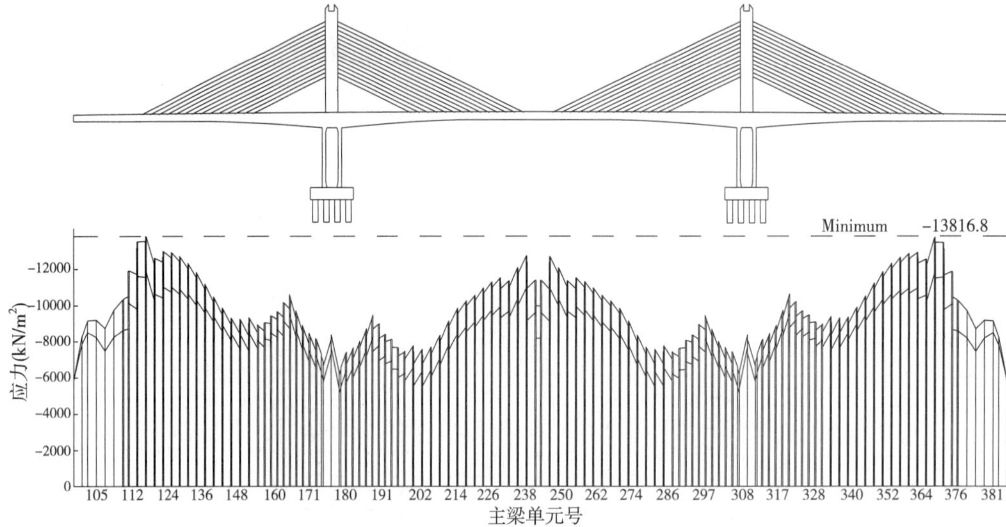

图 7.4-18　组合九作用主梁上缘应力包络图

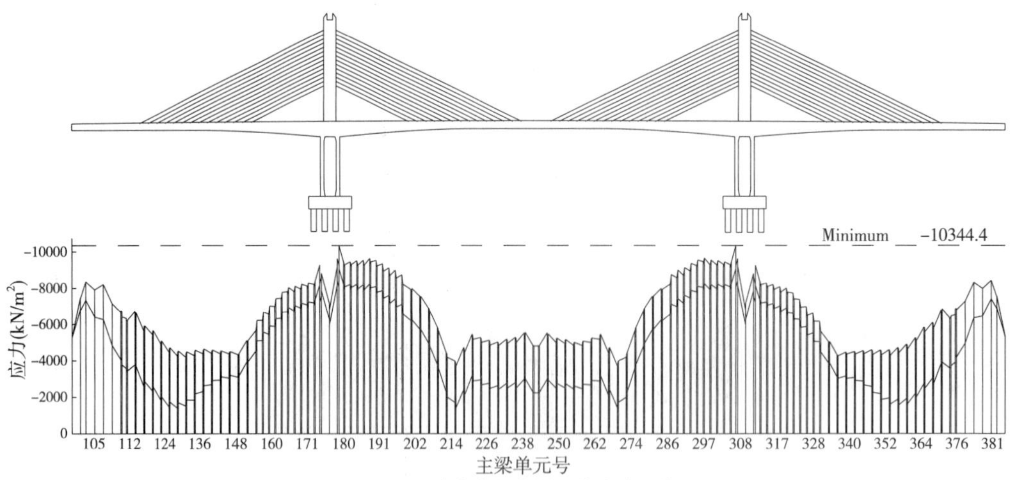

图 7.4-19　组合九作用主梁下缘应力包络图

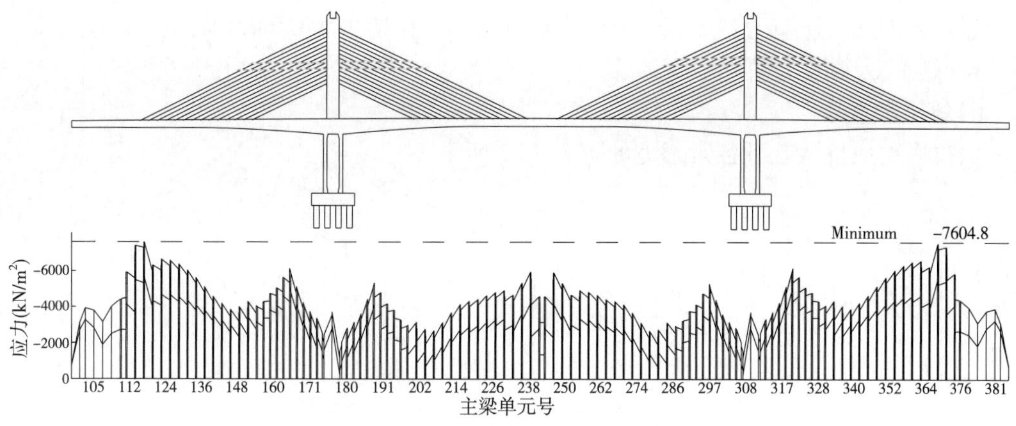

图 7.4-20　组合十作用主梁上缘应力包络图

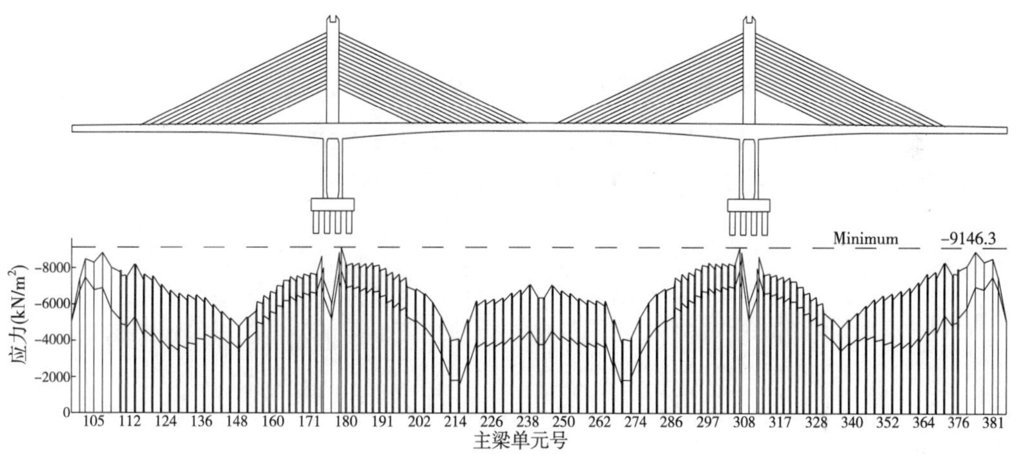

图 7.4-21　组合十作用主梁下缘应力包络图

5)索塔应力

索塔在成桥及运营状态组合下角点应力情况如表 7.4-2 所示。

索塔恒载和组合作用下角点应力汇总　　表 7.4-2

编号	索塔角点应力(MPa)							
	STR01		STR02		STR03		STR04	
	最大	最小	最大	最小	最大	最小	最大	最小
恒载	—	-5.82	—	-8.59	—	-8.59	—	-5.82
组合一	—	-6.85	—	-10.56	—	-10.56	—	-6.85
组合二	—	-6.28	—	-10.98	—	-10.98	—	-6.28
组合三	—	-7.54	—	-10.38	—	-10.38	—	-7.54
组合六	—	-5.85	—	-8.71	—	-8.71	—	-5.85
组合七	0.58	-9.08	—	-14.70	—	-14.43	0.60	-10.65
组合八	—	-10.35	—	-14.10	—	-13.38	—	-11.91
组合十一	0.47	-11.31	—	-14.47	—	-14.47	0.47	-11.31

索塔截面最大压应力为 14.70MPa，索塔截面最大拉应力为 0.60MPa，满足规范要求。

桥墩应力及强度计算略。

6）斜拉索索力

斜拉索在成桥状态下各索索力如图 7.4-22 所示。

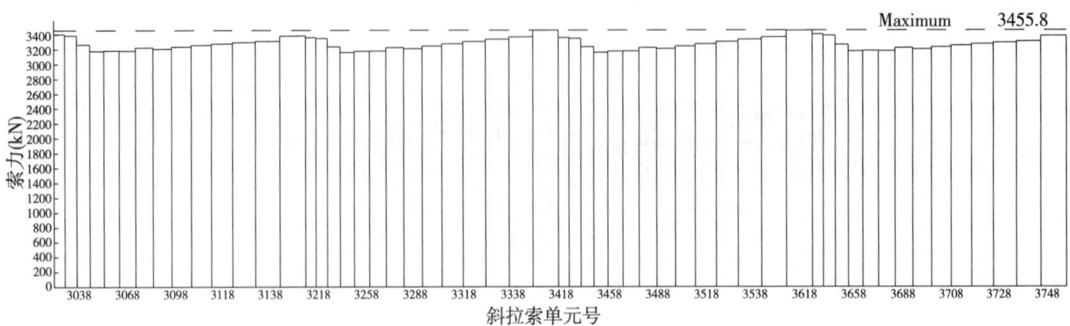

图 7.4-22 成桥状态斜拉索索力

最大索力出现在 CJ14 和 NJ14 号索，最大索力为 3455.8kN。

运营阶段各组合作用下斜拉索索力包络图如图 7.4-23 所示。

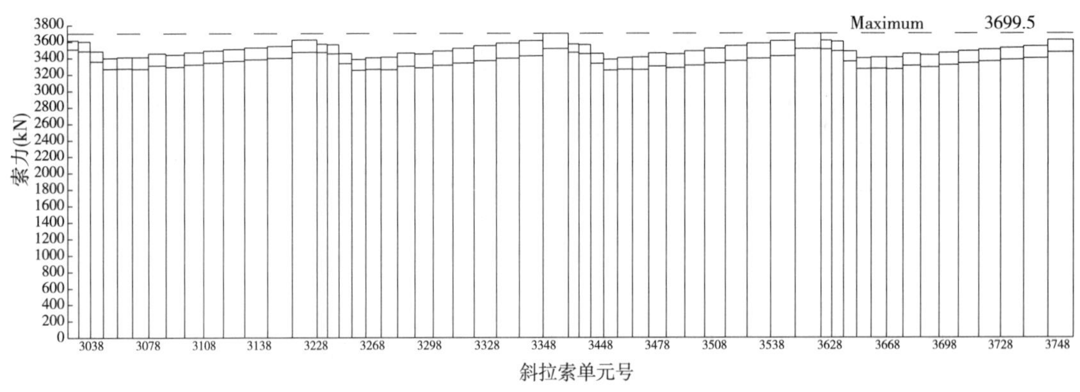

图 7.4-23 组合作用下索力包络图

最大索力出现在 CJ14 和 NJ14 号索，最大索力为 3699.5kN。

活载作用下，斜拉索的最大安全系数为 2.45，最小安全系数为 2.30；斜拉索最大应力幅为 39.2MPa，满足规范要求。最不利荷载作用下斜拉索最小安全系数为 2.18。

7）主要结论

（1）在施工过程中，主梁上缘有 0.02MPa 的拉应力，下缘有 0.735MPa 的拉应力，索塔全截面受压。施工过程中主梁、索塔的应力满足规范要求。

（2）在运营状态下，结构的整体刚度、挠度、应力及强度均满足桥梁设计规范的要求。

（3）本桥属于典型的部分斜拉桥。从 3.3.4 节的分析可知，本桥钢绞线斜拉索疲劳强度应力幅为 39.2MPa，小于 70MPa，斜拉索的容许应力值$[\sigma] \leq 0.6f_{pk}$，安全系数可按 1.67 取值。斜拉索的静力安全系数还有富余，斜拉索规格在设计的基础上降低一个型号也是可行的。

7.4.5　施工阶段主要计算结果

1)最大双悬臂施工状态

最大双悬臂状态主梁顶板、底板的应力分布如图7.4-24、图7.4-25所示。

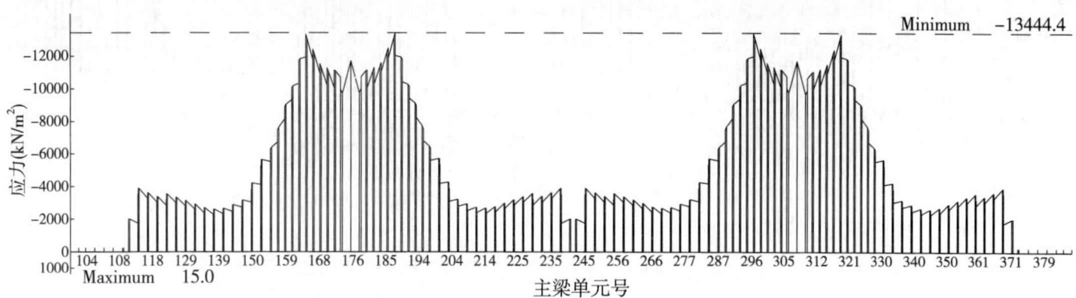

图7.4-24　最大双悬臂顶板应力分布图

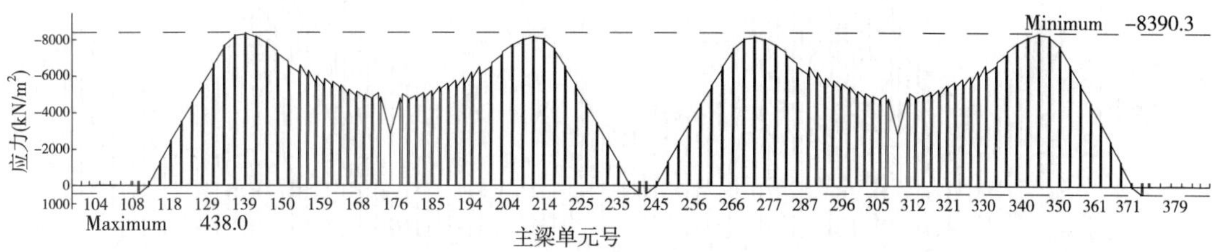

图7.4-25　最大双悬臂底板应力分布图

分析表明,最大双悬臂时主梁顶板最大压应力为13.44MPa,最大拉应力为0.015MPa;底板的最大压应力为8.39MPa,最大拉应力为0.438MPa,均满足《公路钢筋混凝土及预应力混凝土桥涵设计规范》(JTG D62—2004)对预应力混凝土构件在施工状态下的应力限值的要求。

2)最大单悬臂施工状态

最大单悬臂状态主梁顶板、底板的应力分布如图7.4-26、图7.4-27所示。

分析表明,最大单悬臂时主梁顶板最大压应力14.71MPa,无拉应力出现;底板的最大压应力为13.59MPa,最大拉应力为0.431MPa,均满足《公路钢筋混凝土及预应力混凝土桥涵设计规范》(JTG D62—2004)对预应力混凝土构件在施工状态下的应力限值的要求。

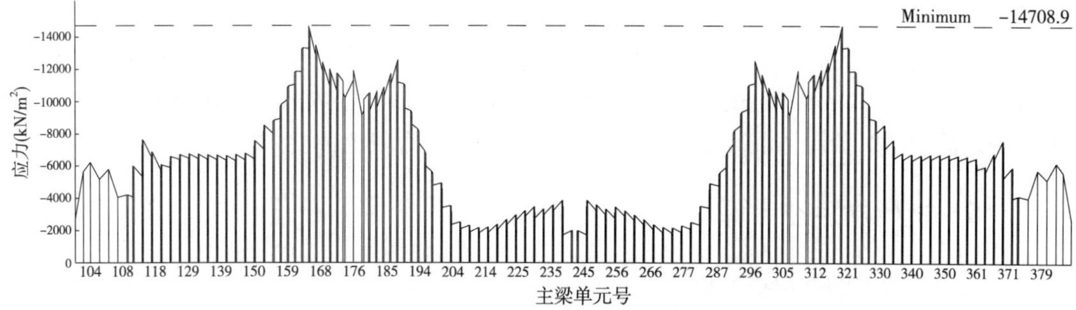

图7.4-26　最大单悬臂顶板应力分布图

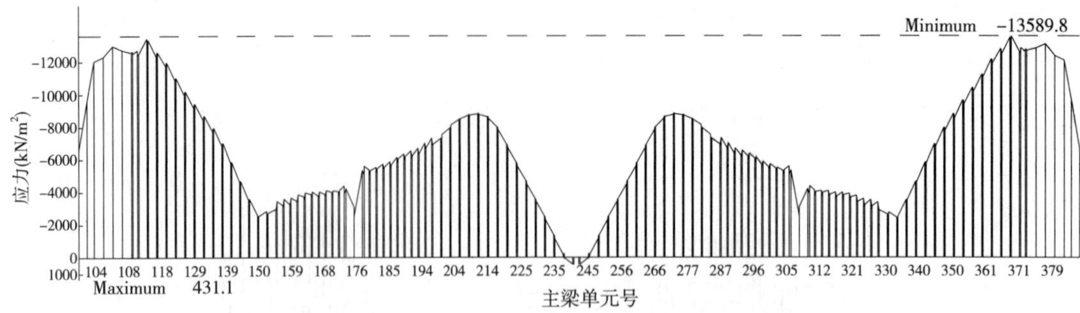

图 7.4-27　最大单悬臂底板应力分布图

3)施工阶段包络结果

整个施工阶段主梁顶板、底板的应力包络如图 7.4-28、图 7.4-29 所示。

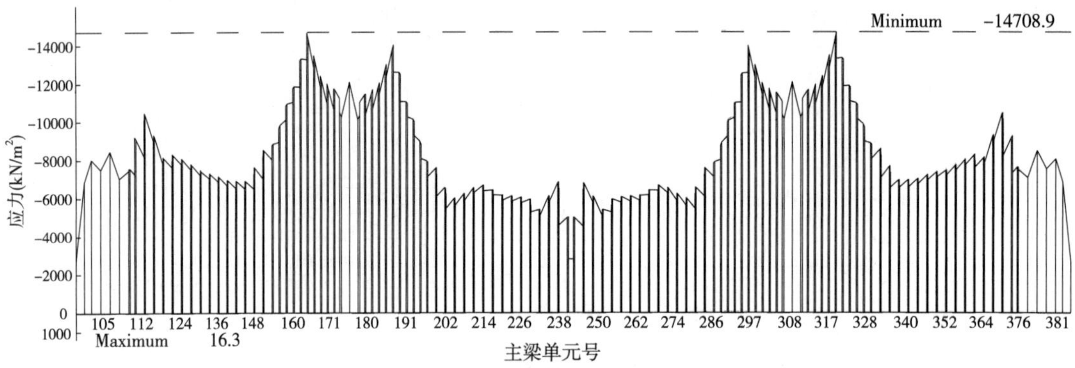

图 7.4-28　施工阶段顶板应力包络图

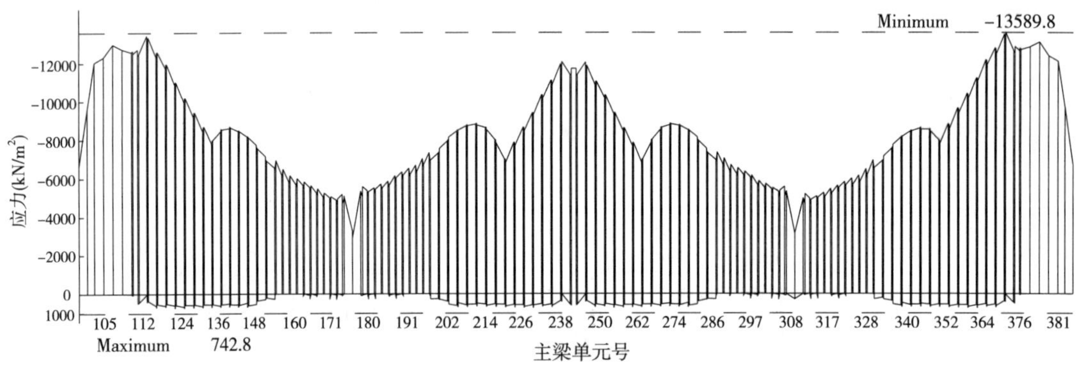

图 7.4-29　施工阶段底板应力包络图

分析表明,整个施工阶段主梁顶板最大压应力 14.71MPa,最大拉应力 0.016MPa;底板的最大压应力为 13.59MPa,最大拉应力为 0.743MPa,均满足公路钢筋混凝土及预应力混凝土桥涵设计规范对预应力混凝土构件在施工状态下的应力限值的要求。

7.5　抗风稳定性计算

1)成桥状态下颤振稳定分析

根据设计资料,查《公路桥梁抗风设计规范》(JTG/T D60-01—2004)附录 A,得到武汉市

100 年一遇 10m 高度 10min 基准风速值为 $V_{10}=25.6\mathrm{m/s}$。

成桥状态下颤振稳定分析如下：

取索塔 0.65h 高度处为桥梁构件基准高度，基准高度处的设计基准风速为：

$$V_d = k_1 V_{10} = 1.3468 \times 25.6 = 34.48(\mathrm{m/s})$$

式中：k_1——风速高度变化修正系数，地表分类取为 B 类，地表粗糙度系数为 0.16。

颤振检验风速为：

$$[V_{cr}] = 1.2\mu_f V_d = 1.2 \times 1.36 \times 34.48 = 56.27(\mathrm{m/s})$$

式中：μ_f——风速脉动修正系数，取值为 1.36。

成桥状态下颤振稳定性指数：

$$I_f = \frac{[V_{cr}]}{f_t B} = \frac{56.27}{1.016 \times 33.5} = 1.65 < 2.5$$

式中：B——桥梁全宽，为 33.5m。

即节段模型不需要风洞试验进行检验。

扭转基频按照双塔斜拉桥的计算公式为：

$$f_t = \frac{C}{\sqrt{L}} = \frac{14}{\sqrt{190}} = 1.016$$

颤振临界风速为：

$$V_{cr} = 5 f_t B = 5 \times 1.016 \times 33.5 = 170.18(\mathrm{m/s}) > [V_{cr}]$$

颤振临界风速大于颤振检验风速，满足规范要求。

2）施工阶段颤振稳定分析

施工阶段风速按照 30 年重现期标准，风速重现期系数取值为 0.92。

施工阶段的设计风速：

$$V_{sd} = \eta V_d = 0.92 \times 34.48 = 31.72(\mathrm{m/s})$$

颤振检验风速为：

$$[V_{cr}] = 1.2\mu_f V_d = 1.2 \times 1.36 \times 31.72 = 51.77(\mathrm{m/s})$$

式中：μ_f——风速脉动修正系数，取值为 1.36。

最大双悬臂状态下颤振稳定性指数：

$$I_f = \frac{[V_{cr}]}{f_t B} = \frac{51.77}{1.4751 \times 33.5} = 1.048 < 2.5$$

即节段模型不需要风洞试验进行检验。

颤振临界风速大于颤振检验风速（51.77m/s），满足规范要求。

7.6　动力特性计算

动力计算模型、边界条件同静力计算模型，结构的前十阶频率及相应的振型如表 7.6-1 所示。本书同时列出 3.1 节连续刚构方案和斜拉桥方案的结构动力特性计算结果，供比较分析，如表 7.6-2、表 7.6-3 所示。

部分斜拉桥成桥状态结构动力特性 表 7.6-1

阶　次	频率 f(Hz)	振 型 特 点
1	0.4766	纵飘
2	0.5204	主梁对称横弯
3	0.5990	索塔反对称横弯
4	0.6084	索塔对称横弯
5	0.6206	主梁对称竖弯
6	0.7264	索塔反对称横弯
7	0.8918	主梁反对称竖弯
8	1.0134	主梁对称竖弯
9	1.4380	索塔对称横弯
10	1.4467	主梁反对称竖弯

连续刚构桥成桥状态结构动力特性 表 7.6-2

模 态 号	频率(cycle/sec)	振 型 特 征
1	0.503	纵飘
2	0.691	主梁对称横弯
3	0.882	主梁对称竖弯
4	1.124	主梁反对称横弯
5	1.267	主梁对称横弯
6	1.435	主梁对称竖弯
7	1.625	主梁对称竖弯
8	2.221	主梁对称竖弯
9	2.567	主梁对称竖弯
10	2.930	主梁扭转

斜拉桥成桥状态结构动力特性 表 7.6-3

阶　次	频率 f(Hz)	振 型 特 点
1	0.063	纵飘
2	0.260	索塔对称侧弯
3	0.261	索塔对称侧弯
4	0.272	索塔反对称侧弯
5	0.272	索塔反对称侧弯
6	0.275	主梁对称竖弯
7	0.320	主梁对称横弯
8	0.378	主梁反对称竖弯
9	0.479	索塔反对称扭转
10	0.650	主梁对称竖弯

从以上三个设计实例——部分斜拉桥、连续刚构桥和普通斜拉桥的结构动力特性比较来看，部分斜拉桥的自振周期介于连续刚构和普通斜拉桥之间。部分斜拉桥主梁基本自振周期为1.92s，远小于普通斜拉桥的3.64s，略大于连续刚构桥的1.45s，说明部分斜拉桥由于主梁刚度较大，其结构刚度远大于普通斜拉桥，与连续刚构桥相对比较接近，其结构的动力特性主要由主梁的刚度所提供。

7.7　局部分析计算

7.7.1　宽幅大悬臂加劲隔板箱梁的横向受力分析

三官桥主桥箱梁全宽33.5m，两侧翼缘板宽度更是达到8m。为保证大悬臂单箱三室截面箱梁的横向结构受力性能满足设计要求，设计在箱梁顶板设置横桥向通长的加劲隔板，加劲隔板在顺桥向间距3～4m；顶板及加劲隔板内设置了15-5预应力钢束，在斜拉索处整体横隔板内还设置了15-12预应力钢束。设计对主梁的横向结构受力进行了计算分析，保证在恒载及活载作用下，大悬臂宽主梁的横向刚度、承载能力极限强度验算均满足规范要求，正常使用状态下箱梁的横向应力处于合理范围，并留有一定的富余。

1）结构有限元模型

计算采用空间有限元程序Midas Fea3.0。混凝土采用实体单元模拟，预应力钢束采用钢筋单元模拟，桥墩底部采用固结处理。为深入了解三官桥成桥运营状态下主梁横向受力状况，对车辆荷载作用下主梁受力进行局部应力分析。

结构有限元模型如图7.7-1所示。

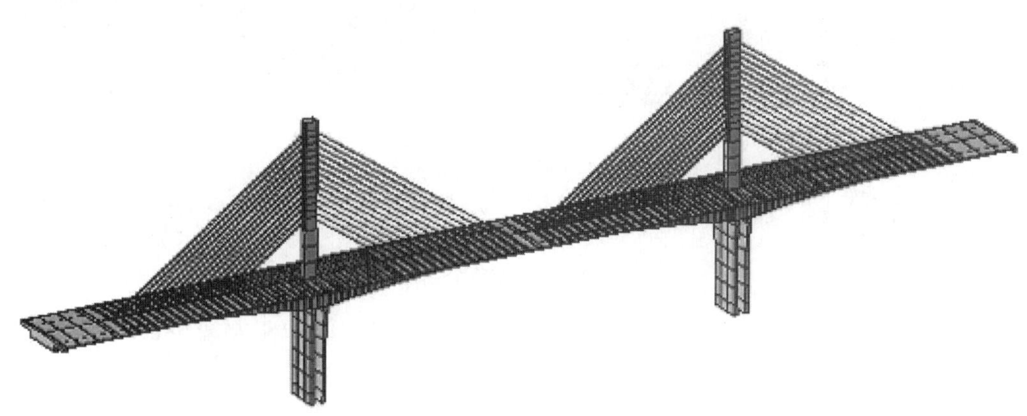

图7.7-1　全桥结构有限元模型

2）车辆布载

计算所需加载车辆的数量及大小，根据设计标准活荷载产生的最不利效应值，按下式所定原则等效换算而得：

$$0.95 \leqslant \eta = \frac{S_{stat}}{S(1+\mu)} \leqslant 1.05$$

式中：η——静力试验荷载效率系数；

S_{stat}——试验荷载作用下，检测部位变位或力的计算值；

S——设计标准活荷载作用下,检测部位变位或力的计算值(不计冲击作用时);

μ——通过动力计算并依据《公路桥涵设计通用规范》(JTG D60—2015)设计取用的冲击系数,$\mu = 0.05$。

设计标准活荷载产生的最不利效应值,以《公路工程技术标准》(JTG B01—2014)规定的车道荷载计算。

确定采用550kN双后轴载重车进行加载,如图7.7-2、图7.7-3所示,其主要技术指标如下:

轴距:前轴距中轴3.5m,中轴距后轴1.3m;

轴重:前轴130kN,中轴210kN,后轴210kN。

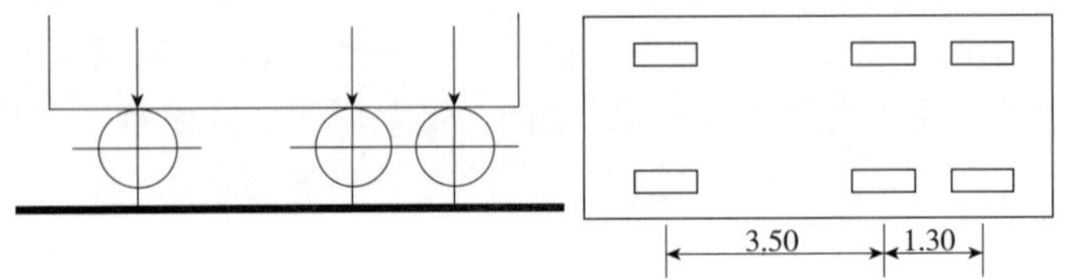

图7.7-2 550kN加载汽车轴重、轴距及平面图(尺寸单位:m)

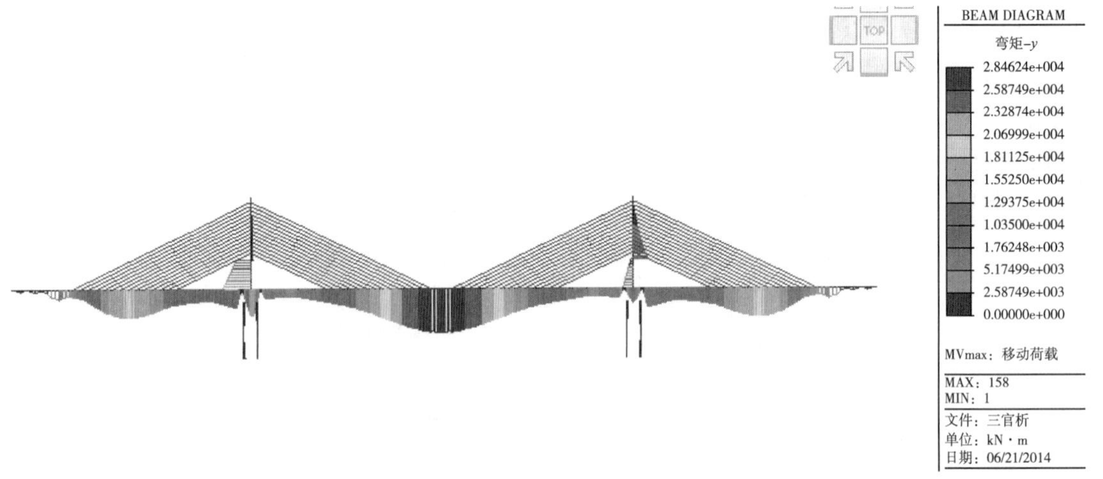

图7.7-3 三官桥汽车荷载作用内力云图

根据设计标准活荷载产生的最不利效应值,通过图7.7-4选取距左端58m处为控制截面,其荷载效率系数见表7.7-1。

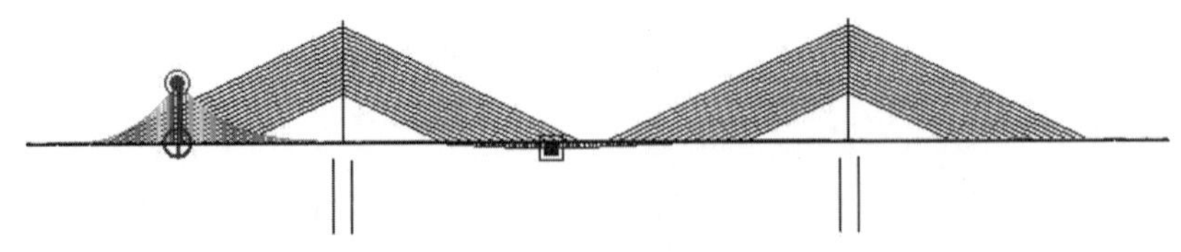

图7.7-4 控制截面弯矩影响线

荷载效率系数一览 表7.7-1

控制截面	控制项目	加载车辆数	效率系数	加载方式
最不利位置	正弯矩	6	1836424.4/1835530.0=1.00	偏载

主梁横向受力有限元分析中车辆布载情况如图 7.7-5 所示。

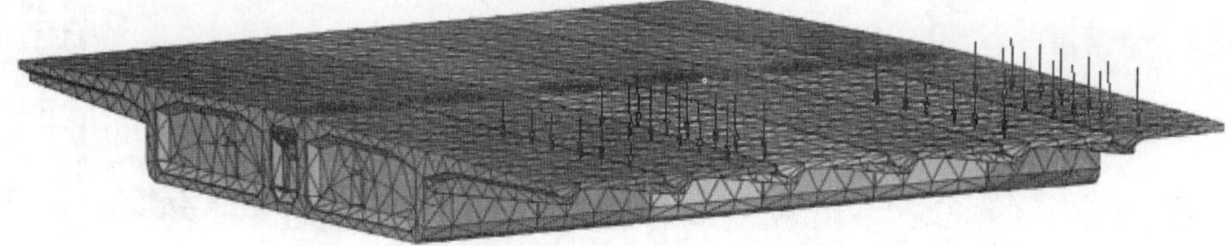

图 7.7-5　有限元模型车辆荷载示意图

3)计算结果

(1)主梁纵横向应力验算

车辆荷载作用下,主梁应力云图如图 7.7-6 ~ 图 7.7-12 所示。

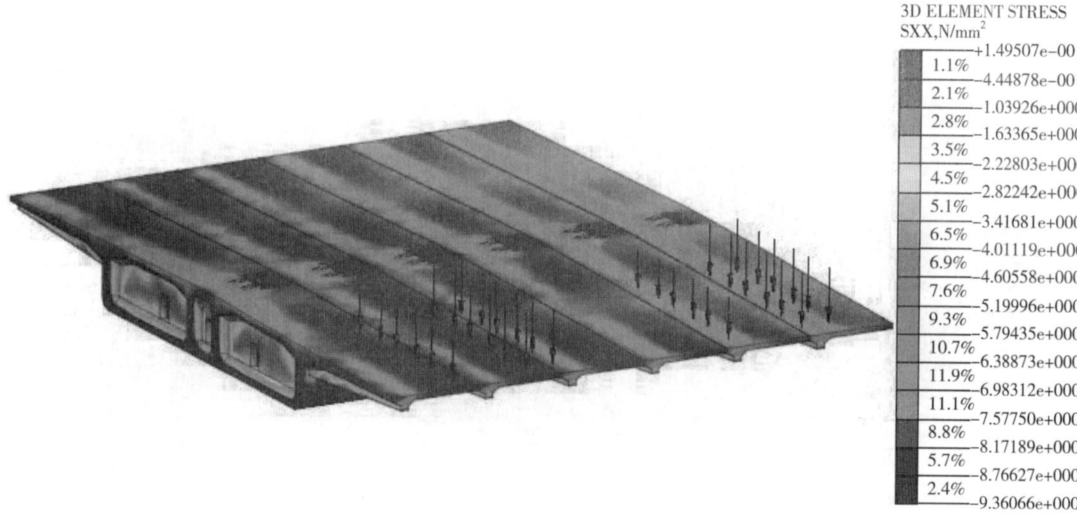

图 7.7-6　主梁纵桥向应力云图(单位:MPa)

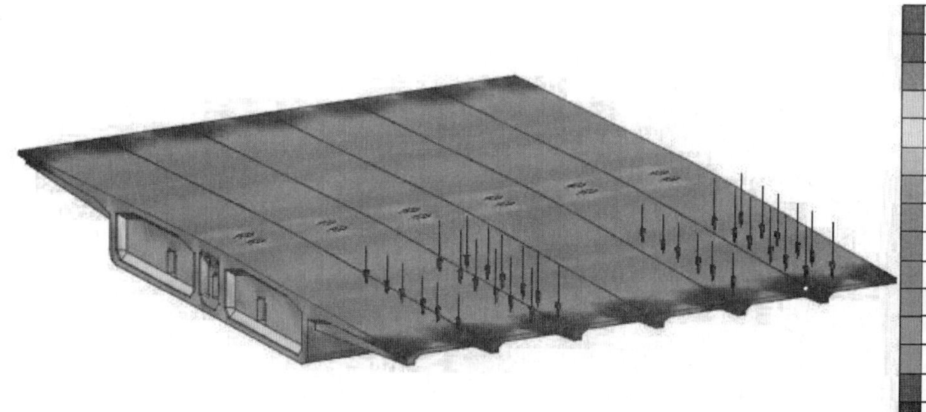
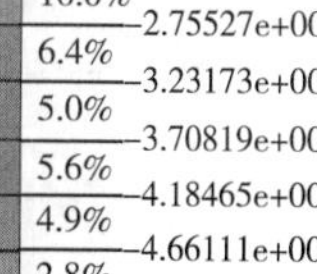

图 7.7-7　主梁横桥向应力云图(单位:MPa)

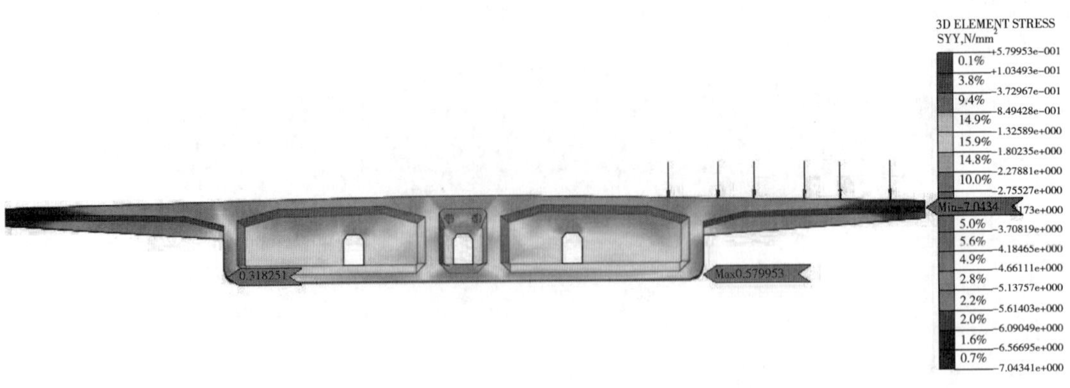

图 7.7-8　主梁横桥向应力云图(单位:MPa)

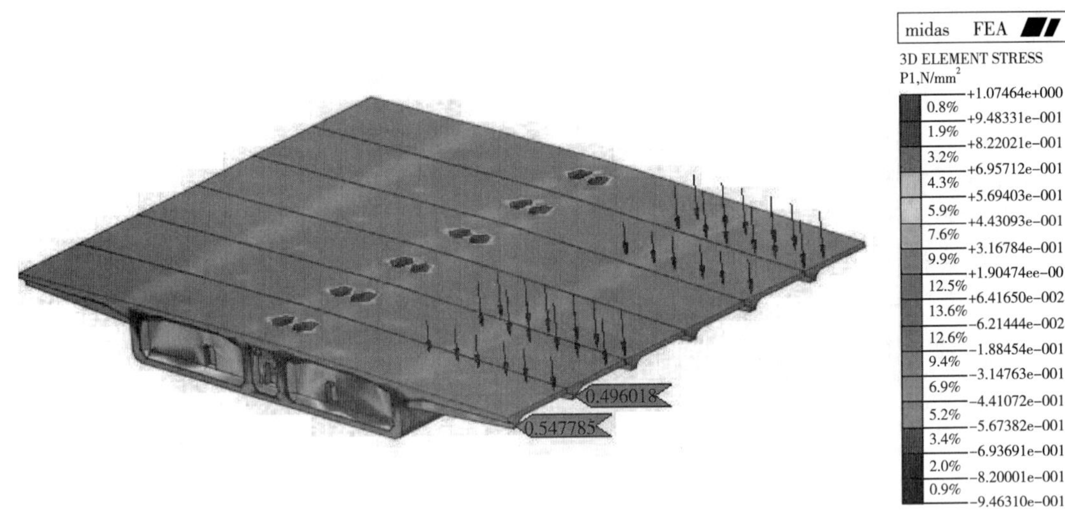

图 7.7-9　主梁第一主应力云图(单位:MPa)

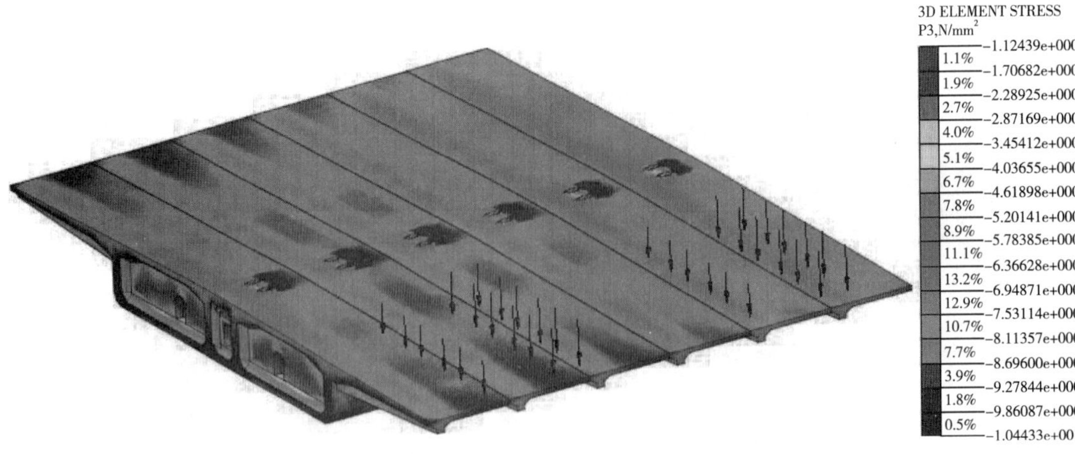

图 7.7-10　主梁第三主应力云图(单位:MPa)

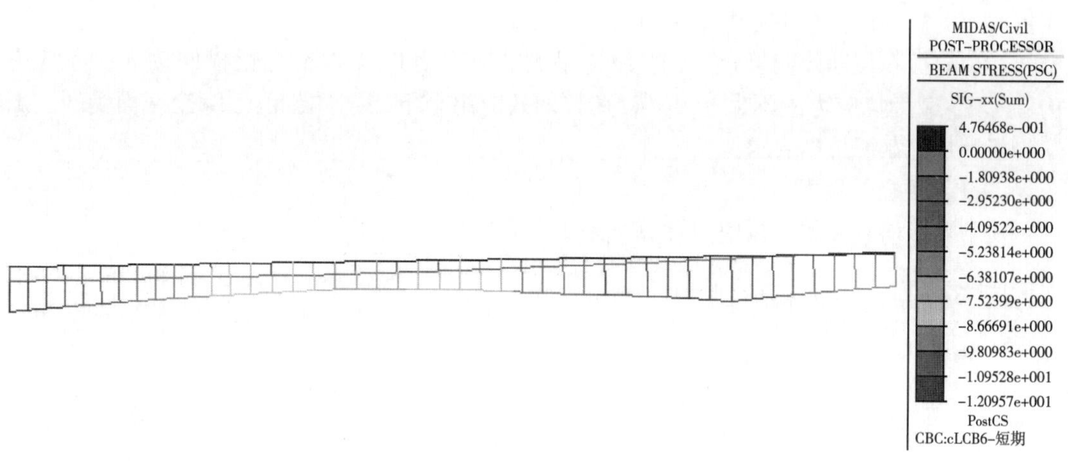

图 7.7-11　短期组合加劲隔板正应力包络图(单位:MPa)

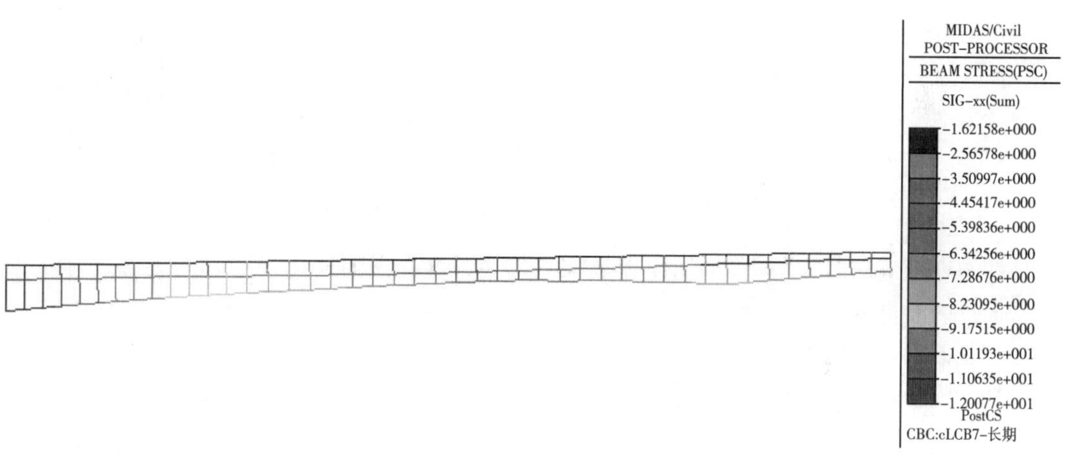

图 7.7-12　长期组合加劲隔板正应力包络图(单位:MPa)

根据以上列出的计算结果图形可知:

①成桥阶段车辆荷载作用下,主梁纵桥向应力处于 -9.361MPa(拉应力) ~ 0.149MPa(压应力)之间,在规范容许值范围内。

②成桥阶段车辆荷载作用下,主梁横桥向应力处于 -7.043MPa ~ 0.579MPa 之间,在规范容许值范围内。

③成桥阶段车辆荷载作用下,主梁第一主应力处于 -0.946MPa ~ 1.074MPa 之间,翼缘板最大拉应力为 0.547MPa < 0.5 × 2.74MPa = 1.37MPa,即箱梁主拉应力满足规范关于短期荷载作用下斜截面抗裂要求。

④成桥阶段车辆荷载作用下,主梁第三主应力处于 -10.443MPa ~ -1.12MPa 之间,在规范容许值范围内。

(2)加劲隔板受力验算

①正截面抗裂验算。

按正常使用极限状态计算的相关要求,采用作用(或荷载)短期和长期效应组合,加劲隔板正截面的应力计算结果见图 7.7-11、图 7.7-12。

加劲隔板在短期效应组合下，上、下缘最大拉应力为 0.48MPa，主梁横向按 A 类预应力构件考虑，最大拉应力应不大于 $0.7f_t$；在长期效应组合下，悬臂端上、下缘全截面受压。加劲隔板满足正截面抗裂要求。

②斜截面抗裂验算。

加劲隔板斜截面的主拉应力计算结果见图 7.7-13。

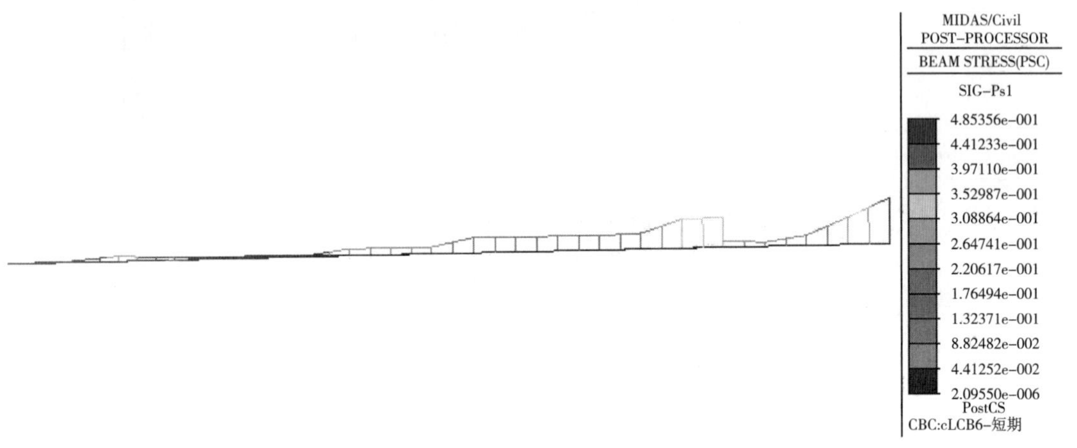

图 7.7-13 短期组合加劲隔板主拉应力图（单位：MPa）

在短期效应组合作用下，加劲隔板最大主拉应力 0.49MPa < 1.37MPa，满足规范中关于斜截面抗裂验算要求。

③正截面抗压验算。

加劲隔板正截面的应力计算结果见图 7.7-14。

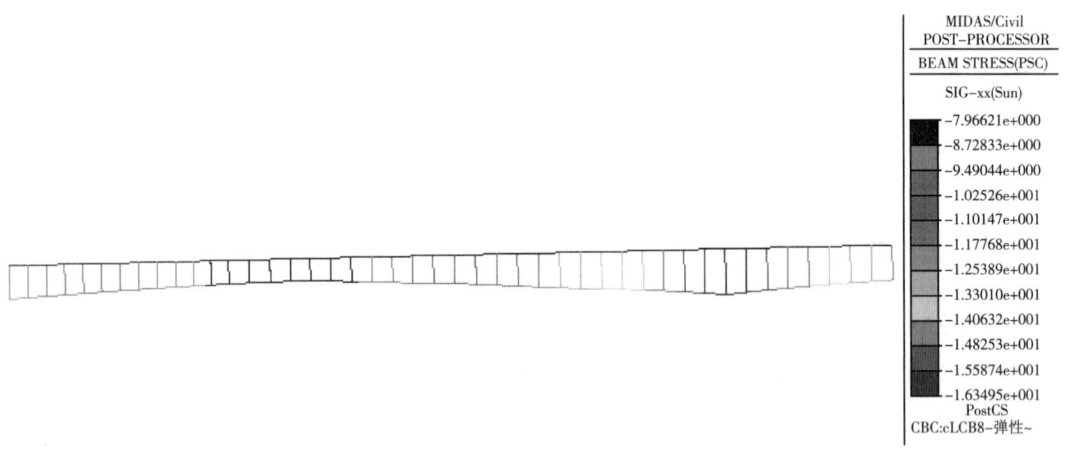

图 7.7-14 标准组合加劲隔板正应力包络图（单位：MPa）

标准组合作用下加劲隔板最大压应力值为 16.35MPa < 17.75MPa，满足规范中关于正截面抗压验算要求。

④承载能力极限验算。

加劲隔板正截面抗弯承载能力计算结果见图 7.7-15。

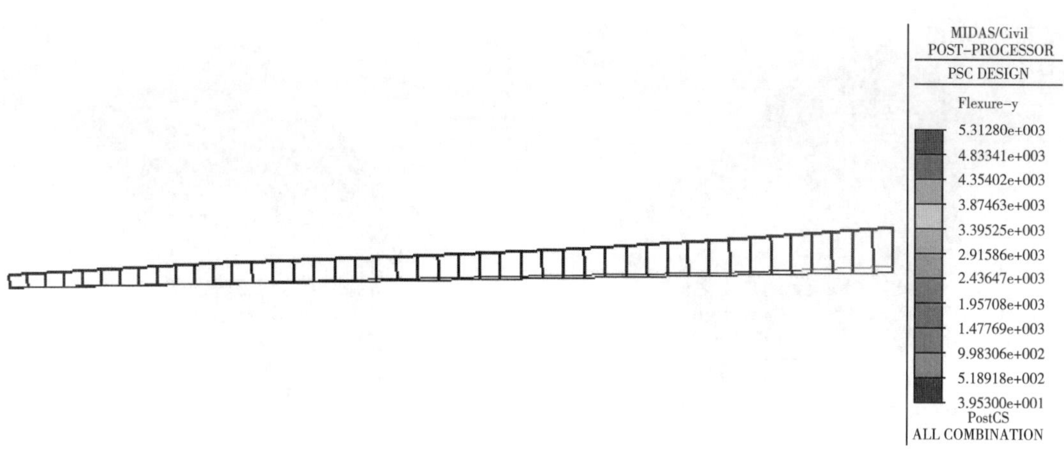

图 7.7-15　加劲隔板正截面抗弯承载能力包络图

加劲隔板正截面抗弯承载能力满足规范要求。

加劲隔板实体细部模型中横向应力处于 -7.04 ~ 0.58MPa，主拉应力处于 -0.95 ~ 1.07MPa；梁单元模型中横向应力处于 -12.09 ~ 0.47MPa，主拉应力处于 0.00 ~ 0.49MPa。梁单元模型与实体细部模型应力分布规律基本一致。

4）主要分析结论

本桥主梁采用单箱三室直腹板截面，桥面板构造为大悬臂翼缘 + 通长加劲隔板，箱梁顶板及加劲隔板内设置横向预应力。横向受力计算表明：主梁的承载能力极限状态及正常使用极限状态验算均可满足规范要求，通过正截面及斜截面抗裂验算分析，主梁横向受力达到预应力混凝土 A 类构件的预应力水平，并留有一定富余。因此，宽幅大悬臂加劲隔板箱梁的横向受力性能完全可以满足设计要求。

7.7.2　主梁（0 号节段）受力性能研究

本桥结构体系采用塔、墩、梁固结，0 号节段位于主梁根部，承受索塔传递下来的巨大轴力，结构受力复杂，需要通过空间有限元实体分析，掌握其内力分布规律。

1）计算方法

计算采用空间有限元程序 ANSYS。选取 0 号 ~ 4 号节段进行实体模型分析，混凝土采用 Solid65 单元模拟，预应力钢束采用 link8 单元模拟，桥墩底部采用固结处理，主梁两端和桥塔顶面处加载内力，验算结构的抗裂及抗弯承载能力是否符合规范要求。

2）结构离散图

选取全桥计算中短期荷载下主梁及塔的内力进行加载，验算固结区域的局部应力。结构有限元模型如图 7.7-16 所示。

图 7.7-16　结构有限元模型

3）计算结果

（1）横向应力

主梁横向应力计算结果见图 7.7-17。

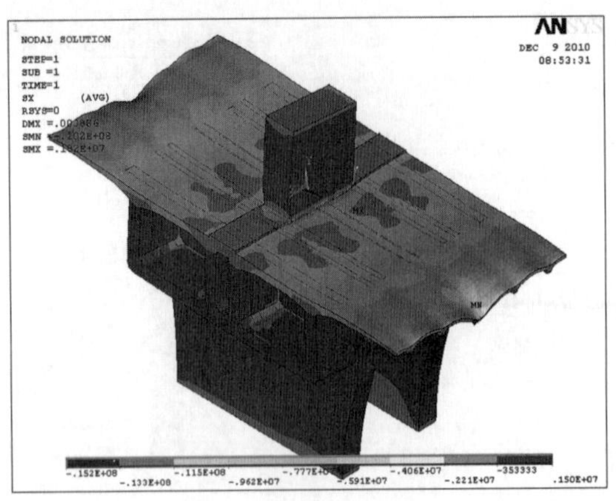

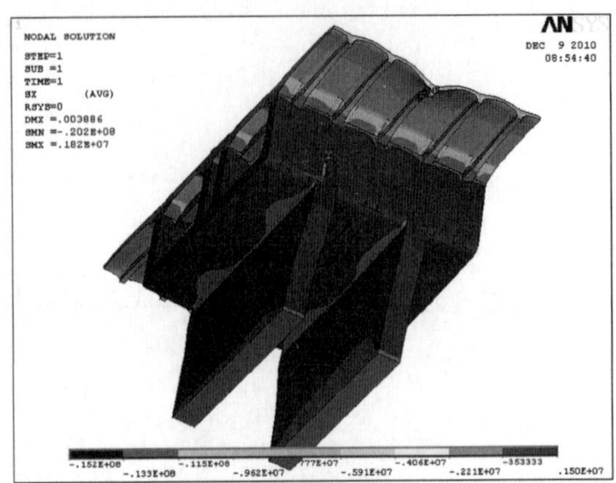

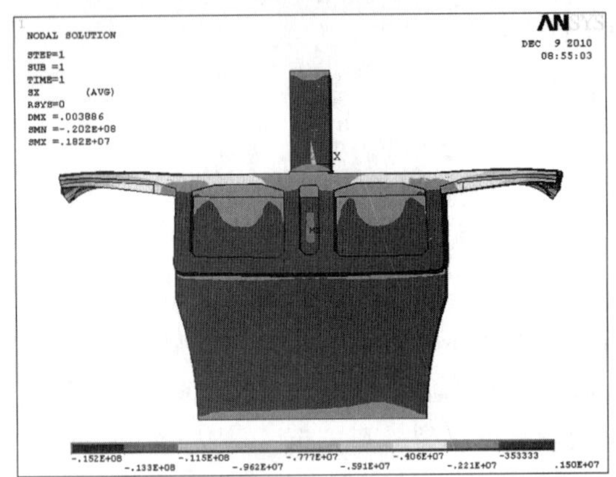

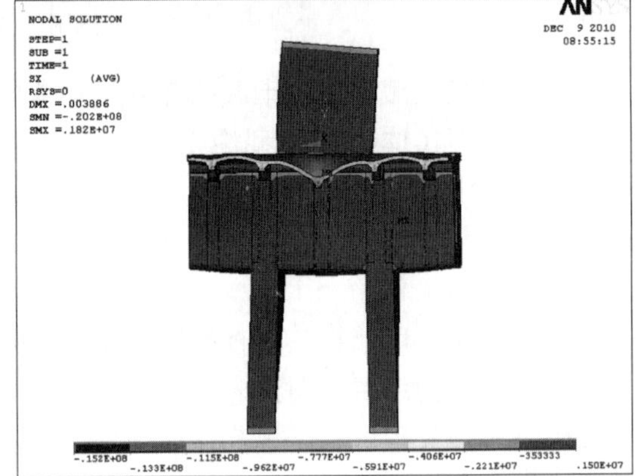

图 7.7-17　主梁横向应力(单位:MPa)

(2)主拉应力

主梁主拉应力计算结果见图 7.7-18。

(3)主压应力

主梁主压应力计算结果见图 7.7-19。

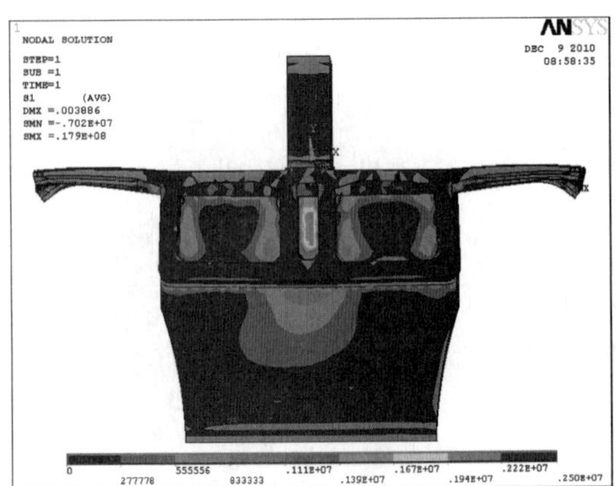

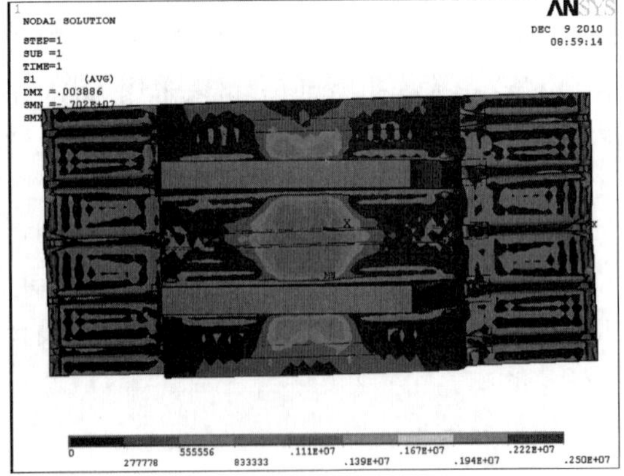

图　7.7-18

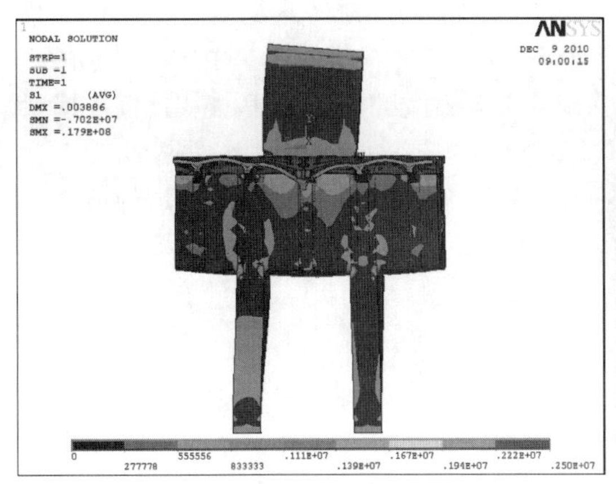

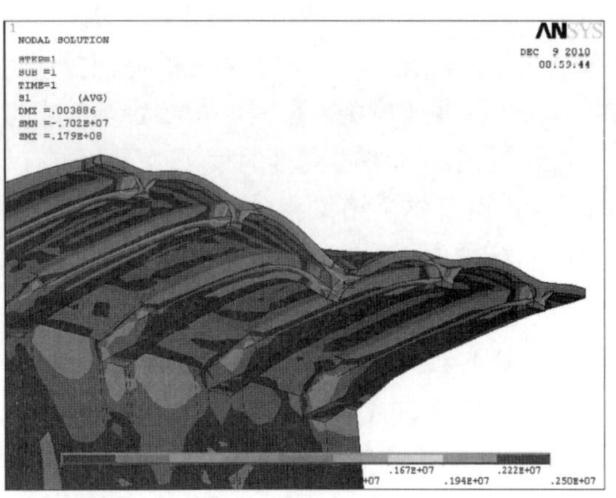

图 7.7-18　主梁主拉应力(单位:MPa)

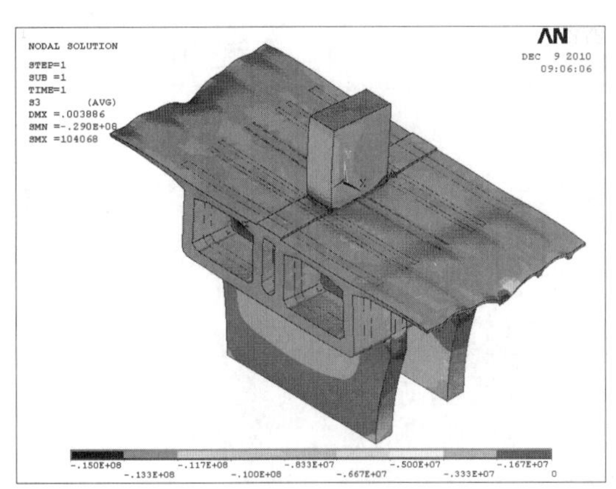

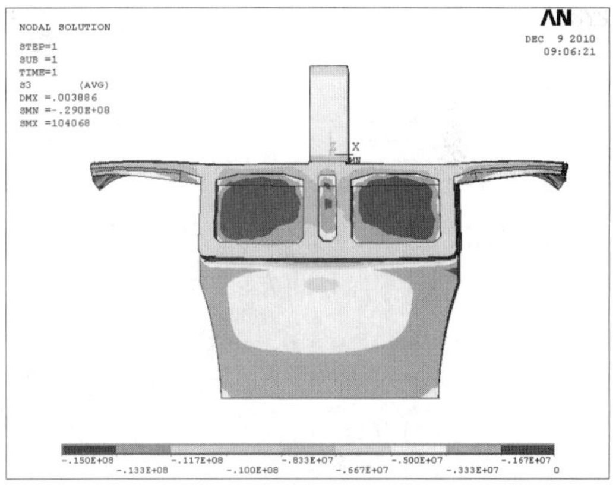

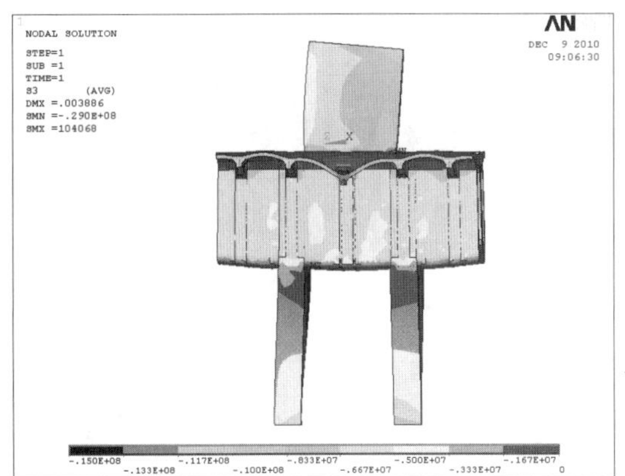

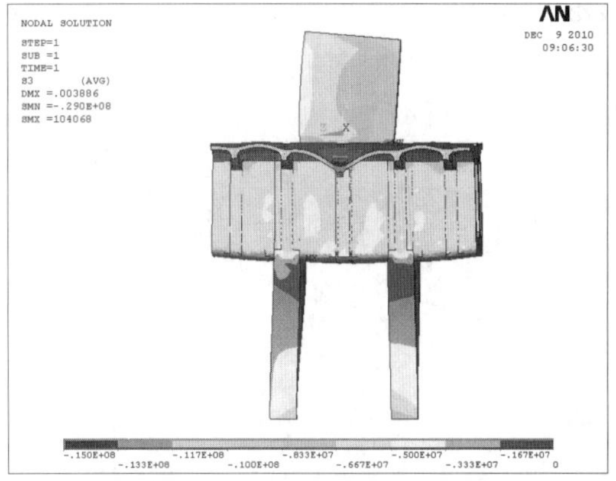

图 7.7-19　主梁主压应力(单位:MPa)

4)主要分析结论

由以上列出的主梁应力分布云图可知:

(1)短期荷载效应组合下,塔—梁—墩固结区域整体未出现大面积较大拉应力或压应力区域,满足规范要求。

(2)最大拉应力:梁—塔—墩固结的 0 号节段主梁中间箱室及底板区域有较大面积的拉

应力，但拉应力不大，数值在0.5～1.5MPa，在该区域应加强配筋预防裂缝的产生。在横梁预应力锚固端出现大于2.0MPa的局部拉应力，该应力是由于预应力锚固集中应力引起的。

(3)最大压应力：塔—梁—墩固结区域的最大主压应力大都在8.0MPa左右，仅在横梁预应力锚固端和塔梁交接的很小范围区域有超过15MPa的压应力，该应力区间很小。

(4)由于本桥箱梁相对较宽，箱梁顶板翼缘宽度较大，施工期间主梁存在一定的剪力滞效应。箱梁顶板翼缘处的正应力小于箱室区域的顶板正应力，也揭示了箱梁顶板的应力分布规律，但其最大主拉应力不大于0.4MPa，满足规范规定的$1.15f_{tk}=3.15$MPa的要求。

7.7.3 索鞍区结构有限元分析

塔顶索鞍是部分斜拉桥的一个特殊构造，其基本功能是让拉索以不间断的方式连续通过索塔，并通过锚固的方式使拉索锁定，将斜拉索的作用力传至塔顶索鞍。

索鞍区结构是部分斜拉桥的一个关键传力部位，设计通过索塔结构有限元分析，进一步掌握索塔锚索区混凝土的局部受力特点、内部劈裂应力的量值及分布规律；重点分析分丝管下部及出口段混凝土内部应力分布情况；验证主塔结构在设计荷载作用下受力的合理性及安全性。

1)有限元分析

索塔采用Solid95实体单元离散，考虑到节段结构和荷载的对称性，为减少单元数目和计算时间，取节段模型的1/2进行分析即可。分析模型的坐标系以桥纵轴线为X轴，横桥向轴线为Z轴，竖直向上的方向为Y轴，X、Y、Z轴满足右手螺旋法则。坐标原点选在索塔中部。建立包含左右索塔交汇点的索塔节段的有限元模型。材料选用C50混凝土，弹性模量为3.45×10^4MPa。有限元单元离散模型如图7.7-20所示。

对孔道施加设计索力的竖向分力，斜拉索索力($1.2P$)加载时可看作沿分丝管圆弧施加径向荷载，认为分丝管沿弧长方向分布有均布荷载q(根据积分计算，在数值上$q=1.2\times P/R$，R为分丝管圆弧半径)，再将均布荷载等效成节点力作用到管道最底面。模型边界条件的施加是对其底部进行固结，对处于坐标系$Y=0$的侧面进行对称约束。索鞍内壁法向力分布如图7.7-21所示。

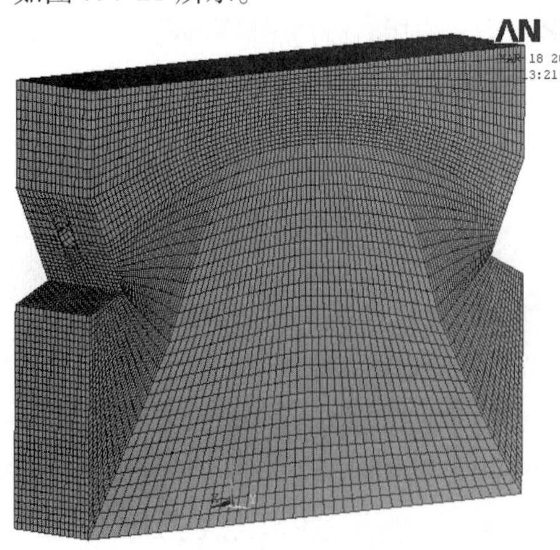

图7.7-20 索鞍有限元模型图

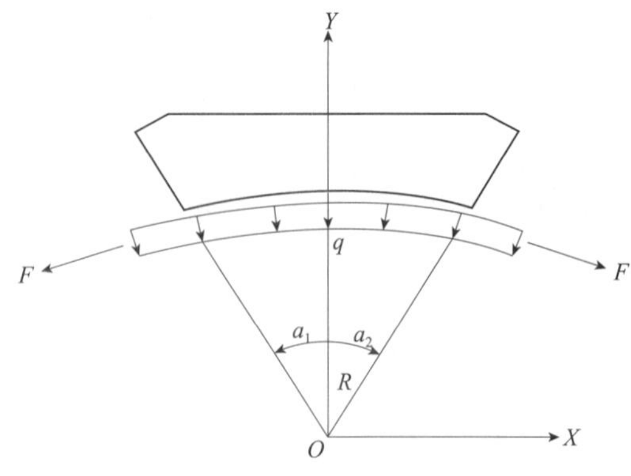

图7.7-21 索鞍内壁法向力分布示意图

通过计算分析，得出了模型在两侧对称施加设计荷载 3150kN 时，其承受的竖向压应力与横向劈裂应力分布规律，具体如图 7.7-22 ~ 图 7.7-24 所示。

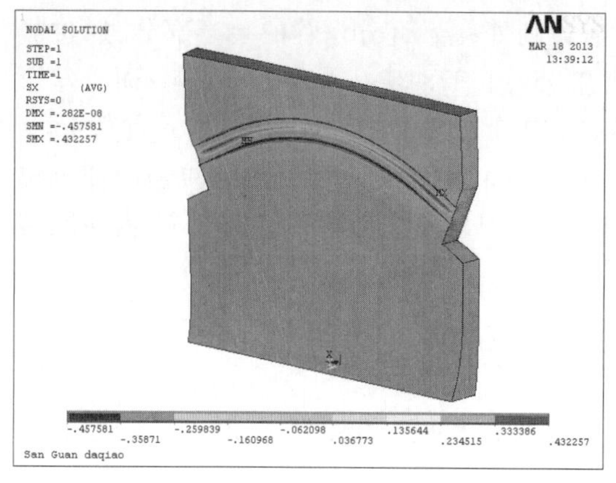

图 7.7-22　纵桥向最大拉应力云图

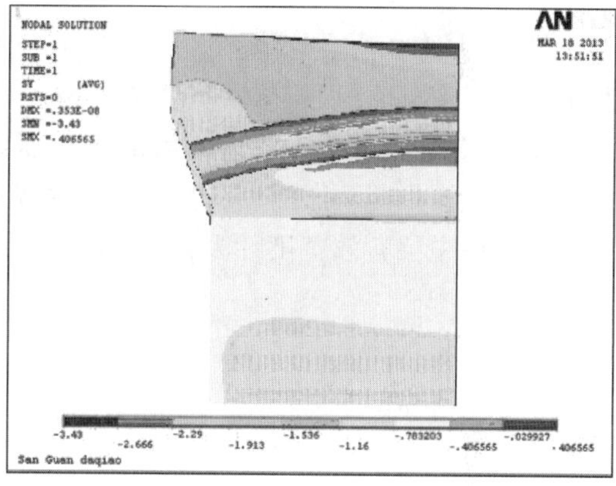

图 7.7-23　横向应力分布云图 1

从索鞍区纵、横向应力分布图可以看出，斜拉索孔道附近应力分布较均匀。可以认为在自重和孔道压力作用下鞍座顺桥向呈压弯的状态，顺桥向最大拉应力为 0.334MPa，出现在拉索孔道内壁下缘，靠近拉索进孔处。横桥向最大拉应力为 0.3467MPa，出现在模型底部外侧。索鞍下方区域混凝土应力分布比较均匀，没出现应力集中现象。

从图 7.7-25、图 7.7-26 可以看出，在对索塔两侧同时施加设计荷载 3150kN 作用下，主塔锚固区的竖向最大压应力为 0.8486MPa，小于规范允许值（$0.75R_a^b = 26.56$MPa）。索鞍下方区域混凝土应力分布比较均匀，没出现应力集中现象。

图 7.7-24　横向应力分布云图 2

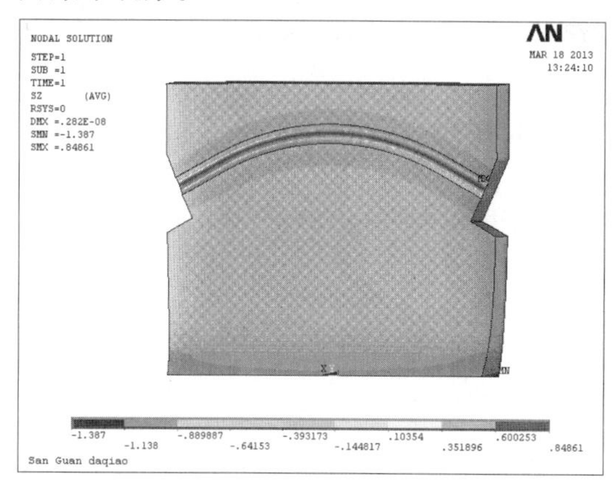

图 7.7-25　模型竖向应力分布云图 1

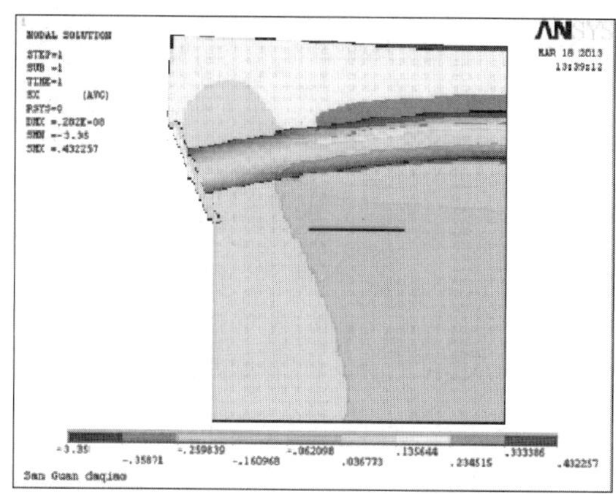

图 7.7-26　模型竖向应力分布云图 2

2）结论

在考虑分丝管附近的混凝土时，根据应力云图可知其最大拉应力主要集中在混凝土与分丝管接触的尖角处，属于应力集中；而较大拉应力则处在靠近分丝管的上半部分，通过竖向应力云图可知该处以竖向拉应力为主，大小为 0.45～1.378MPa，受力比较均匀；而分丝管下半部分附近混凝土则拉应力较小或者受压，拉应力以横向应力为主，大小为 0.46～3.0MPa，压应力以竖向应力为主，大小为 3.46～8.48MPa，均在 C50 混凝土抗拉强度和抗拉强度的安全范围内。因此，分丝管附近混凝土的受力情况均不会影响到结构安全，索鞍区结构安全可靠。

7.8 剪力滞效应对宽幅大悬臂加劲隔板主梁的影响

三官桥主梁为宽幅大悬臂箱梁，采用中央索面，主梁受力相对较复杂，存在空间应力分布不均匀的现象，剪力滞效应明显。

7.8.1 剪力滞效应对主梁有效分布宽度影响

目前，大跨径桥梁总体静力计算分析一般都采用空间杆系程序，本桥主梁采用大悬臂直腹板单箱三室截面，顶板悬臂宽度达到 8m。

《公路钢筋混凝土及预应力混凝土桥涵设计规范》（JTG D62—2004）对剪力滞的考虑，是通过确定箱形截面梁的翼缘有效宽度来模拟箱梁剪力滞效应的影响，如图 7.8-1、图 7.8-2 所示为本桥主梁有效宽度计算 ρ_s、ρ_f 曲线图及主梁顶板有效宽度参数示意。

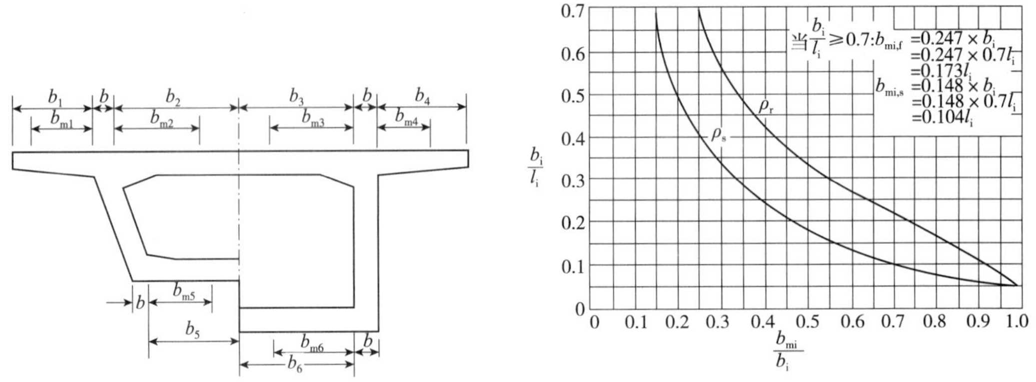

图 7.8-1　箱梁有效宽度及 ρ_s、ρ_f 曲线图

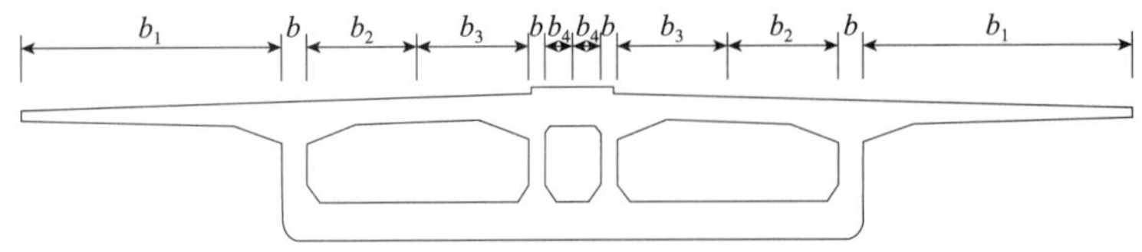

图 7.8-2　箱梁翼缘有效宽度划分

表 7.8-1～表 7.8-4 为：在不同关键截面处，主梁顶板有效宽度的具体计算值。表 7.8-5、表 7.8-6为：在不同关键截面处，考虑主梁顶板有效宽度的折减后，对主梁截面特性的影响和活载弯矩引起的截面应力对比情况。

由上述图表可知，主桥箱梁仅悬臂部分 b_1 需考虑有效宽度的折减，其他均按实际宽度考虑。考虑剪力滞效应后，由活载弯矩产生的应力变化均不到 0.1MPa，变化率为 5% 左右，变化率较小。

然而，通过空间杆系程序进行的总体静力计算只能反映出主梁断面的平均应力，并不能真实反映主梁断面横向应力变化情况，为了更准确地计算剪力滞效应及其分布，三官桥设计借助有限元分析软件，对施工及成桥阶段宽幅大悬臂加劲隔板箱梁剪力滞效应进行了系统的分析。

箱梁关键截面 b_1 的有效宽度值　　表 7.8-1

位　置		截面号	跨径 L	理论跨径 l_i	b_1	b_1/l_i	ρ_s/f	b_{m1}
边跨	支点	28′	120	96	8	0.0833	0.75	6.00
	跨中	17′	120	96	8	0.0833	0.95	7.60
	根部	1′	120	62	8	0.1290	0.60	4.80
中跨	跨中	25	190	114	8	0.0702	0.98	7.84
	根部	1	190	62	8	0.1290	0.60	4.80

箱梁关键截面 b_2 的有效宽度值　　表 7.8-2

位　置		截面号	跨径 L	理论跨径 l_i	b_2	b_2/l_i	ρ_s/f	b_{m2}
边跨	支点	28′	120	96	3.325	0.0346	1.00	3.33
	跨中	17′	120	96	3.325	0.0346	1.00	3.33
	根部	1′	120	62	3	0.0484	1.00	3.00
中跨	跨中	25	190	114	3.325	0.0292	1.00	3.33
	根部	1	190	62	3	0.0484	1.00	3.00

箱梁关键截面 b_3 的有效宽度值　　表 7.8-3

位　置		截面号	跨径 L	理论跨径 l_i	b_3	b_3/l_i	ρ_s/f	b_{m3}
边跨	支点	28′	120	96	3.325	0.0346	1.00	3.33
	跨中	17′	120	96	3.325	0.0346	1.00	3.33
	根部	1′	120	62	3	0.0484	1.00	3.00
中跨	跨中	25	190	114	3.325	0.0292	1.00	3.33
	根部	1	190	62	3	0.0484	1.00	3.00

箱梁关键截面 b_4 的有效宽度值　　表 7.8-4

位　置		截面号	跨径 L	理论跨径 l_i	b_4	b_4/l_i	ρ_s/f	b_{m4}
边跨	支点	28′	120	96	0.85	0.0089	1.00	0.85
	跨中	17′	120	96	0.85	0.0089	1.00	0.85
	根部	1′	120	62	0.55	0.0089	1.00	0.55
中跨	跨中	25	190	114	0.85	0.0075	1.00	0.85
	根部	1	190	62	0.55	0.0089	1.00	0.55

考虑有效宽度的箱梁关键截面的截面特性对比　　表 7.8-5

位置		截面号	原截面			考虑有效宽度的修正截面		
			I	y_t	y_b	I	y_t	y_b
边跨	支点	28′	26.9	1.292	1.858	26.3	1.324	1.826
	跨中	17′	26.9	1.292	1.858	26.8	1.297	1.853
	根部	1′	335.2	3.299	3.351	322.3	3.378	3.272
中跨	跨中	25	26.9	1.292	1.858	26.9	1.294	1.856
	根部	1	335.2	3.299	3.351	322.3	3.378	3.272

考虑有效宽度的活载弯矩引起的截面应力对比　　表 7.8-6

位置		M	原截面		考虑有效宽度截面		应力对比	
		kN·m	S_T(MPa)	S_B(MPa)	$S_{T'}$(MPa)	$S_{B'}$(MPa)	$\Delta = S_{T'} - S_T(\Delta/S_T)$	$\Delta = S_{B'} - S_B(\Delta/S_B)$
边跨	支点	29424	1.414	2.033	1.478	2.040	0.064(4.5%)	0.007(0.3%)
	跨中	45105	2.168	3.117	2.184	3.118	0.016(0.7%)	0.001(0.1%)
	根部	-140574	-1.383	-1.405	-1.474	-1.427	-0.091(6.5%)	-0.022(1.5%)
中跨	跨中	-158899	-7.636	-10.980	-7.659	-10.982	-0.023(0.3%)	-0.002(0.1%)
	根部	51115	0.503	0.511	0.536	0.519	-0.033(6.5%)	0.008(1.5%)

7.8.2 施工阶段宽幅大悬臂主梁数值有限元分析

施工阶段全过程数值有限元计算,选取三个主要施工阶段来分析宽幅大悬臂箱梁的剪力滞效应,进一步验算结构的抗裂是否符合规范要求。

(1)短悬臂状态,3 号节段双悬臂状态且 4 号节段已浇筑 - 工况 1。

(2)未挂索长悬臂状态,9 号节段双悬臂状态且 10 号节段已浇筑 - 工况 2。

(3)挂索施工悬臂状态,12 号节段双悬臂状态且 13 号节段已浇筑 - 工况 3。

各计算工况结构有限元模型如图 7.8-3、图 7.8-4 所示。

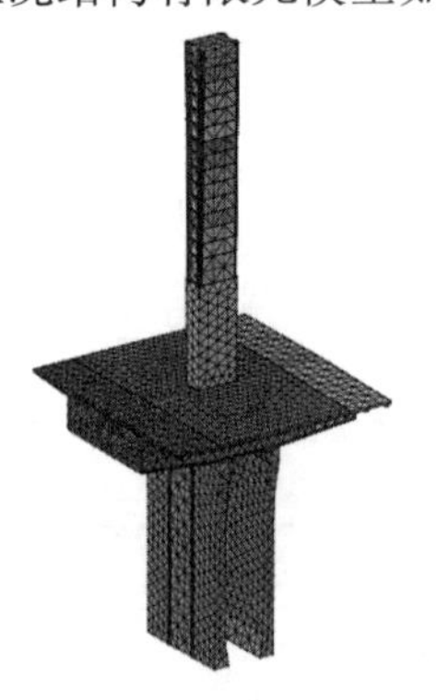

图 7.8-3　工况 1 结构有限元模型

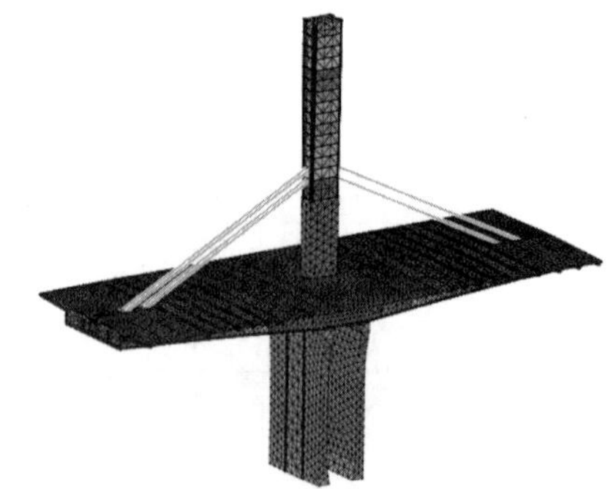

图 7.8-4　工况 3 结构有限元模型

1)未挂索施工短悬臂状态

选取 3 号节段预应力张拉完毕浇筑 4 号节段的模型进行分析,研究 0 号 ~4 号截面顶板和底板纵向应力沿横桥向的分布情况。如图 7.8-5 ~ 图 7.8-10 所示。

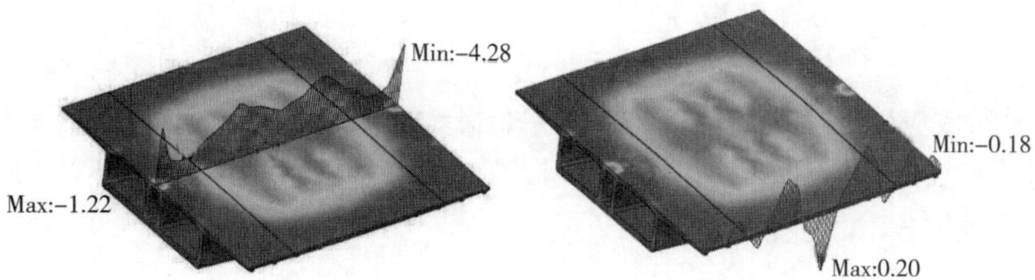

图 7.8-5　箱梁中部及翼缘外侧顺桥向纵向应力云图(单位:MPa)

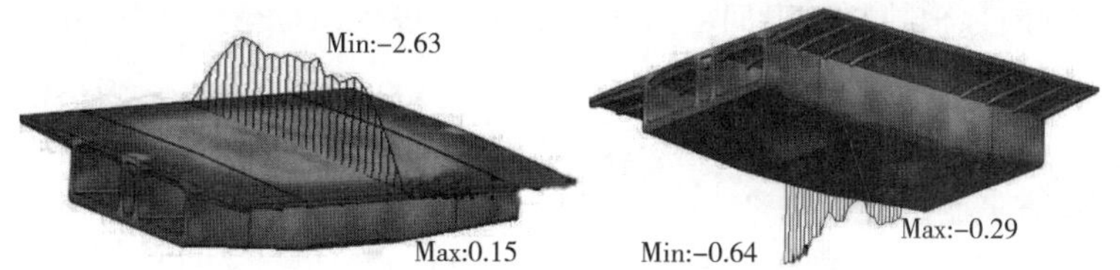

图 7.8-6　0 号截面顶、底板纵向应力云图(单位:MPa)

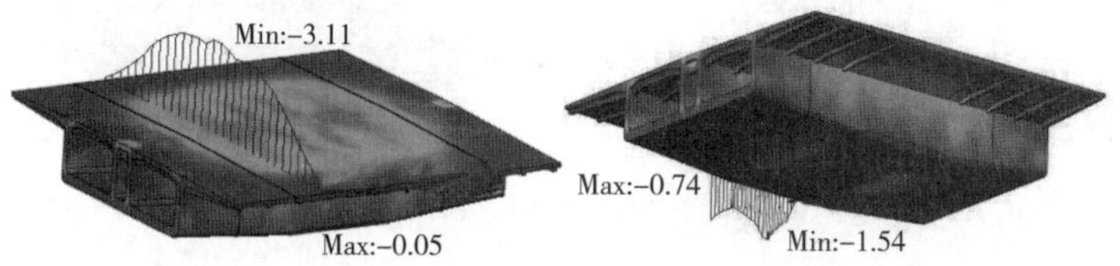

图 7.8-7　1 号截面顶、底板纵向应力云图(单位:MPa)

图 7.8-8　2 号截面顶、底板纵向应力云图(单位:MPa)

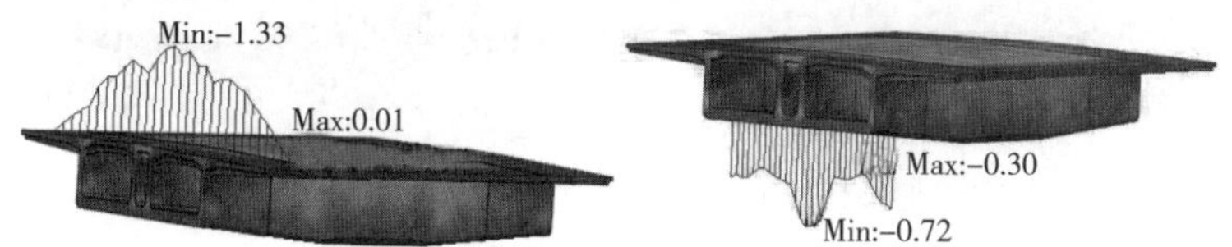

图 7.8-9　3 号截面顶、底板纵向应力云图(单位:MPa)

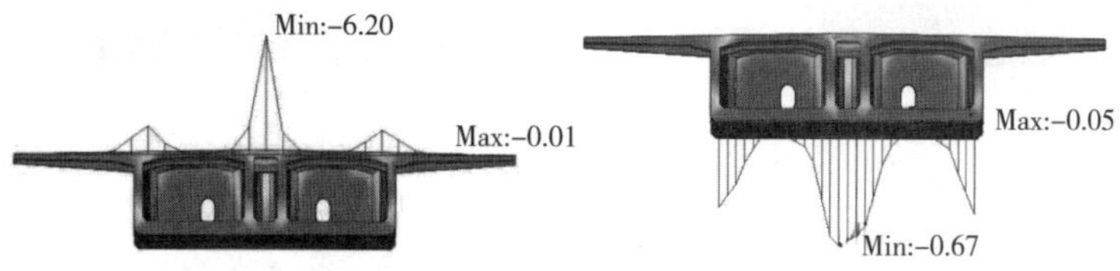

图 7.8-10　4 号截面顶、底板纵向应力云图(单位:MPa)

根据以上列出的计算结果图形可知:

(1)施工到 3 号节段时,主梁基本处于受压状态,但主梁顶板正应力的横桥向分布不均匀。顶板应力的分布在主梁两外腹板范围内比较均匀,而在翼缘范围内应力分布不均匀,从外腹板至翼缘外侧正应力逐渐减小，翼缘板外侧基本没有压应力储备，拉应力极大值为0.2MPa左右。

(2)剪力滞效应较为明显的位置主要为悬臂端(4号截面)及各节段顶板翼缘外侧。由于悬臂端附近截面受预应力和集中力的作用，箱梁顶、底板的应力分布很不均匀。其余截面的底板剪力滞效应相对顶板很小。

2)未挂索长悬臂状态

选取9号节段预应力张拉完毕浇筑10号节段的模型进行分析，研究0号、1号、4号、6号、8号和10号截面顶板和底板纵向应力沿横桥向的分布。如图7.8-11~图7.8-17所示。

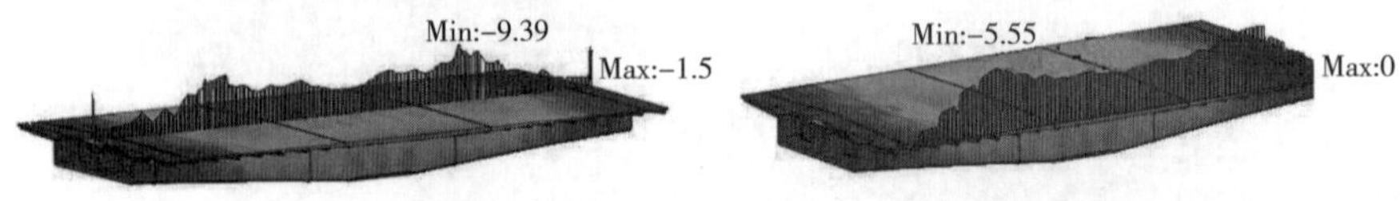

图7.8-11　箱梁中部及翼缘外侧顺桥向纵向应力云图(单位:MPa)

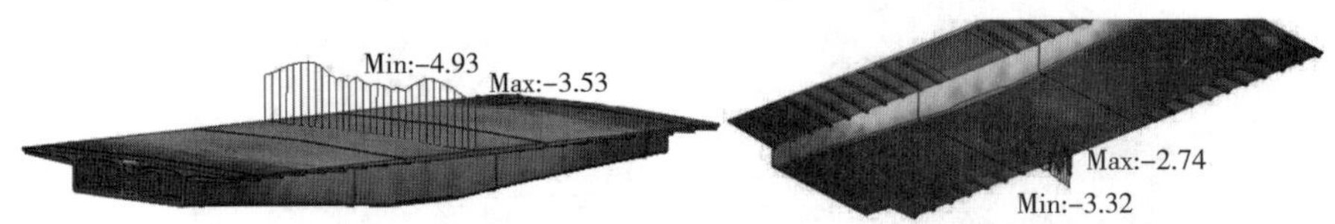

图7.8-12　0号截面顶、底板纵向应力云图(单位:MPa)

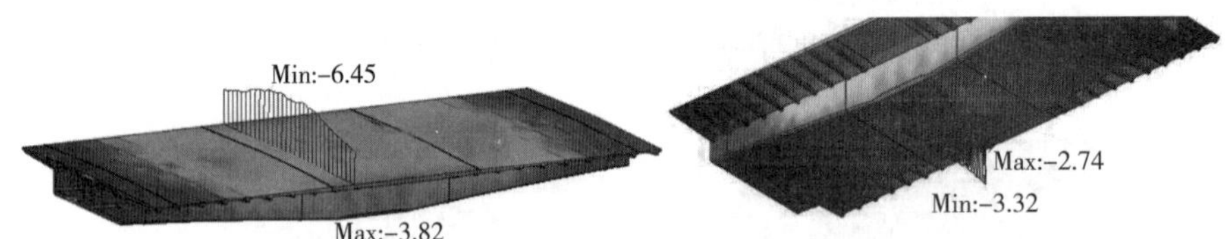

图7.8-13　1号截面顶、底板纵向应力云图(单位:MPa)

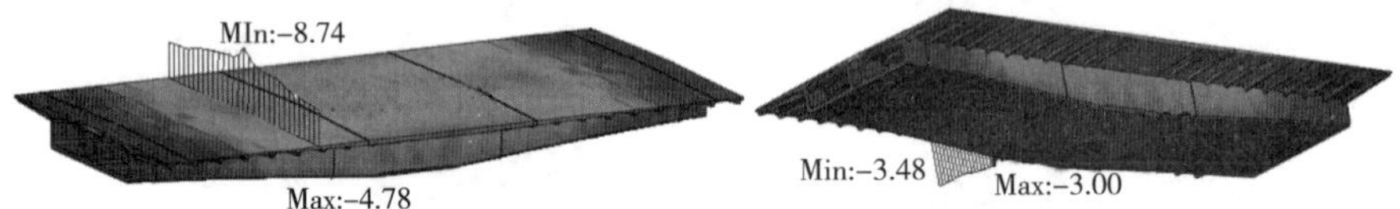

图7.8-14　4号截面顶、底板纵向应力云图(单位:MPa)

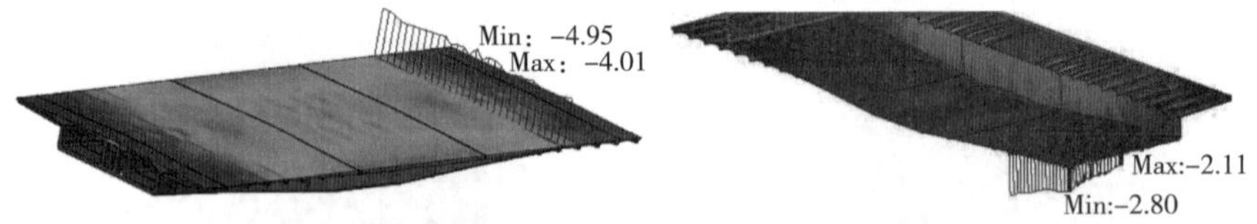

图7.8-15　6号截面顶、底板纵向应力云图(单位:MPa)

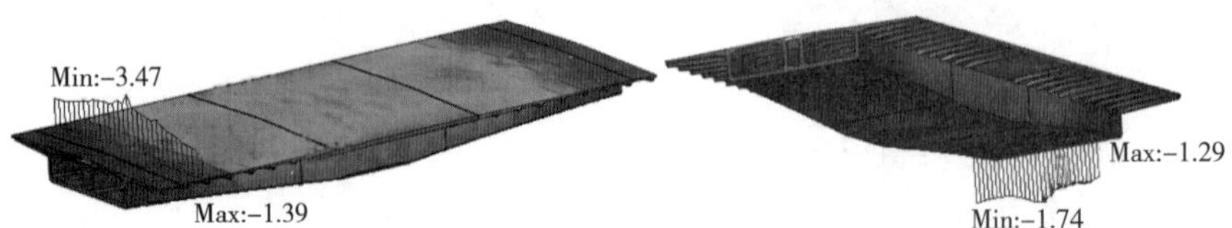

图7.8-16　8号截面顶、底板纵向应力云图(单位:MPa)

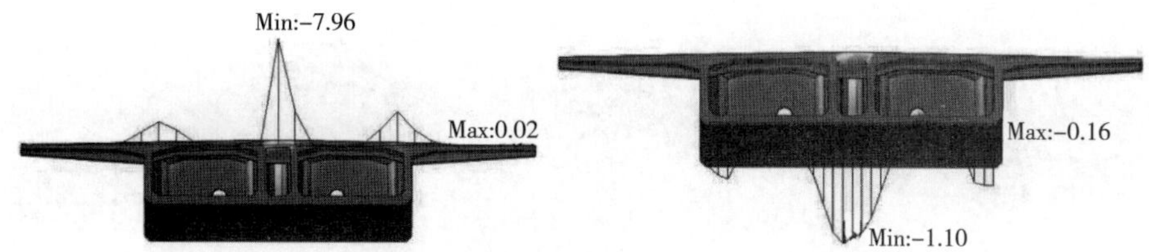

图 7.8-17 10 号截面顶、底板纵向应力云图(单位:MPa)

根据以上列出的计算结果图形可知:

(1)施工到 9 号节段时,主梁基本处于受压状态,0 号 ~ 8 号主梁节段顶板正应力的横桥向分布逐渐均匀,各节段主梁翼缘板均有一定的压应力储备。

(2)剪力滞效应较为明显的位置主要为悬臂端(10 号截面),该截面箱梁顶、底板的应力分布很不均匀。其余主梁节段顶、底板剪力滞效应均较小。

3)挂索施工悬臂状态

选取 12 号节段预应力张拉完毕浇筑 13 号节段的模型进行分析,研究各节段箱梁顶板和底板纵向应力沿横桥向的分布情况。如图 7.8-18 ~ 图 7.8-24 所示。

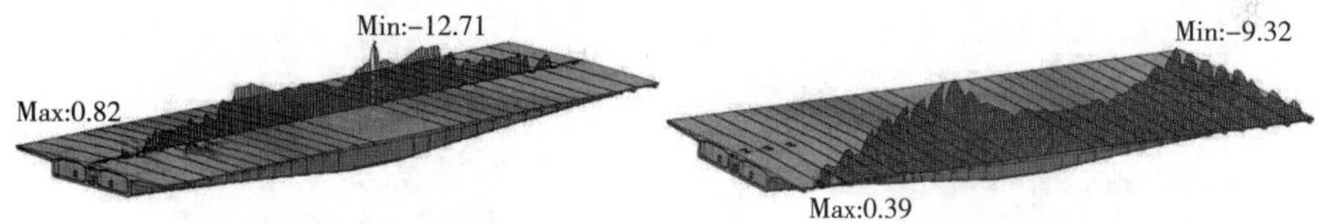

图 7.8-18 箱梁中部及翼缘外侧顺桥向纵向应力云图(单位:MPa)

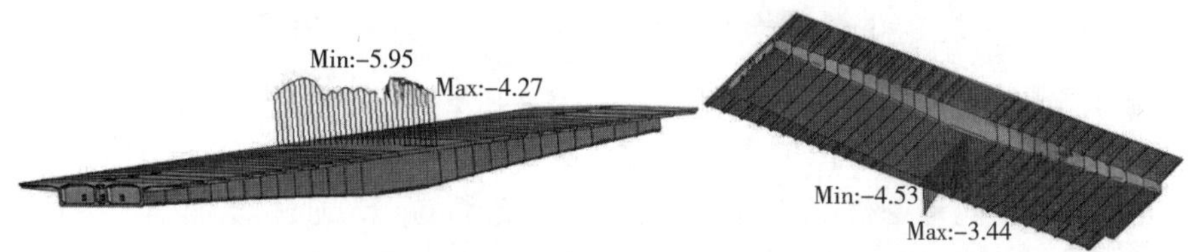

图 7.8-19 0 号截面顶、底板纵向应力云图(单位:MPa)

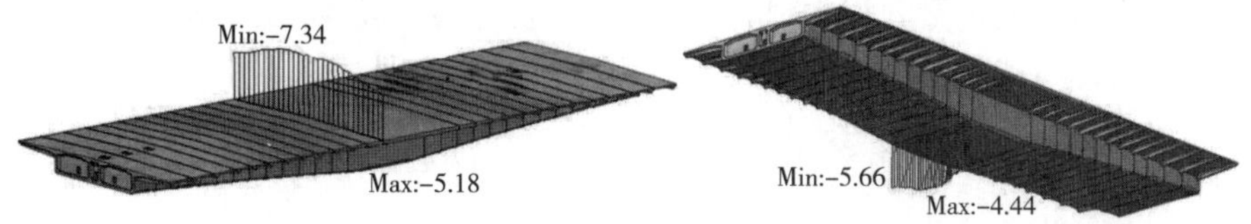

图 7.8-20 1 号截面顶、底板纵向应力云图(单位:MPa)

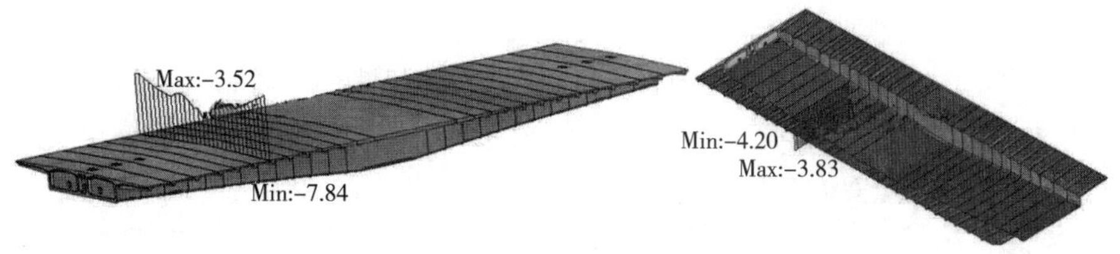

图 7.8-21 7 号截面顶、底板纵向应力云图(单位:MPa)

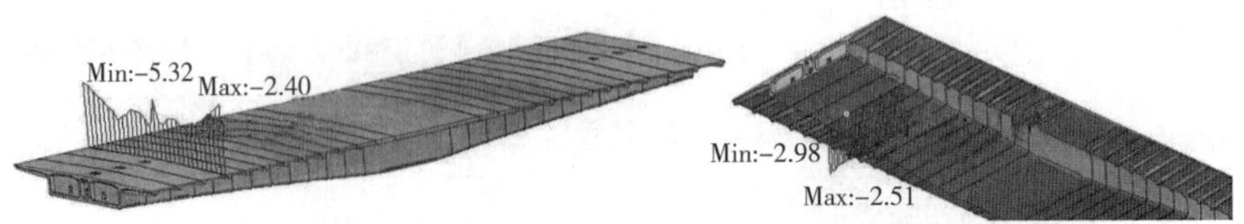

图 7.8-22　10 号截面顶、底板纵向应力云图(单位:MPa)

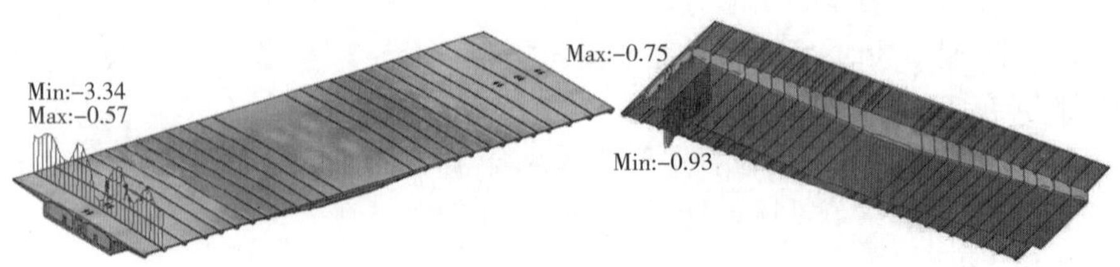

图 7.8-23　12 号截面顶、底板纵向应力云图(单位:MPa)

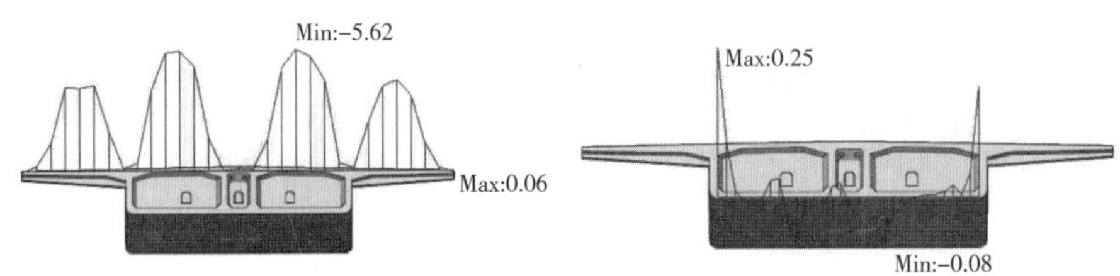

图 7.8-24　13 号截面顶、底板纵向应力云图(单位:MPa)

根据以上列出的计算结果图形可知:

(1)主梁基本处于受压状态,0 号 ~ 10 号主梁节段顶板正应力的横向分布较为均匀,各节段主梁翼缘板压应力储备进一步增加。主梁节段悬臂端(13 号截面)箱梁顶、底板应力分布很不均匀,斜拉索锚固截面(12 号截面)箱梁顶板应力分布也不均匀。

(2)剪力滞效应较为明显的位置主要为主梁节段悬臂端,其次为斜拉索锚固断面(12 号截面)。在以上截面处,主梁顶板表现为负剪滞,其余主梁节段顶、底板剪力滞效应均较小,箱梁应力分布规律与工况 2 基本相同。

4)施工阶段有限元分析结论

综合以上各工况的计算结果和结论,可以看出:

(1)各工况主梁正应力状态均处于规范容许值范围内。施工过程中,剪力滞效应较明显位置主要为主梁施工节段的悬臂端、斜拉索锚固断面,主梁节段悬臂端的剪力滞效应最为显著。

(2)箱梁顶板的剪力滞效应比底板更为明显。

(3)在主梁悬臂施工的短悬臂状态,由于主梁受 0 号节段塔、墩、梁固结的约束影响,箱梁翼缘板剪力滞效应也较为显著。从箱梁外腹板至翼缘外侧,翼缘板正应力呈三角形分布且逐渐减小;翼缘板外缘剪力滞系数很小,甚至为负值,几乎没有压应力储备。

(4)随着悬臂施工节段的加长,到主梁第 8 节段之后,翼缘板外缘剪力滞系数逐渐提高,其压应力储备也逐渐增加。

5)施工阶段典型截面处剪力滞效应分析

如图7.8-25所示为挂索施工悬臂状态下主梁翼缘板外缘、外腹板、内腹板以及截面中心处的箱梁顶板纵向剪力滞效应。从中可以看出:

(1)翼缘板外缘、翼缘板中心、外腹板处剪力滞系数普遍由小变大,最大剪力滞系数出现在距悬臂端46,为1.67。此状态下剪力滞系数不存在负值。

(2)截面各处的剪力滞系数越靠近悬臂端就越显著,最大剪力滞系数达到30.15(由腹板作用造成)。

(3)在截面中心处,随着主梁节段的延伸剪力滞系数逐渐减小。剪力滞系数最大发生在离塔根部38m处,为10.23(由拉索作用造成);最小则在悬臂端截面处,为0.65(表7.8-7)。

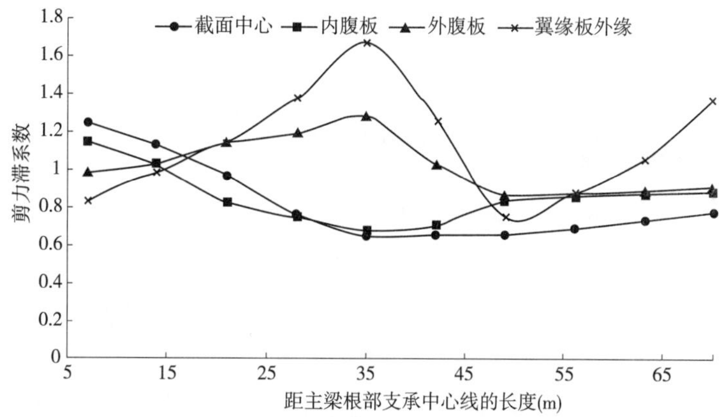

图7.8-25 挂索施工悬臂状态下主梁顶板纵向剪力滞效应

各施工阶段主梁顶板剪力滞效应 表7.8-7

截面号	阶段	截面中心	内腹板	外室中心	外腹板	翼缘板中心	翼缘板外缘
截面Ⅰ	第1阶段	1.54	0.60	0.54	0.33	0.15	-0.01
	第3阶段	1.22	0.62	0.60	0.41	0.23	-0.03
	第6阶段	1.13	0.92	0.85	0.66	0.47	-0.31
	第8阶段	1.12	1.05	1.19	1.00	0.68	0.57
	第11阶段	1.36	1.09	1.01	0.96	0.78	0.74
	第13阶段	1.25	1.15	1.11	0.98	0.89	0.83
	第19阶段	1.17	1.09	1.02	0.96	0.92	0.89
截面Ⅱ	第11阶段	10.23	0.62	0.11	0.50	0.37	0.13
	第13阶段	0.65	0.68	0.97	1.28	1.38	1.67
	第19阶段	0.72	0.75	1.01	1.14	1.19	1.26
截面Ⅲ	第13阶段	0.66	0.84	30.15	0.87	23.38	0.75
	第19阶段	0.68	0.72	0.98	1.16	1.29	1.34
截面Ⅳ	第19阶段	0.78	0.89	20.57	0.91	16.93	1.38

注:截面Ⅰ距离主梁根部支承中心线7m,为主梁1号节段端部;截面Ⅱ距离主梁根部支承中心线38m,为主梁10号节段端部,即第一个有索区主梁节段;截面Ⅲ距离主梁根部支承中心线46m,为主梁12号节段端部,即第三个有索区主梁节段;截面Ⅳ距离主梁根部支承中心线70m,为主梁18号节段端部。

7.8.3 成桥阶段宽幅大悬臂主梁数值有限元分析

选取全桥对称结构模型进行分析，研究主梁根部、跨中、L/4 及边跨现浇段附近等截面顶板和底板纵向应力沿横桥向的分布。如图 7.8-26 ~ 图 7.8-35 所示。

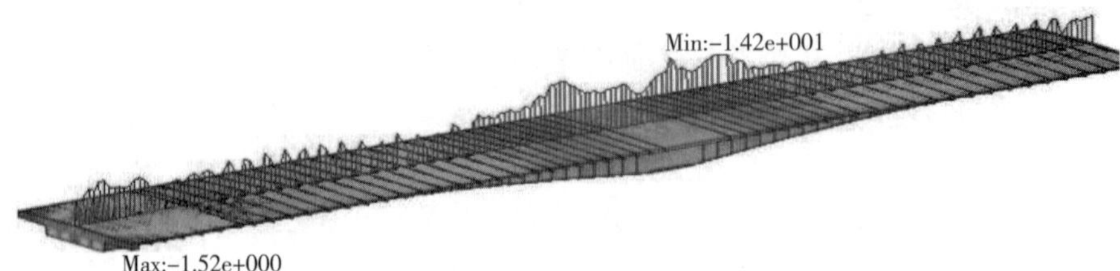

图 7.8-26 箱梁中部顺桥向纵向应力云图（单位：MPa）

图 7.8-27 箱梁翼缘外侧顺桥向纵向应力云图（单位：MPa）

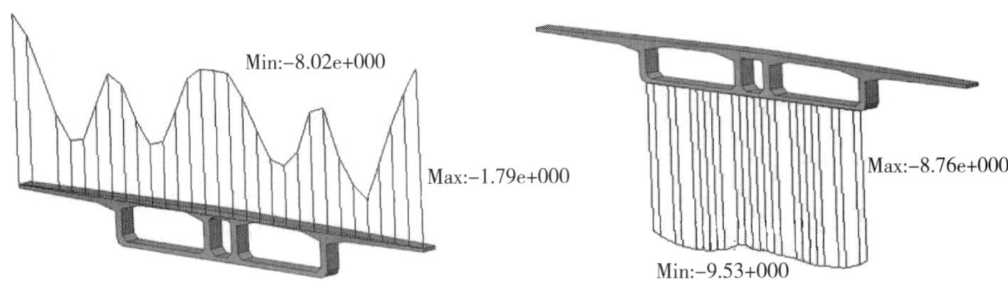

图 7.8-28 跨中截面顶、底板横桥向纵向应力云图

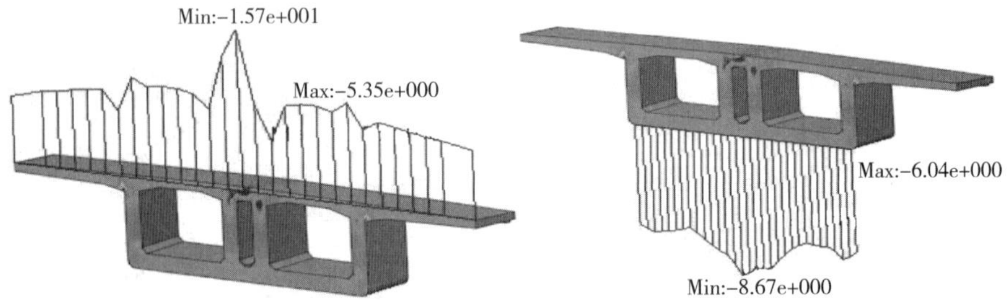

图 7.8-29 主梁根部截面顶、底板横桥向纵向应力云图

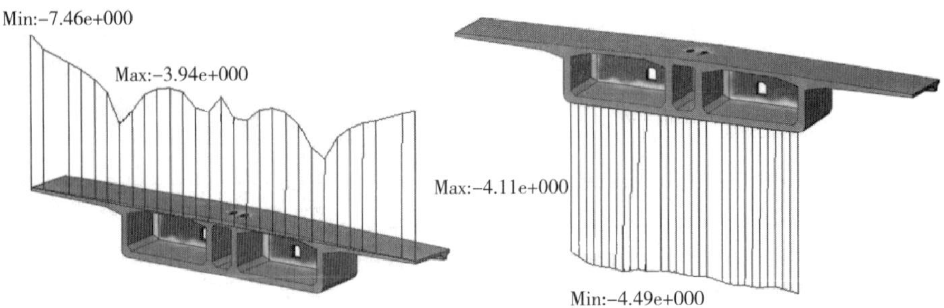

图 7.8-30 11 号截面顶、底板横桥向纵向应力云图

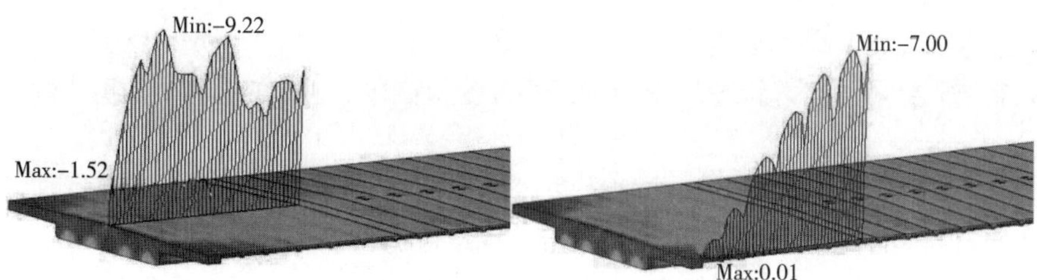

图 7.8-31 边跨现浇段箱梁中部及翼缘外侧顺桥向纵向应力云图

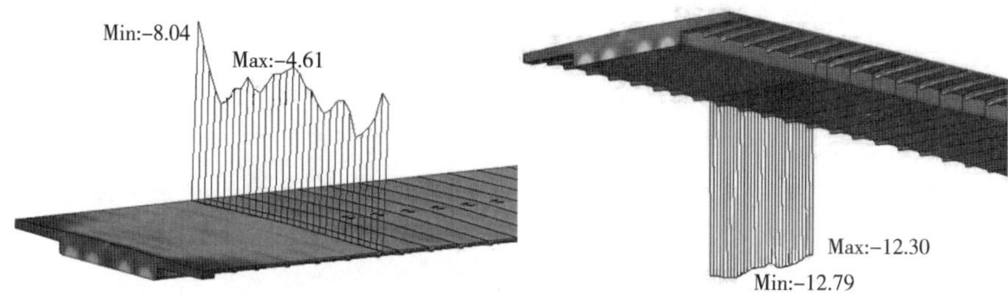

图 7.8-32 26 号截面顶、底板横桥向纵向应力云图

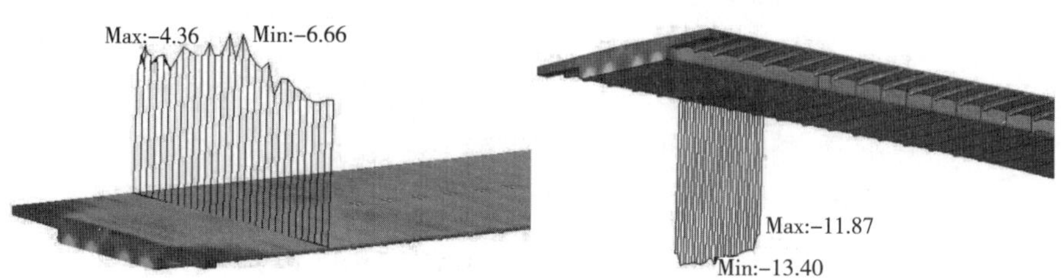

图 7.8-33 27 号截面顶、底板横桥向纵向应力云图

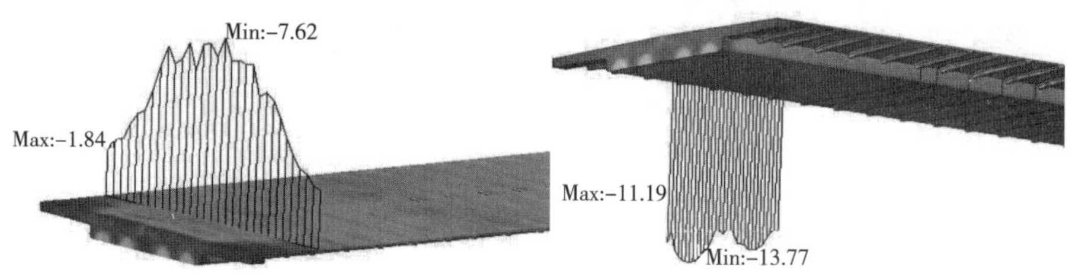

图 7.8-34 28 号截面顶、底板横桥向纵向应力云图

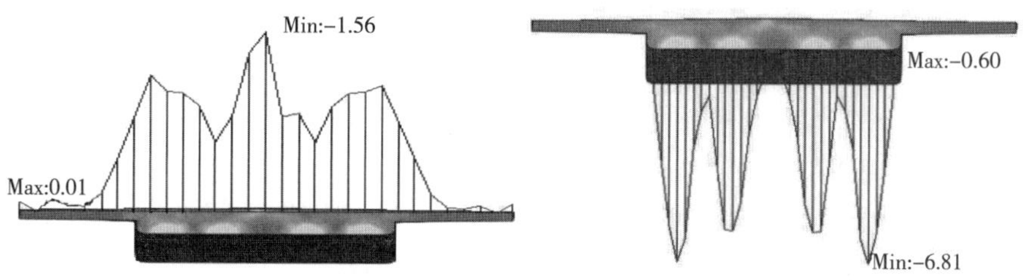

图 7.8-35 边跨端部 29 号截面顶、底板横桥向纵向应力云图

1)成桥阶段有限元分析结论

综合以上各工况的计算结果和结论,可以看出:

(1)各工况主梁正应力状态均处于规范容许值范围内,主梁在施工期的剪力滞效应比成桥阶段更为明显。

(2)剪力滞效应较为显著位置主要为边跨支座附近截面(28 号、29 号截面),且顶板比底板剪力滞效应更明显。该区段箱梁翼缘板外侧压应力储备较低。

(3)对于其他主梁截面,箱梁底板正应力分布均匀,箱梁顶板正应力分布较为均匀,主梁跨中截面受合龙段预应力影响,箱梁顶板剪力滞效应相对较明显。

2)成桥阶段典型截面处剪力滞效应分析

(1)在 $Z=7\mathrm{m}$ 箱梁断面处,成桥阶段顶板纵桥向正应力分布曲线走势基本上与悬臂工况相同,成桥工况顶板最大剪力滞系数为 1.10,底板最大剪滞系数为 1.03。

(2)在 $Z=38\mathrm{m}$ 箱梁断面处,成桥阶段顶板剪滞系数在箱梁中心线上最小,剪滞系数只有 0.77,从箱梁中心线到内腹板,剪滞系数逐渐增大,内腹板处的剪滞系数到达 1.13,外腹板处剪滞系数为 0.97。而在翼缘板上剪滞系数有快速增加的趋势,剪滞系数从 0.82 直增到 1.19。

(3)$Z=46\mathrm{m}$ 处箱梁断面剪滞系数分布走势基本上和 $Z=38\mathrm{m}$ 处相同,顶板最大剪滞系数为 1.13,底板最大剪滞系数为 1.06。

(4)在跨中截面($Z=94\mathrm{m}$)处,顶板应力的横向分布规律与 $Z=46\mathrm{m}$ 处箱梁断面应力的横向分布规律有一定区别,在箱梁翼缘板中心及外室中心处顶板剪滞系数最小,分别为 0.43 和 0.54。且在翼缘的最前端,应力呈快速增长的趋势。

7.8.4 加劲隔板截面尺寸对主梁剪力滞的影响

预应力混凝土箱型截面几何参数对剪力滞的影响,国内外相关学者对单箱单室、单箱双室、单箱三室箱梁研究较多,取得了较丰硕成果。研究表明,对于单箱单室简支箱梁,主梁的宽跨比、宽高比、腹板的斜度、翼板悬臂长度、翼板承托布置都将对剪力滞产生影响,其中以宽跨比的影响最为显著;箱梁上翼缘板承托对剪力滞效应的影响较为明显,承托水平尺寸的增加可以改善翼缘板剪力滞效应状况。另有学者针对独塔斜拉桥单箱三室悬臂箱梁的顶板、底板和斜腹板厚度对剪力滞的影响,得出了一些参考性结论:斜拉桥单箱三室主梁的顶板、底板和斜腹板厚度变化对箱梁顶板剪力滞效应影响较大,对底板剪力滞效应影响不大;顶板、底板和斜腹板厚度三者变化相比较,斜腹板厚度变化对顶板和底板剪力滞效应的影响更为显著。

本桥采用大悬臂直腹板单箱三室截面,在箱梁顶板设置了通长加劲隔板,加劲隔板截面尺寸对剪力滞的影响,在设计时有必要作进一步研究。

以下分别采用加劲隔板高 1.5m 和 2.9m 两种工况进行有限元计算,分析不同加劲隔板高度对宽幅大悬臂箱梁剪力滞效应的影响。

1)计算断面尺寸的选取

计算采用空间有限元程序 Midas Fea3.0。选取全桥结构进行实体模型分析,混凝土采用实体单元模拟,预应力钢束采用钢筋单元模拟,桥墩底部采用固结处理。

两种工况截面如图 7.8-36 所示,其中左截面代表工况 1,右截面代表工况 2。

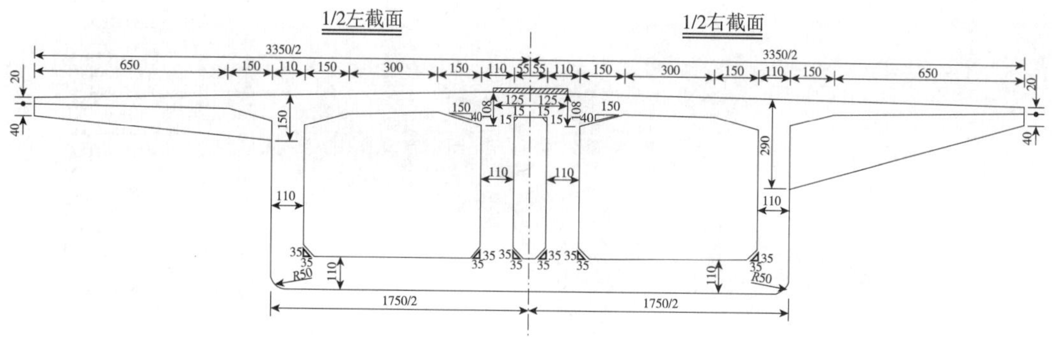

图 7.8-36 工况 1 和工况 2 横断面图示(尺寸单位:mm)

2)计算结果

(1)工况 1:主梁加劲隔板高 1.5m,计算结果见图 7.8-37、图 7.8-38。

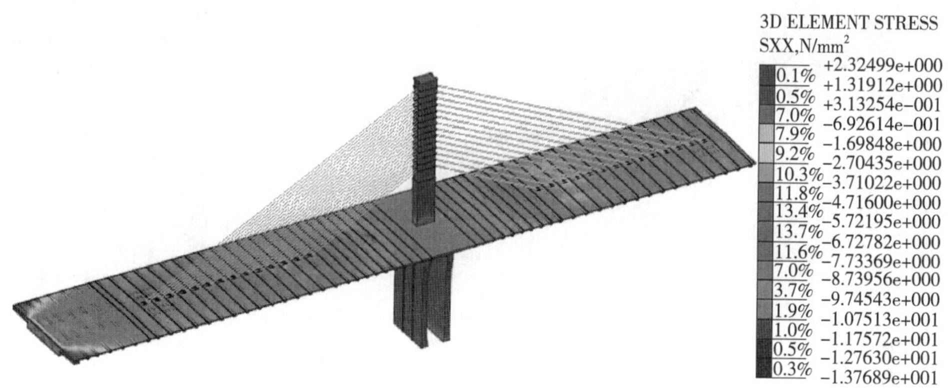

图 7.8-37 全桥整体纵向应力云图(单位:MPa)

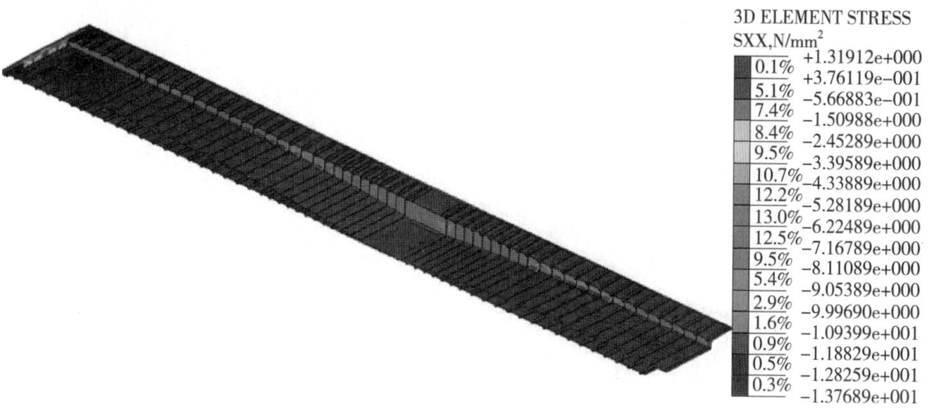

图 7.8-38 箱梁纵向应力云图(单位:MPa)

(2)工况 2:主梁加劲隔板高 2.9m,计算结果见图 7.8-39、图 7.8-40。

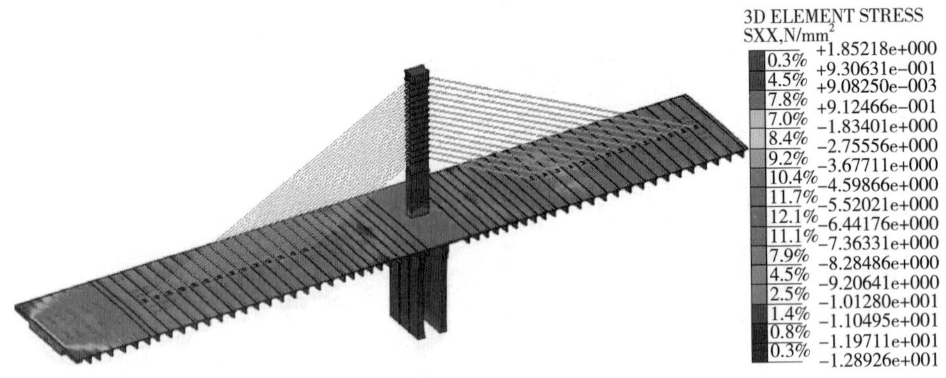

图 7.8-39 全桥整体纵向应力云图(单位:MPa)

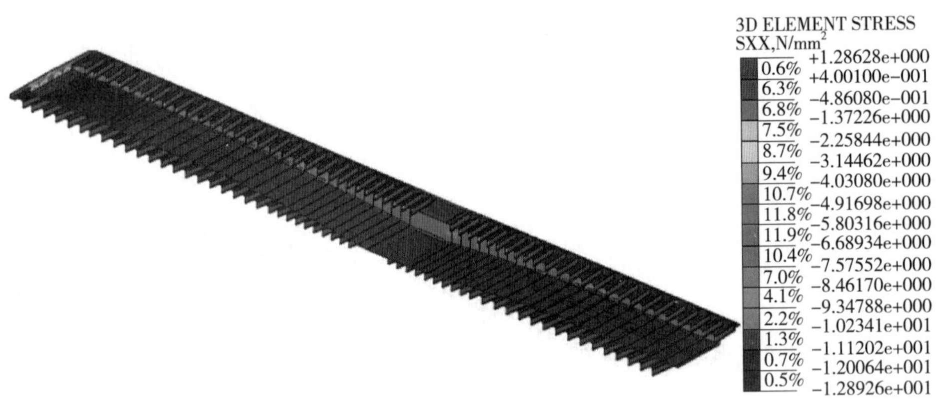

图 7.8-40 箱梁纵向应力云图(单位:MPa)

3)剪力滞效应比较

为计算主梁截面的有效分布宽度,采用空间实体有限元对各断面的剪力滞效应进行分析。

各截面半幅桥面板的有效宽度按下式进行近似计算:

$$b_c = \frac{(\sigma_1 + \sigma_2)b_1 + (\sigma_2 + \sigma_3)b_2 + \cdots + (\sigma_{n-1} + \sigma_n)b_{n-1}}{\sigma_{\max}}$$

式中:b_c——桥面有效宽度;

b_{n-1}——第 $n-1$ 个单元横桥向的尺寸;

σ_{n-1}和 σ_n——第 $n-1$ 个单元计算截面位置上两个节点的正应力;

$\sigma_{\max}$——$\sigma_1 \sim \sigma_n$ 中的最大值。有效宽度比 $\phi = b_c/b$,有效宽度比越小,说明剪力滞效应越明显。

工况一和工况二下各截面上、下缘有效宽度和有效宽度比详见表 7.8-8、表 7.8-9。

根据分析结果可知:主墩处的有效宽度比最小,其值分别为 0.82 和 0.81,说明该截面处剪力滞效应最严重。其次是无索有索交界处,其值分别为 0.85 和 0.85,说明该截面处剪力滞效应较严重。跨中附近的剪力滞效应最小,其有效宽度比分别为 0.95 和 0.93。

工况一和工况二下各截面上缘处剪力滞效应 表7.8-8

至跨中距离(m)	0		33.0		58.0		90.6		94.0	
说明	跨中		拉索区中间		无索有索交界		主墩附近		主墩处	
工况	一	二	一	二	一	二	一	二	一	二
有效宽度 b_c(m)	30.48	30.15	30.82	30.48	27.80	27.80	28.14	27.80	29.15	28.47
有效宽度比 ϕ	0.91	0.90	0.92	0.91	0.83	0.83	0.84	0.83	0.87	0.85

工况一和工况二下各截面下缘处剪力滞效应 表7.8-9

至跨中距离(m)	0		33.0		58.0		90.6		94.0	
说明	跨中		拉索区中间		无索有索交界		主墩附近		主墩处	
工况	一	二	一	二	一	二	一	二	一	二
有效宽度 b_c(m)	16.17	15.84	12.70	12.54	14.35	14.35	15.51	15.18	12.70	12.37
有效宽度比 ϕ	0.98	0.96	0.77	0.76	0.87	0.87	0.94	0.92	0.77	0.75

4)分析结论

综合以上各工况的计算结果可知:

(1)成桥状态下,工况一主梁正应力基本处于0.32MPa(拉应力max)~-13.77MPa(压应力max)之间,工况二主梁正应力基本处于0.40MPa(拉应力max)~-12.89MPa(压应力max)之间,主梁正应力均处于规范容许值范围内。

(2)成桥状态下,顶板比底板剪力滞效应显著。

(3)主墩处的有效宽度比最小,说明该截面处剪力滞效应最大,其次是无索有索交界处,说明该截面处剪力滞效应相对较大,跨中附近的剪力滞效应最小。

(4)加劲隔板高度分别为1.5m和2.9m时,主梁顶板剪力滞效应差异不明显。

(5)采用根部截面尺寸较大的加劲隔板并不能对宽幅大悬臂箱梁的顶板剪力滞效应产生显著改善,2.9m高度的加劲隔板比1.5m高度的加劲隔板每延米平均增加了2.7t的恒载自重,反而降低了结构的安全度。因此,加劲隔板的截面尺寸拟定以满足宽幅箱梁的横向受力需求为主。

三官桥设计综合考虑了以上因素,最终确定:在箱梁顶板设置通长加劲隔板。加劲隔板根部截面高度为1.3m,端部截面高度为0.6m,宽0.35m,纵桥向布设间距为3~4m。设置通长加劲隔板,既有利于控制箱梁应力水平,同时施工节段长度、重量适中,增加了桥梁景观效果。

7.8.5 宽幅大悬臂加劲隔板主梁部分斜拉桥有限元分析总结

通过武汉三官汉江公路大桥施工阶段和成桥阶段对剪力滞的有限元分析,可以得出以下结论:

(1)由于宽幅主梁自身的结构特征,无论是在施工阶段还是成桥阶段,箱梁顶、底板均存在一定的剪力滞效应,相对而言,主梁在施工期的剪力滞效应比成桥状态更为明显。本项目主梁结构的受力性能可以满足规范及设计要求。

(2)宽幅主梁顶板的剪力滞效应较为显著,而底板的剪力滞效应相对顶板则很小。

(3)对于采用宽幅大悬臂主梁的部分斜拉桥,在悬臂施工阶段,按初等梁理论计算主梁顶板处于受压状态,但受剪力滞效应的影响,顶板翼缘外侧可能存在拉应力或压应力储备较小区域。因此,在施工过程中应该重视剪力滞效应对大悬臂翼缘的影响,防止大悬臂翼缘开裂。

(4)在短悬臂状态,由于主梁受0号节段塔、墩、梁固结的约束影响,主梁翼缘板剪力滞效应较为显著。从箱梁外腹板至翼缘外侧,翼缘板正应力呈三角形分布,且逐渐减小,翼缘板最外侧几乎没有压应力储备。但随着主梁悬臂施工节段的增长,主梁翼缘板压应力储备逐渐增加,翼缘板剪力滞效应影响逐渐减小。

(5)在主梁悬臂施工过程中,节段悬臂端部的顶、底板剪力滞效应最为显著;在斜拉索锚固截面、主梁预应力筋张拉和竖向集中荷载作用位置,主梁顶板的剪力滞效应也较为明显。

(6)1.5m、2.9m高度加劲隔板对主梁顶板剪力滞的影响几乎相同。因此,加劲隔板采用过大的截面尺寸并不能对宽幅大悬臂主梁的顶板剪力滞效应产生显著改善,其截面尺寸拟定以满足主梁的横向受力需求为主。

7.8.6 宽幅大悬臂加劲隔板主梁防裂措施研究

大悬臂单箱三室混凝土主梁截面的翼缘板宽度较大,悬臂施工阶段主梁剪力滞效应相对较显著,主梁纵向悬臂端部由于受到预应力锚固及集中力的作用,剪力滞效应最为明显;同时,在主梁短悬臂施工阶段,其大悬臂翼缘板范围内的压应力储备较小,在施工荷载、混凝土收缩徐变及主梁顶板局部温度梯度的综合作用下,主梁翼缘板上、下缘很容易在施工期出现垂直桥轴线方向的横向裂缝。

根据主梁剪力滞有限元分析的成果,三官桥采取以下针对性措施有效地控制了大悬臂预应力混凝土箱梁翼缘板裂缝的产生:

(1)在满足宽幅大悬臂主梁横向受力需求、控制顶板剪力滞效应的基础上,合理布置桥面加劲隔板间距、确定加劲隔板截面尺寸,以保证主梁的横向结构刚度。

(2)主梁各悬臂施工阶段,保证翼缘板内足够的预应力度,即在主梁各节段翼缘板内配置一定数量的预应力锚固束。

(3)主梁翼缘板内纵向预应力钢束尽量靠近翼板边缘布置。

(4)主梁翼缘板边部截面尺寸较小,无法设置预应力钢束,对于主梁短悬臂施工阶段及成桥阶段主梁剪力滞效应较显著的重点区域,可以采取精轧螺纹钢进行预应力度的补强。如图7.8-41所示。

(5)主梁大悬臂翼缘板区段沿纵桥向设置足够的加强箍筋,以抑制施工期翼缘板裂缝的出现或开展。

(6)主梁采用悬臂浇筑施工,应首先保证后支点挂篮的整体刚度,特别是大悬臂翼缘板区域挂篮及支架的竖向刚度。

(7)对于主梁各悬臂施工阶段,特别是主梁短悬臂施工状态,施工中应采取有效养护措施降低主梁大悬臂翼缘板温度变化速率,防止在过大的温度梯度作用下,大悬臂翼缘板产生横向裂缝。

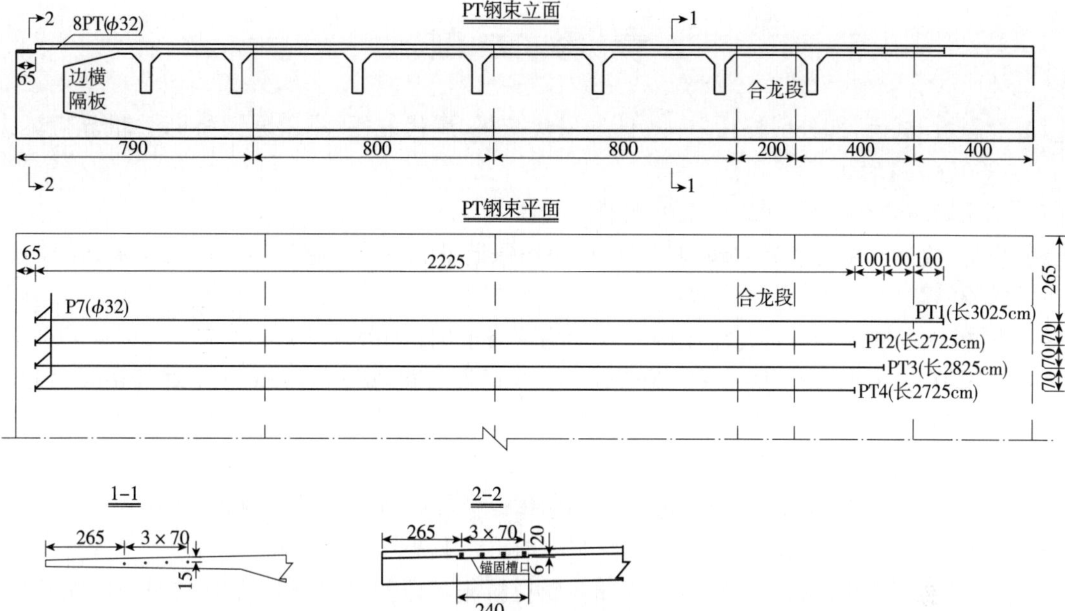

图 7.8-41　边跨翼板预应力精轧螺纹钢布置图(尺寸单位:mm)

参 考 文 献

[1] 严国敏. 试谈“部分斜拉桥”——日本屋代南桥、屋代北桥、小田原港桥[J]. 世界桥梁，1996(1):47-50.

[2] 林元培. 斜拉桥[M]. 北京:人民交通出版社,2004.

[3] 成野. 西湘分干道世界初超剂量 PC 桥小田原港桥的设计与施工[J]. 桥梁与基础(日)，1992(12).

[4] 渡边. 土狩大桥的设计与施工[J]. 预应力混凝土(日),1997(3).

[5] 严国敏. 日本木曾川桥——主跨 275m 的 4 塔混合梁部分斜拉桥[J]. 国外桥梁,1997(2):1-4.

[6] 陈亨锦，王凯，李承根. 浅谈部分斜拉桥[J]. 桥梁建设,2002 (1):44-47.

[7] 汤少青,蔡文生,陈亨锦. 漳州战备大桥总体设计[J]. 桥梁建设，2002(1):1-4.

[8] 李映,徐利平. 部分斜拉桥方案设计[J]. 结构工程,2002(2):6-9.

[9] 王军玺,郄才富,张自然. 预应力砼部分斜拉桥施工监控技术研究[J]. 兰州交通大学学报，2002(6) :73-77.

[10] 蔺鹏臻. 矮塔斜拉桥结构优化[D]. 兰州:兰州交通大学,2003.

[11] 王伯惠. 斜拉桥结构发展和中国经验[M]. 北京:人民交通出版社,2003.

[12] 刘凤奎,蔺鹏臻,孙红红. 矮塔斜拉桥塔高优化[J]. 铁道工程学报,2003(4):71-74.

[13] 喻梅. 浅谈多塔斜拉桥[J]. 四川建筑,2003(3):54-55.

[14] 王俊义. 国内第一座部分斜拉桥——漳州战备大桥设计[J]. 华东公路,2003(1):13-15.

[15] 陈明宪. 斜拉桥建造技术[M]. 北京：人民交通出版社，2004.

[16] 臧华,刘钊. 部分斜拉桥的应用与发展[J]. 中国市政工程,2004(3):29-31.

[17] 刘凤奎,蔺鹏臻,陈权,等. 矮塔斜拉桥特征参数研究[J]. 工程力学,2004(4):199-202.

[18] 何新平. 矮塔斜拉桥的设计[J]. 公路交通科技,2004(4):66-68,72.

[19] 李世光. 部分斜拉桥的自振特性分析[J]. 甘肃科技纵横,2004(2).

[20] 李东平,顾寅,唐建国. 斜拉索 HDPE 护套施工工艺[J]. 土木工程与高新技术,2004(5):174-180.

[21] 张宏伟,郑海东,郑一峰. 部分斜拉桥构造设计[J]. 公路,2005(5):52-56.

[22] 陈从春. 矮塔斜拉桥设计理论核心问题研究[D]. 上海:同济大学,2005.

[23] 郑一峰. 部分斜拉桥的概念设计[J]. 公路交通科技,2005 (7):85-89.

[24] 郑一峰. 部分斜拉桥结构对比分析[J]. 公路,2005 (11):15-20.

[25] 李世光,颜志华. 部分斜拉桥的动力性能分析[J]. 铁道标准设计,2005(1):41-42.

[26] 高飞,陈淮,杨磊,等. 部分斜拉桥力学性能分析[J]. 郑州大学学报(工学版) ,2005(1):54-56.

[27] 蔺鹏臻,孙红红,刘凤奎. 小西湖矮塔斜拉桥的特征参数研究[J]. 公路交通科技,2005(10):56-59.

[28] 刘士林,王似舜.斜拉桥设计[M].北京：人民交通出版社，2006.
[29] 李国芬,陈研,朱华平.南京长江第三大桥斜拉索的防腐系统研究[J].南京林业大学学报(自然科学版),2006(6):102-104.
[30] 欧阳永金.矮塔斜拉桥结构参数分析[J].钢结构,2006 (4):38-42.
[31] 陈从春,周海智,肖汝诚.矮塔斜拉桥研究的新进展[J].世界桥梁,2006(1):70-73,80.
[32] 刘世宗,欧阳永金.独塔单索面部分斜拉桥力学性能及建设实践[M].北京：中国铁道出版社,2006.
[33] 刘锋民.大跨度 PC 矮塔斜拉桥设计参数研究[D].西安:长安大学,2006.
[34] 中华人民共和国行业推荐性标准.JTG/T D65-01—2007　公路斜拉桥设计细则[S].北京:人民交通出版社,2007.
[35] 蔺鹏臻,刘凤奎,周世军,等.部分斜拉桥的力学性能及其界定[J].铁道学报,2007(2):136-140.
[36] 刘钊,孟少平,臧华,等.矮塔斜拉桥索鞍区模型试验及设计探讨[J].东南大学学报(自然科学版),2007 (2):291-295.
[37] 吴文明,李闯.斜拉索防腐技术探讨[J].公路交通技术,2008 (4):47-49.
[38] 杨春,杜春林,邓宇.重庆嘉悦大桥总体设计[J].世界桥梁,2008(4).
[39] 柯善刚,彭卫,王炎.矮塔斜拉桥鞍座锚固区局部应力分析[J].华东公路,2008 (3):11-13.
[40] 李传习,余支富,陈富强.矮塔斜拉桥施工控制[J].公路与汽运,2008 (1):100-102.
[41] 龚匡敏.部分斜拉桥的界定和概念设计研究[D].哈尔滨:哈尔滨工业大学,2008.
[42] 梁爱霞.矮塔斜拉桥斜拉索结构和受力行为研究[D].成都:西南交通大学,2009.
[43] 胡永.柳州三门江大桥斜拉索施工技术[J].预应力技术,2009(2):20-22,31.
[44] 陈从春.矮塔斜拉桥索梁活载比的特性研究[J].公路交通科技,2009 (1):99-103.
[45] 史海涛.矮塔斜拉桥结构体系及参数研究[D].西安:长安大学,2010.
[46] 郑力,葛光宗,唐春艳.矮塔斜拉桥施工控制[J].青岛理工大学学报,2010 (2):89-92.
[47] 刘沐宇,孙文会,孙向东,等.宽幅矮塔斜拉桥最大悬臂阶段主梁受力分析[J].华中科技大学(城市科学版),2010(2):11-14.
[48] 张俊杰.斜拉桥换索工程设计探讨[J].上海公路,2011 (2):29-32.
[49] 彭爱勤,罗旗帜,陈玉骥.单索面矮塔斜拉桥宽幅箱梁施工阶段的剪力滞效应[J].佛山科学技术学院学报(自然科学版),2011(6):28-33.
[50] 吴清伟.矮塔斜拉桥构造设计与关键力学特性研究[D].北京:北京建筑大学,2012.
[51] 陈小玲.单索面矮塔斜拉桥塔梁墩固结局部应力分析[J].交通科技,2012 (1):4-6.
[52] 雷涛,李粉玲,陈晖.论矮塔斜拉桥受力性能与发展前景[J].山西建筑,2012(3):202-204.
[53] 邱敏,高宁妥,覃巍巍,等.三官汉江矮塔斜拉桥索塔节段模型试验研究[J].预应力技术,2014(5):11-18.
[54] 孙向东.四塔单索面宽幅脊梁矮塔斜拉桥设计关键技术研究[D].武汉:武汉理工大学,2010.

[55] Luke J Drinkwater. ANALYSIS OF THE SUNNIBERG BRIDGE[C]. Proceedings of Bridge Engineering, University of Bath, Bath, UK, 2007.

[56] Figi H., Menn C., Banziger D. J., etc. Sunniberg Bridge[J]. Structural Engineering International, Switzerland, Klosters, 7(1):6-8.

[57] Fathy SAAD. Structural Optimization of Extradosed Bridges[C]. Report of IABSE Symposium on Metropolitan Habitats and Infrastructure, Shanghai, China, 2004.

[58] Hong Guan, Yin Jun Chen, etc. Bridge topology optimisation with stress, displacement and frequency constraints[J]. Computer and structure, 2003, 8:131-145.

索　引

p

s

t

w

y

z